人間佛教當代問題探討

族群倫理

星雲大師　著

星雲大師略傳

星雲大師，中國江蘇江都人，生於一九二七年。幼年家貧，輟學，父母因忙於家務，隨外祖母長居多時，後盧溝橋中日戰起，父應於一九三八年間因戰火罹難，偕母尋父，有緣於南京棲霞山禮志開上人披剃，實際祖庭為江蘇宜興大覺寺。一九四七年焦山佛學院畢業，期間歷經宗下、教下、律下等叢林完整的佛門教育。之後應聘為白塔國民小學校長、《怒濤月刊》主編、南京華藏寺住持等。

一九四九年至台，擔任「台灣佛教講習會」教務主任及主編《人生雜誌》。

一九五三年任宜蘭念佛會導師；一九五九年於台北創辦佛教文化服務處；一九六四年建設高雄壽山寺，創辦壽山佛學院；一九六七年於高雄開創佛光山，樹立「以文化弘揚佛法，以教育培養人才，以慈善福利社會，以共修淨化人心」之宗旨，致力推動「人間佛教」，並融古匯今，手訂規章制度，印行《佛光山清規》，將佛教帶往現代化的新里程碑。

大師出家八十餘年，於全球創建三百餘所寺院，如美國西來寺、澳洲南天寺、非洲南華寺、巴西如來寺、歐洲法華禪寺等，均為當地第一大寺。此外，並創辦十六所佛教學院、二十七所美術館、圖書館、出版社、書局、五十三部「雲水書坊」行動圖書館、五十餘所中華學校，暨智光商工、普門中學、均頭中小學、均一中小學和多所幼兒園等。以及先後創辦美國西來大學、台灣南華大學、佛光大學、澳洲南天大學及菲律賓光明大學等。二〇〇六年，西來大學正式成為美國大學西區聯盟（WASC）會員，為美國首座由中國人創辦並獲得該項榮譽之大學；二〇一〇年澳洲南天大學通過政府高等教育品質與標準署（TEQSA）認證。二〇一五年，五校整合成為第一個跨國又跨洲的國際性「佛光山教團系統大學」。

一九七〇年起，相繼成立育幼院、佛光精舍、慈悲基金會，設立仁愛之家、雲水醫院、佛光診所、雲水護智車，協助高雄縣政府開辦老人公寓，並於大陸捐獻佛光中、小學和佛光醫院數十所，並於全球捐贈輪椅、組合屋，從事急難救助，育幼養老，扶弱濟貧。

一九七六年《佛光學報》創刊，翌年成立「佛光大藏經編修委員會」，重新整理並加標點分段，編纂《佛光大藏經》近千冊暨編印《佛光大辭典》。一九八八年成立「佛光山文教基金會」，舉辦學術會議、出版學術論文集、期刊等；一九九七年出版《中國佛教經典寶藏精選白話版》一三二冊、《佛光大辭典》光碟版，設立「佛光衛星電視台」（後更名為「人間衛視」），並於台中協辦「全國廣播電台」。二〇〇〇年《人間福報》創刊，成為第一份由佛教界發行的日報。

二〇〇一年發行二十餘年的《普門雜誌》轉型為《普門學報》論文雙月刊（二〇一六年復刊更名為《人間佛教學報‧藝文》）；同時期，收錄海峽兩岸有關佛學的碩、博士論文及世界各地漢文論文，輯成《法藏文庫‧中國佛教學術論典》共一一〇冊。二〇一三年，出版《世界佛教美術圖說大辭典》二十巨冊，二〇一四年出版《佛光大辭典》增訂版十大冊、《獻給旅行者365日——中華文化佛教寶典》，以及《金玉滿堂》人間佛教教材。

大師著作等身，撰有《釋迦牟尼佛傳》、《佛教叢書》、《往事百語》、《佛光教科書》、《佛光祈願文》、《六祖壇經講話》、《迷悟之間》、《人間萬事》、《人間佛教系列》、《當代人心思潮》、《人間佛教論文集》、《人間佛教當代問題座談會》、《人間佛教語錄》、《僧事百講》、《百年佛緣》、《貧僧有話要說》、《人間佛教佛陀本懷》等，總計四千多萬言，並譯成英、德、法、日、韓、西、葡等二十餘種語言，流通世界各地。二〇一七年五月發表《星雲大師全集》，共三六五冊；《全集》增訂版於二〇二三年出版，總計三九五冊，收錄畢生重要著作。

大師教化弘廣，有來自世界各地跟隨出家之弟子二千餘人，全球信眾達數百萬，傳法法子百餘人，遍及大陸各省市特區以及海內外如日本、韓國、新加坡、澳洲等地，如韓國頂宇法師、南京佛教協會會長隆相法師、保定佛教協會會長真廣法師、錦州佛教協會會長道極法師、中國佛教協會常務理事道堅法師等。一九九二年於美國洛杉磯正式成立國際佛光會，被推為世界總會總會長；至今於五大洲一百七十餘個國家地區成立協會，成為全球華人最大的社團，實踐「佛光普照三千界，法水長流五大洲」的理想。

佛光會先後在世界各大名都，如：洛杉磯、多倫多、雪梨、巴黎、香港、東京等地召開世界會員大會，與會代表五千人以上；二〇〇三年，通過聯合國審查肯定，正式成為「聯合國非政府組織」（NGO）會員。歷年來，大師提出「歡喜與融和、同體與共生、尊重與包容、平等與和平、圓滿與自在、自然與生命、公是與公非、發心與發展、自覺與行佛、化世與益人、菩薩與義工、環保與心保、幸福與安樂、信仰與未來、共識與開放」等主題演說，倡導「地球人」思想，成為當代人心思潮所向及普世共同追求的價值。

由於大師在文化、教育及關懷全人類之具體事蹟，一九七八年起先後榮膺世界各大學頒贈榮譽博士學位，有美國東方大學、西來大學、泰國摩訶朱拉隆功大學、智利聖多瑪斯大學、韓國東國大學、泰國瑪古德大學、澳洲格里菲斯大學、台北輔仁大學、美國惠提爾大學、高雄中山大學、香港大學、韓國金剛大學、澳門大學、嘉義中正大學、韓國威德大學、屏東大學、香港中文大學等。近年來，並獲大陸各大學頒予名譽教授，如南京大學、北京大學、廈門大學、南昌大學、揚州大學、山東大學、武漢大學、人民大學、上海同濟大學、湖南大學、上海師範大學、浙江大學、上海交通大學及東北財經大學等。同時，多次獲得內政部、外交部、教育部頒贈壹等獎章；二〇〇〇年獲總統頒贈「國家公益獎」，二〇〇二年獲得「十大傑出教育事業家獎」，二〇〇五年榮獲「總統文化獎菩提獎」等，肯定大師對國家、社會及佛教的貢獻。

大師在國際間亦獲獎無數，如：一九九五年獲全印度佛教大會頒發「佛寶獎」；二〇〇〇年在第二十一屆世界佛教徒友誼會上，泰國總理乃川先生親自頒發「佛教最佳貢獻獎」；二〇〇六年獲香港鳳凰衛視頒贈「安定身心獎」，以及世界華文作家協會頒予「終身成就獎」暨「永久榮譽會長」、美國共和黨亞裔總部代表布希總統頒贈「傑出成就獎」；二〇〇七年獲西澳 Bayswater 市政府頒贈「貢獻獎」；二〇一〇年獲得首屆「中華文化人物」終身成就獎；二〇一三年獲頒「中華之光——

影響世界華人終身成就獎」以及「二〇一三華人企業領袖終身成就獎」。

大師悲願宏深，締造無數佛教盛事。一九八八年十一月，被譽為北美洲第一大寺的西來寺落成，並傳授「萬佛三壇大戒」，為西方國家首度傳授三壇大戒。同時主辦「世界佛教徒友誼會第十六屆大會」，海峽兩岸代表同時參加，為兩岸佛教首開交流創舉。一九八九年應中國佛教協會之邀，率「弘法探親團」赴大陸，並與國家主席楊尚昆、政協主席李先念於北京人民大會堂會晤，開啟兩岸佛教交流盛事。

一九九八年二月，大師遠赴印度菩提迦耶傳授國際三壇大戒，恢復南傳佛教失傳千餘年的比丘尼戒法，同時舉行多次在家五戒、菩薩戒會。同年四月，率團從印度恭迎佛牙舍利蒞台供奉。二〇〇四年十一月至澳洲南天寺傳授國際三壇大戒，亦為澳洲佛教史上首度傳授三壇大戒，成為當地佛教盛事。

大師一生積極推動國定佛誕節的設立，一九九九年經立法院通過，將農曆四月八日訂為國定紀念日，並於二〇〇〇年慶祝佛教東傳中國二千年首度國定佛誕節。二〇〇一年十月親赴紐約「九一一事件」地點灑淨，為罹難者祝禱；同年十二月，受邀至總統府以「我們未來努力的方向」發表演說。二〇〇二年元月與大陸達成佛指舍利蒞台協議，以「星雲簽頭，聯合迎請，共同供奉，絕對安全」為原則，組成

「台灣佛教界恭迎佛指舍利委員會」，至西安法門寺迎請舍利到台灣供奉三十七日，計五百萬人瞻禮。

二〇〇三年七月，大師應邀至廈門南普陀寺參加「海峽兩岸暨港澳佛教界為降伏『非典』國泰民安世界和平祈福大法會」；同年十一月，應邀參加「鑑真大師東渡成功一二五〇年紀念大會」；隨後應中國藝術研究院宗教藝術研究中心之邀，率領佛光山梵唄讚頌團至北京、上海演出；二〇〇四年二月，兩岸佛教共同組成「中華佛教音樂展演團」，至台、港、澳、美、加等地巡迴弘法。

二〇〇六年三月，至享有「千年學府」之譽的湖南長沙嶽麓書院講說，同年四月，以八大發起人之一的身分，應邀出席於杭州舉辦之首屆「世界佛教論壇」並發表主題演說。二〇〇九年，國際佛光會與中國佛教協會、中華文化交流協會、香港佛教聯合會主辦「第二屆世界佛教論壇」，並於無錫開幕，台北閉幕，寫下兩岸四地宗教交流新頁。二〇一二年九月，應「世界經濟論壇」之邀，出席「第六屆夏季達沃斯論壇」，主講「信仰的價值」，為該論壇創辦以來，首位發表專題演說之佛教領袖。

二〇〇八年起，悉數捐出各地版稅、一筆字所得，由弟子分別於台灣、大陸、澳洲等地，成立教育文化公益基金，舉辦各種教育、文化等贈獎、公益項目。二〇一〇年起，應邀於北京之中國美術館及中國國家博物館舉行「星雲大師一筆字書法展」，為首位在該館展出書法作品的出家人，後陸續於海南、天津、內蒙古、山西太原、廣東、雲南、廈門、鎮江、上海、大連、山東、浙江、廣西、貴州等美術館或博物館（院）展出。

二〇一一年十二月，大師指導建設的佛陀紀念館開館落成，翌年即獲「國家建築金獎——文化教育類金獅獎」；開館第三年（二〇一四）獲得國際博物館協會（ICOM）認證，成為該會最年輕的正式會員；同年，全球最大旅遊網站TripAdvisor評為「二〇一四年大獎得主」，頒發「優等」證書。自開館以來以各項藝術展覽、教育推廣、兩岸文化交流、地宮收藏時代文物、永久為社會大眾持續做公益服務等項目受國際肯定。

為推動世界和平交流往來，歷年來，大師曾與各國領袖會面，如：泰皇蒲美蓬、印度總理尼赫魯、菲律賓總統馬嘉柏皋、多明尼克總統塞紐瑞、美國副總統高爾，以及馬來西亞三任首相馬哈地、阿都拉·巴達威和納吉等。此外，大師先後並與各宗教領袖交換意見，如：世界佛教徒友誼會會長泰國公主蓬·碧司邁·迪斯庫爾，天主教教宗若望保祿二世（約翰保羅）、本篤十六世等晤談。

二〇〇四年，大師應聘擔任「中華文化復興運動總會」宗教委員會主任委員，與基督教、天主教、一貫道、道教、伊斯蘭教等領袖，共同出席「和平音樂祈福大會」，促進宗教交流，實際發揮宗教淨化社會人心之功用。也先後與瑞典諾貝爾文學獎審查人馬悅然教授、漢學家羅多弼教授、哈佛大學傅高義教授、諾貝爾文學獎得獎人莫言先生等人進行人文交流座談。二〇一三年，與大陸三任國家領導人習近平、胡錦濤及江澤民見面，寫下佛教歷史新頁。

近年，大師於大陸宜興復興祖庭大覺寺，並捐建中國書院博物館、揚州鑑真圖書館、南京大學佛光樓，成立揚州講壇、星雲文化教育公益基金會等，積極推動文化教育，期能促進兩岸和諧，帶動世界和平。

二〇二三年二月五日（農曆正月十五日），大師捨報示寂。綜觀大師一生的寫照，正如他自己所撰之詩偈：「心懷度眾慈悲願，身似法海不繫舟；問我一生何所求，平安幸福照五洲。」其悲願宏深，以眾為我，一生弘揚人間佛教，說萬事，啟迷悟，且致力於佛教之制度化、現代化與國際化，於佛教之正向發展，厥功至偉，實一代之高僧，千萬人之良師也。

目次

編輯緣起

大師近年來，弘法五大洲於各地，針對不同領域的社會人士所作的講演、座談，結集成冊，提供大眾參酌，從中讀出解決現實人生之道。

《人間佛教當代問題座談會》，將大師近年來，弘法五大洲於各地，針對不同領域的社會人士所作的講演、座談，結集成冊，提供大眾參酌，從中讀出解決現實人生之道。

佛教，是以人為本的宗教，佛陀的說法，皆為針對人的現實困境與心靈需求提出建設性的見解，並給予療癒為目的；繼而啟發人之善言、善心、善行。

《人間佛教當代問題座談會》計有五冊、三大主題，內容略述如下：

主題一：社會議題探討

收錄大師八篇文章。對環保、對經濟、以及自殺的防治與女性問題等，大師都提出解決之道。佛教是面向人間，面向人群的，社會議題的探討必然是佛教所納入與關懷的。因此，針對「經濟問題」，大師提出：經濟既是民主的命脈之所繫，一個國家要厚植國力就要發展經濟，因為經濟充裕，國防自然有力量，教育自然會提升，社會生產力自然增加，人民生活自然豐足安定，社會亂象也將因之消除。

在「女性問題」裡，大師鼓勵女性們要肯定自我，因為女性的智慧、能力並不亞於男性，女性猶如觀世音菩薩，以慈悲來莊嚴世間。可以參與政治、教育、文化、慈善、社會等各種公眾事務，積極擴大服務的機會與層面。

此外，對於自殺、戰爭與和平等全球關懷的議題，大師的觀點：依佛教的包容思想，人們想要擁有世間上的一切，不需要用戰爭來取得，只要大家互相尊重就能擁有。再者，每個人的生命都不是自己的，生命是天地間共生共有的，每個人只有資格把自己奉獻為大眾，只有盡力讓生命活出意義與價值，但沒有摧殘生命的自由。

大師具有「與時俱進」的現代傳教宏觀，於美國西來大學，以網際網路的方式，令「法音宣流」，為加拿大滿地可、溫哥華、美國紐約、聖路易、奧斯汀、休士頓、舊金山、佛立門、聖地牙哥、台灣等十個地區的學生講授「佛教對環保問題的看法」。大師強調：真正的環保，除了珍惜大地資源，更應做好個人身心的環保，如：拒絕思想汙染、垃圾知識、語言暴力，從淨化身口意開始，自我覺醒，才能達到心靈環保，建立一個現實生活的「淨土」。

主題二：族群倫理探討

有八篇大師精采的論述。大師提出對族群、對宗教之間，對人生、對家庭、對青少年教育，乃至對殺生以及生命教育的看法。族群問題，自古至今無不影響著各個國家及民族間的分與合。要想化干戈為玉帛，最需要的就是要有「同體共生」、「尊重包容」的國際觀，接受同體共生的「地球人」的思想。

佛陀主張「各族入佛，同為佛子」、「四姓出家，同為釋種」，是佛陀具慈悲融和的性格使然。縱觀佛教史上，從未有過戰爭或衝突，乃是佛教包容異己的寬大心量。此單元，對化解族群及各宗教間的敵意、階級性別的歧視、人權平等的重視，大師都提出一些致力和平的看法。

族群問題或政治人權等等，唯有遵循大師倡導的「尊重與融和」才能消除對立，也唯有尊重才能和平，唯有包容才能互助，以佛法的慈悲觀，對世界的和諧發展造成正面的助益。

族群的起點在個人，個人的形成在家庭、在學校。有鑑於此，大師與青年、教師、博碩士等等，以座談會的方式，暢談佛教對「青少年教育」、「家庭問題」、「生命教育」、「應用管理」等看法，希望社會大眾一起來重視「教育」，肯定健全「家庭」，所謂齊家、治國、平天下，家庭倫理的健全，是國家發展的根本，也是世界和平的基石。教育的意義在啟發心智，完成人格。

佛光山以文教開始，開山至今辦有大慈育幼院、叢林學院、普門中學、宜蘭人文國小、均頭中小學、南華大學、佛光大學、西來大學、人間大學等。佛教是青年的宗教，是朝氣蓬勃的宗教，不是暮氣沉沉的宗教，是故，佛光山致力於各項教育的推動。

主題三：生死關懷探討

對於生死問題的探討與解決，是古今人等皆想揭開的謎團。此類議題亦有八篇文章，大師從佛陀的言論為出發，提出個人體驗與看法。從安樂死、臨終關懷、身心疾病等，大師為我們指出一條「希望之路」。如：到成功大學醫學院講演，發表佛教對「器官捐贈」及「臨終關懷」的見解與作法；面臨「身心疾病」如何治療的問題，需以佛法的慈悲喜捨作為治療心病的良藥。再者，應新加坡國立大學醫學院邀請，與多所大學的各科系學生座談。依大家所提出安樂死、墮胎、殺生等問題，從佛教、醫學、法律、人情等觀點，大師一一提出解說及因應之道。

為化解多數人對「生死」的恐懼，大師在美國西來大學透過遠距教學，與全球各地的學員座談。提出：生死本一如，就像白天和黑夜自然的輪轉，人往生後，家人要能為他念佛，並隨喜量力為他行善積蓄功德，才是正面的幫助親友解除面臨死亡的恐懼。

死亡如換衣、如搬家、如出獄、如秋天的葉落。對死亡有正確的認知，我們才能跨越生死的籓籬，悠遊人間，自在無礙。大師提出「死亡是新的開始」，像每天早上升起的太陽，讓人們摒除死亡是絕望的陳舊觀念。從對死亡的關懷，大師也從現實生活的層面去探討，民間信仰的價值、素食問題及對修行問題的看法等等。

大師對「民間信仰」亦給予肯定，認為民間的關公、媽祖及有忠孝節義情操的神明等，祂們讓民眾相信善惡報應，對社會的和諧有所助益。老婆婆虔誠的禮拜，雖不懂高深的哲理，但信念堅貞、信念之純潔高尚，卻是值得讚賞的。信仰當然以「正信」最好，還未正信時，「迷信」至少比「不信」好，因為，迷信的人，還有個善惡因果的言行規範。

皈依後，一定要吃素嗎？一般人將素食與信仰佛教畫上等號，其實素食是一種生活習慣而已，皈依是終生信奉佛教，不一定要吃素，心中有佛，擁有慈悲心才是最重要。大師提出素食只是生活的習慣，不能與信仰畫上絕對的等號。

對於修行，大師提出簡要的說明：修行即為修正行為，不一定要到深山裡去苦思冥想，修行也不一定要眼觀鼻、鼻觀心地自我獨修；甚至修行也不只是誦經、持咒、念佛、參禪。如果天天誦經拜佛，卻是滿心的貪瞋愚痴、自私執著；不如法的修行，如何會有如法的結果？

修行，固然需要；修心，更為重要。行正心不正，有外無內，這就叫做修行不修心，如此不能解決根本問題。

編輯此書的緣起，希望以佛法的觀點來探討並解決社會亂象及當代所面臨的各種複雜問題；同時促使更多人一探社會與人心問題的究竟，明白佛陀的智慧是跨越時空，佛法具有時代性的，即使社會迅速變遷，問題千變萬化，只要人間遠離不了「生老病死」的困惑，佛陀猶如心靈良醫，而佛法則是調和我們身心疾病的良藥。

編按：此書於《星雲大師全集》中，原名《人間佛教當代問題座談會》，共計五冊。今依三大主題重新編輯成三冊，並更名為《人間佛教當代問題探討》。

即使社會迅速變遷，佛法仍是心靈的良藥。

佛教對「家庭問題」的看法

時間：二〇〇五年三月五日
晚間七時三十分至九時
地點：美國西來大學遠距教學教室
記錄：滿觀法師　英文翻譯：妙西法師
對象：西來大學學生及加拿大滿地可、溫哥華、
美國紐約、聖路易、奧斯汀、休士頓、
舊金山、佛立門、聖地牙哥、
台灣人間大學等十個地區之數百名學生，
透過網際網路同步上課。

家庭，是撫育我們成長的重要場所，更是我們人生觀、道德觀、價值觀建立的啟蒙學校。從出生到婚嫁另組家庭，「家」延續著一個個生命，它是社會組成的基本單位，也是國家社稷安定的主要力量。

隨著時代的演進，環境的變遷，家庭型態也一再跟著重組。權力中心方面，五千多年以前，原始部落以女性為主軸，是為「母權社會」，後來，封建體制和儒家思想興起，形成「父權社會」，現在則進展到「兩性平等」的社會；組織結構方面，從早期三代同堂、四代同堂，甚至五代同堂的「大家庭」，到由一對夫妻與其子女組成的「小家庭」。近幾年來，更有「同居不婚家庭」、「單親家庭」、「隔代撫養家庭」……看來隨著e世代的快速、繽紛與流轉、消逝，婚姻觀念、家庭結構、家庭功能，也跟著顛覆和改變了。

由於整個大環境政治、經濟的不安定，使得人心浮動，失業率節節升高。以台灣為例，二〇〇四年，平均失業人數達四十五萬四千人，高學歷卻找不到工作，或被裁員者比比皆是。失去了經濟能力，鬱悶、悲憤的情緒，直接衝向家庭，造成夫妻離婚的主因之一。離婚率不停攀升，美國是全球離婚率最高的國家，而根據台灣「主計處」的統計，台灣的離婚率也已居亞洲之冠，目前是每三點二對結婚，就有一對離婚，台北市更是每二點一對結婚，就有一對離婚。

破碎的家庭，帶著家庭暴力的陰影，製造許多問題兒童、問題少年；對婚姻的恐懼、對前途的不確定，愈來愈多青年男女傾向晚婚、不婚及不生育；於是人口失衡，提早進入「高齡社會」，引發眾多老人問題……

如同環狀的「骨牌效應」，社會影響家庭，家庭再製造一堆問題丟回社會；一個惡質的社會生態，就如此的糾結和運轉！

過去傳統的農業社會裡，家族及鄰居的凝聚力強，有著守望相助的情義。即使家庭不健全的孩子，也會在家族的伯伯、叔叔，或周圍親朋好友共同關照下，平安健康的成長。美國前總統柯林頓的夫人希拉蕊，也反思到傳統族群的功能和力量，她曾引用非洲古老諺語——「撫育一個孩子，需要整個部落的協助」，來呼籲大家為孩子打造一個安全、充滿愛心與關懷的部落。

沒有一個家庭不受社會的影響，現在社會環境惡劣，人心疏離，為了下一代，我們該如何營建一個優質的生長環境？

佛教是重視家庭的，在《長阿含經》、《心地觀經》、《大般泥洹經》、《大寶積經》、《優婆塞戒經》等諸經典中，均有佛陀對家庭倫理的教誨。人間佛教所提倡的，也是以佛陀的人本精神，來建設美滿的家庭。二〇〇五年三月五日，星雲大師在西來大學遠距教學時，針對學員提出的問題，如夫妻相處、婆媳之間、孩子教育、家庭暴力、老人安養、離婚再婚、家有殘障兒等問題，提出他的看法及解決之道。如何建設幸福和樂的家庭？請看下面星雲大師精闢而實用的論說。

一、**家，有很多的意義，有人認為家是天堂、是安樂窩；有人認為家是地獄、是冰窖。請問大師，每個人都要有「家」嗎？「家」有什麼功能？「家」的定義又是什麼？**

答：這個問題，一開始就明確指出「家」所具有的酸甜苦辣、冷暖百味！俗話說：「家家有本難念的經。」在世界上，不管哪個國家，哪個種族，家都是家人的共同目標；儘管白天再怎麼忙碌，到了晚上總要回家。不過，往往在他鄉的遊子一直思念家、想要回家，但是在家裡的兄弟卻吵著要分家。有的恩愛夫妻共同營築可愛的家庭，但有的夫妻則吵著要離婚，要各自分家。

《法華經》形容「三界如火宅」，《大般涅槃經》言：「居家迫迮，猶如牢獄。」即使有的家庭幸福快樂，但是「家」如「枷」，我們不也如囚犯般被牢牢束縛起來嗎？

我們每個人都來自「家庭」。「家」字，在殷墟出土的甲骨文裡即已出現。《周禮》一書言：「有夫有婦，然後為家。」《禮記》載：「昏禮，萬世之始也。」從這些記載可以明白，男女結合並建立婚姻關係，是家庭形成不可或缺的條件，也是整個社會制度的基礎。

不過，最早的遠古社會，人們過著雜婚、群婚的生活，根本不知何謂婚姻、何謂家庭。婚姻、家庭，是人類發展到一定階段才出現的社會形式。而隨著歷史演變，婚姻關係也從「多數配偶制」、「一夫多妻制」，到現在尊重人權與平等所建立的「一夫一妻制」。現代家庭的定義應該是：「由婚姻、血緣或收養關係，而共同生活的社會組合單位。」

說到家庭的功能，《禮記》裡認為婚姻的作用，是「合二姓之好」、「上以事宗廟，下以繼後世」，所以，傳統的婚姻為的是傳宗接代，家庭則是養兒育女的場所。不過，現代人際關係密切、緊繃，人我競爭激烈、複雜，不敢說是絕後，也是空前了！如此，家庭在生育、養護、教育、安全保障等功能之外，我們更得思考，如何培養子女良好的人格道德、傳授文化知識、灌輸正確價值觀念，及加強未來進

家是由相互關愛、相互依賴所凝聚的。

入社會的適應能力。

家庭的分子，每個人各有不同的性格，人心不同，各如其面；即使是雙胞胎，面孔相同，心也不同。從有形上而言，家不只是讓我們居住，延續我們的生命，維持我們的健康，最重要的是家庭中每一分子，應該共同護持家庭的需要，共同為家庭製造歡樂，如買一盆花、掛一幅畫，營造居家品質；有幽默感，帶給家庭歡樂的氣氛。就無形上來說，家是由相互關愛、相互依賴所凝聚的。若要家庭幸福美滿，成員相親相愛，彼此之間，要有互相體貼、扶持，互相尊重、包容等良好的互動關係。

曾經看過報導，近幾年有自稱國際

公民、商業旅人的現代吉普賽人，他們打著「家即是心之所在」的口號，在不同國度、不同城市之間穿梭，或許是倫敦、紐約，或許是東京、雪梨，人一到，行李一放，心放在哪裡，哪裡就是「家」。我覺得他們跟出家人倒有點相像，如順治皇帝〈讚僧詩〉言：「天下叢林飯似山，缽盂到處任君餐。」也似布袋和尚說的：「一缽千家飯，孤僧萬里遊。」僧人出家無家，但處處都是家；雖然割愛辭親，但一切眾生皆視為自己的父母、兄弟、姐妹。

因此，不管有形上，是固定的家或移動的家；結構上，是大家庭、小家庭或雙親家庭、單親家庭，我們的「心」可以決定「家」的意義。我們心裡認為家是快樂的天堂、是人生的安樂窩、是安全的避風港，家就是很溫馨且美麗的地方。反之，心裡認為家是束縛的牢獄、是寒冷的冰窖，那麼，家就是一處痛苦且不自由的地方。

二、大師談到隨著時代變遷，家庭組織結構也有所不同。不禁讓我們聯想到，由於文化差異，西方國家認為養兒是義務，兒女一旦可以獨立，便搬離父母各自生活。反觀中國人向有「養兒防老」的觀念，尤其過去農業社會，三代同堂、五代

共住的大家庭比比皆是。請問大師，您認為理想的家庭，是父母與兒女共住好？還是分開各組小家庭好？

答：有人說：「美國是兒童的天堂、青年的戰場、老人的墳場。」中國的孔子對社會的期許是：「老有所終，壯有所用，幼有所長，鰥寡孤獨廢疾者，皆有所養。」由此可看出東西方對家庭界定與觀念的不同。怎樣才是理想的家庭？大家庭好還是小家庭好？我想應是各有優缺點吧！

家庭的結構，和社會背景、時代變遷有密切關係，而這一切又根源於民族性與文化性；西方是注重矛盾與獨立的個體文化，中國則注重和諧與統一的整體文化。所以，西方人的性格多為個人取向、自我取向，中國人的性格多為團體取向、他人取向；如此的社會性，從家庭觀念可見一斑。

中國人一切以家為本位、為出發點，例如在稱謂上，常將家裡的人、事、物冠上「家」字，如自稱家裡的人為家父、家母、家兄、家弟、家姐、家嫂、家僕、家小等；對家中之物，稱為家業、家產、家具、家珍、家舍、家禽、家鴿、家狗等；對家中的事，稱為家福、家禍、家喜、家喪、家信等。這些人、事、物，原本都獨立存在，冠上了「家」字，顯示中國人把家裡的一切，看成家庭整體的一部分。

家庭涵蓋個人，個人屬於家庭，家庭或家族的安危、成敗、榮辱，也和個人息息相關，因此有所謂的「家聲遠播」、「家醜不可外揚」、「家和萬事興」的觀念。甚至過去法律上，也有「一人作惡，全家遭殃」、「一人犯罪，株連九族」的現象；在道義上，則存有「一人顯赫，全族榮耀」、「一人有福，連及滿屋」的心態。在佛教裡，出家修道的沙門雖然削髮離家，不營世間功名利祿之事，但其成道度眾的功德，亦被認為能庇佑親人，《弘明集》卷十二即寫道：「如令一夫全德，則道洽六親，澤流天下。」古德也有「一子出家，九族升天」、「親族之蔭勝餘蔭」的說法。

這種個人與親屬、家族的紐帶關係，曾有人譬喻，中國人升遷後，前後左右盡是自家親屬，好比火車頭後面拖著一大串車廂；西方人升遷，則前後左右無一私人，如同飛機起飛，是單獨個體，周圍沒任何物體跟隨。此喻含嘲諷之味，但也貼切說明中國人的家族文化。

所謂「家為邦本，本固邦寧」，孟子也說「天下國家，天下之本在國，國之本在家，家之本在身」，因此要修身、齊家，而後才能治國、平天下，這就是中國人由家庭而家族，由家族而國家的「天下一家」之觀念。

中國人重視家庭，傳統觀念裡，往往推崇多子多孫的大家庭，將之稱為「義門」，而認為分家是可恥的行為。歷代法律也明令規定禁民分居，《唐律．戶婚》記載：「諸祖父母、父母在，而子孫別籍異財者，徒三年。」《明律》、《大清律》裡也有同樣的規定。凡此，法律制度、輿論、習俗、倫理道德，和重視血緣關係、和諧、統一之性格，以及農業社會對勞動人口的需求、地理環境等等，都是中國傳統大家庭形成的因素。

不過，從農業社會走向工商社會之後，隨著現代化的生活和自由流動的工作型態，只有父母及其子女的核心小家庭，已成為現代家庭的主流。但是，近年來似乎又有潮流逆轉的趨勢。因為生活消費高，房價飆漲，許多年輕人結婚後，無力自行購屋，便繼續賴在父母家。小孩出生後，夫妻倆還可以照常上班，將孩子留給父母親照顧。如此可省下購屋費、孩子保母費、外出用餐費……站在老一輩的立場，只要身體狀況允許，幫忙自己的孩子來照顧孫兒，一則排遣退休後的空洞寂寞時間，再則含飴弄孫，延續天倫之樂，也是美事一樁！

這種緣於現實客觀因素，而形成的三代同堂家庭已日漸增多，據「BBC中文網」的報導，截至二〇〇四年底，在英國，親、子、孫共住的家庭，已有七萬多個，他們還預測二十年內，三代同堂的家庭將增加三倍之多。

核心小家庭有自由、甜蜜的氣氛，也有夫妻並肩攜手建立家庭及撫育孩子的奮鬥歷程；個中酸甜苦辣，我想是每個當事人點滴在心頭的。至於大家庭，無論是三代同堂，或兄弟不分家的大家庭，其中家族的凝聚力，以及「出入相友，守望相助，疾病相扶持」的情義，也是生命中不可缺少的營養素。一般而言，傳統大家庭裡重視三綱五常、長幼秩序，婚姻也比較穩定。當然，大家庭裡人口多，人際關係也較為複雜。

有人將中國傳統家庭形容為「社會小乾坤」，它具體而微的呈現社會一切現象，因此，大家庭的成員走入社會後，容易適應各種複雜的社會關係。如「忍讓」是人際和諧必要條件之一，林語堂在《吾國與吾民》中說：「中國人之忍耐，蓋世無雙，恰如中國的景泰藍瓷器之獨步全球。」他還認為這種忍讓德行，是得自於最好的學校——大家庭訓練出來的。

總之，大家庭、小家庭各有優缺點，也各引發出一些問題，如大家庭的「兄弟鬩牆」、「婆媳不合」，而小家庭一個個獨立，造成獨居老人增多，「鑰匙兒童」四處蹓躂，也是不可忽視的。

三、延續前面的問題，傳統上父母年老，子女必須照顧他們，讓他們好好的頤養天年。但現在社會環境變遷，很多人不但不跟父母同住，甚至連最起碼的照顧都沒有，使得許多「獨居老人」的生活起居，只能由政府、慈善團體來負責。請問大師，您對獨居老人有什麼看法和建議？

答：我快八十歲了，應該就是獨居老人了！但是我卻不是獨居老人，因為我們是一個僧團，我這一生，幾乎身邊總有很多人群圍繞，從來沒有孤獨的感覺。我曾因動心臟手術，住進台北榮民總醫院，那時看到兒童的病房，有許多父母來來去去，相反的，老人病房則很少有兒女來走動。現在的社會是孝順的父母多，孝順的兒女少了！甚至還有兒女探望父母時，不是帶鮮花、奶粉，而是帶錄音機，把它擺到父親口邊：「爸爸！你講，財產要交給誰？」所以過去「養兒防老、積穀防飢」的觀念，已不適用於現代了。

現在養兒不會防老了！當兒女長大，翅膀長成，就會飛走，自組小家庭，留下父母兩人，或單獨一人守著空洞的屋子。如果老人生活會自理，經濟上不匱乏，會自我排遣日子倒也無妨，怕的是貧病交加、無人看顧的老來蒼涼，才是人間悲慘之事！

根據聯合國衛生組織（WHO）的定義，當一個國家六十五歲以上的老人人口，超過全體人口的百分之七，稱之為「高齡化社會」；當比例超過百分之十四，則稱之為「高齡社會」。在一九九三年，台灣已正式宣告進入「高齡化社會」，二〇〇四年之後，六十五歲以上人口數量和比例更不斷攀升，快速走向「高齡社會」了。

人口老化是全世界共同的趨勢，據聯合國資料統計，目前已進入高齡化的國家有義大利、德國、日本和西班牙，估計至二〇五〇年，老年人口比率超過百分之二十的國家，除了前述四個國家之外，還將增加美國、台灣、中國、泰國、巴西、印度、印尼等國。

「高齡社會」的形成，除了醫療保健進步、人類壽命延長，更大的原因是生育率的持續下降。以台灣為例，經建會在二〇〇四年研究發現，適齡婦女不生育率高達百分之二十。根據統計，由於出生人口減少，現在是每一百個工作人口扶養十三個老人，但是五十年後，將激增五倍，每百人扶養的老人增加為六十四人，平均每一點五個年輕人養一個老人，由此可看出台灣人口老化的速度之快。

老人問題，已不只是老人本身及家庭的問題，更是社會問題。許多先進國家能「未雨綢繆」，做好全民福利措施，如美國人民平時繳稅給政府，年老之後，就由國家、政府來撫養。在這方面也可看出東西方對家庭、親情的不同觀念與態度。東方人期待兒女的孝順、照顧，西方人覺得養兒是義務，棄養老人被視為理所當然；東方人將兒女視為父母的附屬品，西方人視兒女為獨立的個體，給予他們充分的自主權；東方人用道德、輿論維護家庭和諧，西方人用法律維繫彼此關係。

一個富強的國家，對於老中青婦幼的每一世代，都應周全關照。對於老人，除了經濟、生活上的幫助照顧，規劃完整的老人安養措施之外，老年人由於空巢或單身、或健康狀況不良，常會引發孤僻、憂鬱、焦慮、煩躁等心理問題，所以也可以在社區組織「松柏聯誼會」、「老人旅遊社」、「老人公園」、「老人俱樂部」等，像佛光山各道場也有專為老人開辦的「松鶴學苑」，這些都能讓老人因參與活動、不斷學習，而重拾生命的活力。

近年來，台灣一些企業集團看好銀髮市場，競相投入「老人養生村」的興建，但是，市場反應不如預期那麼好。如台塑集團興建的「長庚養生文化村」，在二〇〇五年年初竣工，推出後「叫好不叫座」，入住率不到兩成。台塑集團董事長王永慶恍然發現，原來中國人還是習慣住在家裡，與兒孫共享天倫之樂。

中國是重視孝道的民族，佛教也是重視孝道的宗教。《大乘本生心地觀經》

西來寺首屆松鶴學苑結業，成果滿堂齊歡樂。

云：「慈父悲母長養恩，一切男女皆安樂，慈父恩高如山王，悲母恩深如大海。」《父母恩重難報經》則以母親懷胎生產的艱難、危險以及養兒育女的艱辛，而說：「假使有人左肩擔父，右肩擔母，研皮至骨，穿骨至髓，遶須彌山，經百千劫，血流沒踝，猶不能報父母深恩。」父母養育之恩如昊天罔極，當我們長大獨立後，怎能不思報答，盡反哺之孝呢？因此，我認為如果無法三代同堂，至少讓老人家和兒孫毗鄰而居，如此，能方便照應，又有各自獨立的空間，應該是比較圓滿的安排吧！

《雜寶藏經．棄老國緣》裡記載，棄老國有個規定：「若有老人，必須驅逐。」有位大臣在父親年老後，不忍遺棄，就建了地窖將父親藏在裡面，依然孝順奉養。有一天，天神以種種難題試問國王，國王無法回答，便詢問朝中所有大臣，也沒有人能破解。後來這位大臣以父親的智慧，為國王解危。國王於是解除禁令，下令全國民眾必須奉養年老父母，以盡孝道。可見老人累積一生的經驗，往往有可提供參考和實用的智慧。

能善盡孝道，撫養、關心父母，讓他們能安享天年，是為人子女的本分與責任。另一方面，老人本身也須建立正確的觀念和生活態度，如對人生的功名、感情、得失種種，要學會放下；保持開朗的心情，廣結善緣；飲食清淡，養成運動的習慣等等，如此，晚年才能過得健康又自在。我覺得，老人不是年紀，而是心境；老化不在身體，而在心靈。如果老年人在性格上，能隨和、不固執，肯得「老做小」，並能適時的提供智慧和經驗，相信不但不會令人討厭，自己更能成為快樂而可愛的老人。

四、前面提到因為生育率偏低，而壽命又普遍延長，形成人口快速老化，引發諸多「老人問題」。同樣的，因為出生嬰兒減少，從二十幾年前的「兩個孩子恰恰

好」，到這些年的「一個孩子不嫌少」，如今很多家庭只生育一個孩子。由於父母對孩子過分溺愛，或因教育不當而令他們成長不健全，不懂得與人相處等等，當然，更有許多問題家庭形成所謂的「問題兒童」。請問大師，現代父母應該如何教育孩子？

答：人口恐慌已是全世界普遍的問題。目前的生育率為一點四人，日本的生育率更低。根據二〇〇五年《商業周刊》報導，從日本厚生勞動省的數據顯示，一九四七年時，每個婦女平均生育四點五四個孩子，到了二〇〇三年只剩一點二九個，二〇〇四年降至一點二八個，創近六十年來新低紀錄。現在台灣婦女平均只生一點一八個小孩，已在全世界敬陪末座了。

雖然日本將事業有成卻未婚、無子的女強人形容為「敗犬」，許多女性依然慨嘆「寧為敗犬」，也不願走入婚姻、兒女的牢籠裡。中國大陸為實施「一胎制」，造成「四二一」家庭（夫妻兩人，撫養四個老人、一個孩子）日益增多，對社會生活、家庭倫理都產生不少影響。

父母的家庭教育，對孩子人格的養成、道德觀念的建立、身心的成長等等，都具有舉足輕重的影響力。如前面所言，由於時代、環境的變遷，家庭結構產生許多變化，有單親家庭，有由祖父母撫養孫子的隔代家庭，有父或母再婚，與繼父（母）同住的家庭，有迎娶外籍新娘的家庭……不能否認，這些不同於一般傳統觀念所認定的家庭，確實比較容易產生「問題兒童」。

但也不是絕對的，如美國前總統柯林頓即是出身單親家庭；中國的孟子幼年喪父，由母親扶養長大，在母親賢慧的教育下，留下「孟母三遷」、「斷機教子」的美談；唐宋八大家之首的韓愈，三歲時就父母雙亡，由兄嫂撫養長大，他在貧困中刻苦自學，而有「文起八代之衰，道濟天下之溺」的文學成就。

佛教裡有不少祖師大德，也是成長於不健全的家庭，如致力整頓僧制，改革佛教的民初佛教領袖太虛大師，他二歲喪父，五歲時母親改嫁，由外婆撫養長大；日本曹洞宗初祖道元禪師三歲喪父，八歲亡母，童年即體悟人世無常及人情冷暖，因而發心向道。所以，只要自己肯立志向上，發憤圖強，依然能從貧瘠惡劣的環境中，創造出美好的前程。

佛光山有一所專門收容孤兒的育幼院，我們很少對外傳播或供人參觀，我不願「孤兒」兩個字影響院童的幼小心靈；他們都是佛光山的公主、王子，我要給他們

大慈育幼院的孩子是佛光山的王子與公主，每年都在三好嘉年華會中，展現多才多藝的一面，為大家帶來感動與歡樂。

一個正常的生活空間，讓他們如一般家庭的兒童一樣成長。我也常常告訴他們要奮鬥、勤勞，立志做個有用的人，才能讓社會接受，將來也才會有前途。很多早期的院童，現在都成為社會的優秀分子呢！

相反的，如「四二一」家庭中，集「三千寵愛在一身」的獨生子，得到父母、祖父母的關心、教育和投資必然最多，但是也造就出不少依賴性強、嬌貴、蠻橫、不知感恩、不懂禮貌的小孩。

目前家庭教育的一些現象和問題，例如有的父母每天忙於工作，讓孩子自由發展，由電視節目、大量物質，填充孩子的時間與心靈需求；有的孩子由祖父母照顧，而祖父母大多採取「滿足式」教育，對孫子有求必應；有的孩子由菲傭、印傭照顧，生活無慮，但易出現語言發展遲緩、情緒不穩定的缺陷，以及情感寄託上的落差。或者交給托兒所，而托兒機構良莠不齊，又是一個保母照顧多個小孩，無法關注個別的需要。

不論哪一種家庭背景，都不是影響孩子健康成長的絕對因素。小孩子觀念錯誤、行為偏差，往往是父母造成的。父母的身教很重要，歷史上，許多名人所以能夠功成名就，都要歸功於良好的家教，例如美國的華盛頓砍了櫻桃樹，坦誠認錯，父親稱讚他誠實。佛教對子女的教育也非常重視，佛陀在《長阿含經》卷十一裡，告訴父母教育兒女應該：「一者制子不聽為惡。二者指授示其善處。三者慈愛入骨徹髓。四者為子求善婚娶。五者隨時供給所需。」因此，養育子女除了疼愛、撫養，還要教育他們去惡行善，方是為人父母之道。

總之，父母對孩子的家庭教育，必須養成他們正常的生活、處世的誠信、良好的習慣、接受的性格，及培養感恩、忍耐、禮貌、合群、勤勞的美德。尤其要維護孩子的自尊心，不可以經常肆意的諷刺他、譏嘲他、責備他、歧視他，要用同事攝尊重子女的人格發展，幫助他們建立正確的信仰及人生觀、價值觀。

五、「贍老撫幼」是中國人的傳統觀念與美德，大師在此為我們作了精闢的分析，也提供很好的處理方式。接下來的問題在西方國家比較少發生，對東方人而言，卻是家庭重大的問題。中國人常說「一個廚房容不下兩個女人」，婆媳之間的糾葛，是自古以來一直存在的。大師您對這方面的看法如何？婆媳之間有何相處之道？

答：自古以來，婆媳相處一直是社會、家庭的重要問題。有的婆媳親如母女，相處得水乳交融；有的婆媳則勢如水火，彼此互不相容。婆媳之間的相處之道，實在是一門大學問。

對中國人而言，結婚不只是男女兩個人的結合，更是兩個家族的聯姻。因此，以前的男人娶妻會說娶「一房媳婦」，於是娶過來的媳婦除了負責家務、相夫教子，更須服侍公婆。唐朝詩人王建的〈新嫁娘〉絕句：「三日入廚下，洗手作羹湯；未諳姑食性，先遣小姑嘗。」即傳神道盡新婦小心翼翼侍候公婆的心情。不過，造成媳婦困擾、痛苦的，很少是來自異性的公公、伯叔，大多來自同性妯娌、小姑的排擠，及婆婆的挑剔、虐待，而等到「多年媳婦熬成婆」之後，自己又成為挑剔虐待別人女兒的婆婆了；一代一代如此輪迴。

這種女性姻親的相斥情結極為複雜，中國詩歌史上第一首長篇敘事詩〈孔雀東南飛〉，即是描述婆媳問題的典型例子。東漢末年，廬江府小吏焦仲卿娶劉蘭芝為妻，夫妻感情深篤，但焦母不喜歡這個媳婦，百般刁難，雖然劉蘭芝美麗聰慧，善良勤勞，「雞鳴入機織，夜夜不得息」，且遵循禮教，「奉事循公姥，進止敢自專」，最後還是被遣返娘家，造成了夫妻雙雙殉情的悲劇。還有，唐朝詩人陸游和唐婉的甜蜜婚姻，也是被母親強行拆散，他著名的〈釵頭鳳〉一詞中，有著對此婚姻下場的悲傷、幽怨和無奈、不滿。

從古至今，因婆媳不合而造成的家庭悲劇時有所聞。佛陀時代，有位大護法須達長者，他有七個兒子，前六個兒媳都很賢淑孝順，唯有最小的媳婦玉耶雖然天資國色，卻驕奢傲慢，嫁進門之後，對丈夫、公婆皆蠻橫無禮、不孝敬，給家庭帶來許多紛爭。須達長者苦惱不已，只好請佛陀教化這位頑劣的媳婦。佛陀於是告訴玉耶，如何才是真正的美女，以及為人妻、為人媳應有之道。關於孝順侍奉公婆方面，佛陀說為人媳婦要做到五點：一者、晚眠早起，修治家事，所有美膳莫自向口，先進姑嫜夫主；二者、看視家物，莫令漏失；三者、慎其口語，忍辱少瞋；四者、矜莊誡慎，恒恐不及；五者、一心恭孝姑嫜夫主，使有善名，親族歡喜，為人

佛陀教化玉耶女，如何才是為人妻、為人媳之道。

所譬。（《玉耶女經》）

聽了佛陀的教誨，玉耶慚愧懺悔，從此成為賢慧的妻子、媳婦，整個家庭恢復過去的和樂美滿。

我覺得婆媳的關係，要如趙麗雲博士所說的「跳探戈」：你進我退，我進你退；如果兩個人的腳步同時前進，就會踩到對方，如果兩個人同時後退，這一支舞也跳不下去。所以婆媳之間要懂得互相禮讓與讚美，才能和諧相處。

對於婆媳之間的關係，據我了解有四種層次：

第一等婆媳，如母女親密：認為別人家的女兒成為自己的媳婦，便是一家人，而視為親生女兒一般，以體諒的心、關懷的情來對待她；做媳婦的，也視婆婆為母親一般侍奉、體貼、關心，偶爾對婆婆撒嬌，時時找婆婆聊天，談談工作、談談心事。像這樣如母女般親密的婆媳關係，是第一等的。

第二等婆媳，如朋友尊重：婆媳之間如朋友般，以同理心設身處地了解對方的辛勞，互相尊重包容，並給予彼此生活的空間，即使有不同的意見，也能適時做好溝通。如朋友般的婆媳，仍然能和諧相處。

第三等婆媳，如賓主客氣：婆媳好比主人與客人，彼此客氣、有禮貌，既不鬥氣，也不會互相看不順眼。只要有事出遠門，能告知去處；從外地回家，能帶個小禮物，也還可以和平相處。

第四等婆媳，如冤家相聚：這種婆媳關係是最差勁的，有的婆婆把媳婦當成冤家對頭，認為是來搶兒子、搶家產、搶當家的；做媳婦的則不勤快，只會發號施令，整天跟婆婆計較、鬥嘴，或是經常在先生面前，數落婆婆的不好，讓身為丈夫、兒子的，夾在婆媳之間難以做人。曾國藩說：「傲為凶德，惰為衰氣，二者皆敗家之道。」屬於冤家對頭的婆媳，要引以為戒。

家庭是生命的延續，也是道德的傳承，如果婆媳之間不能好好相處，如何發揮家庭的功用？婆媳之間，應該凡事往好處想，相互信賴，彼此尊重，共同來營建幸福美滿的家庭。

第一等婆媳，親密如母女。

六、夫妻是構成家庭的基本成員，過去中國社會主張「男主外，女主內」。現代工商社會，高喊兩性平等，許多婦女紛紛走入職場。夫妻有時為了工作更得分居兩地，日久對雙方感情的維繫是一大考驗。請問大師，兩性真能平等嗎？面對家庭與事業兩難的情況下，夫妻應該如何配合，才能維繫幸福的婚姻？

答：「男主外，女主內」的觀念，並不只限於過去的中國社會，據我所知，在美國，女性就業的普遍化，也是這二十年來的事。事實上，人類最早的社會是屬於「母權制社會」，《呂氏春秋》載：「昔太古嘗無君矣，其民聚生群處，知母不知父。」描述的即是典型的社會圖象，那時候，婦女在生產和生活上都居於領導地位。從早期的姓氏，也可看出母系社會遺留的痕跡，如炎帝姓「姜」，夏是「姒」姓，周是「姬」姓，秦是「嬴」，都有女字旁。而且依《說文解字》的詮釋，我們姓名的「姓」字本身，也是由女、生組合，表示「人所生也」。

如此的「母權制社會」維持一兩萬年，約五千年前才進入父權的社會，並形成「女嫁男，從夫居」的婚姻家庭。後來更從儒家思想發展出「三綱五常」的倫理道德，以此建立封建階級、禮儀制度。東漢班固言「夫婦」是：「夫者，扶也，以道扶接也。婦者，服也，以禮屈服。」（《白虎通義．三綱六紀》）即明確指出「夫」是可扶持、倚仗的人，「婦」則是應屈服順從的人。也把「妻」解釋為「齊」，意思是「貞齊與夫」，須終身不改。從這類的以音釋義，也可看出夫妻之間不平等的地位，以及男尊女卑的現象。

值得探討的是，男性抑制女性，是一種專制、獨尊、統治的霸權心態，傳統女性也大都心甘情願處於隸屬地位，其言行舉止往往和社會所認同的角色一致。從漢代班昭著的《女誡》、唐太宗長孫皇后著的《女則》、陳邈妻鄭氏著的《女孝經》等，都可看出女性本身對女性角色的規範。尤其《女誡》中提出的「四德」和「夫者天也」的說法，更充分表現出重男輕女、男尊女卑的觀念。不僅中國，美國六〇年代時，有些州的法律也規定，已婚婦女若無丈夫的書面許可，是不能簽訂契約和獲得貸款的，而且結婚儀式中，也要求妻子必須服從丈夫。

如今，父系家庭的體制猶在，孟子所言「仰足以事父母，俯足以蓄妻子」的觀念，仍是大部分男性的基本觀念，不過，「女子無才便是德」的論點早已不盛行了！隨著女性受教育的機會均等，教育程度提高，「賢妻良母」已不是女性一生唯一的事業。加上工商社會裡，工作性質、型態都異於往日，許多工作已不是只有男性才能承擔的。而且，女性有著細心耐煩、溫和謙遜的特質，行事比較圓融，容易化干戈為祥和。

女性走入社會職場，不論是為了經濟需要、社交往來，或自我實現的心理需求，往往回到家，還要負擔起大部分的家務；這種蠟燭兩頭燒的辛苦，是可以想見的。長久以來，「女治內」、「君子遠庖廚」的習慣與觀念，要改變可能須花一點時間。幸好現在有的丈夫很體貼，回到家也會幫忙做家事、照顧孩子，這是很好的現象。我認為夫妻可以真心溝通、協調，在家務、孩子照顧上，分工合作，達成共識，如你煮飯、我洗碗；你洗衣服、我拖地；你接送孩子，我幫孩子洗澡……到底家是夫妻兩人共有的，有參與，就有責任；有參

夫妻應平等相待，互敬互愛。

與，就有感情，自然就能擁有健康快樂的家庭。

男女各有所長，各有所短。比如：女性體力比較不夠，男性就多做一點費體力的事；男人的想法粗枝大葉，女人比較細心，在細膩的地方，女人就多用一點心。天地之間乾坤陰陽和合，萬物就生長；不和合就會有缺陷。因此，我覺得這個世界上，男女相互的讚美、認同，相互的尊重、合作，是非常重要的。

至於夫妻因為工作分居兩地，如果是短期的，還無妨，如果是長時期，就不太妥當。既然結婚了，彼此應該履行夫妻的義務、盡家庭的責任。而且日子久了，對彼此的感情也是一大考驗。

七、延續前面的問題，現代女性普遍加入職場，擁有自己的經濟來源。而隨著女權、人權、自主權的抬頭，夫妻的財產也由過去的「共有制」，到了今天所謂的「分開管理制」。請問大師，對於夫妻的財產管理，您認為共有好？還是分開管理好？

答：記得二〇〇二年六月，立法院三讀通過「夫妻財產制」的修法時，當初研擬、提案的婦女團體及許多婦女都非常興奮！她們經過十一年的奮戰，終於廢除了以家父長制為基礎的「聯合財產制」，而有了強調夫妻人格獨立，義務同擔、權利共有的夫妻財產「所得分別制」。

過去女性嫁入夫家，就成為丈夫的附屬，包括其名下的財產也歸丈夫所有，沒有個人自主的財產。即使一九九六年之後，夫妻財產是依登記名字判定所有權之歸屬，但是在妻子名下財產的管理、使用、收益等，原則上仍歸屬丈夫。現在新修定的「夫妻財產制」記載：「夫或妻之財產分為婚前財產與婚後財產，由夫妻各自所有……夫或妻各自管理、使用、收益及處分其財產。」

從此條文可以看出在經濟上，女性已不再只是附屬，已明定兩性平等自主的地位了。這實在是可喜可賀的事！佛教一向主張平等，佛陀常言他是「眾中之一」，與眾生等無差別；連「生佛」都能「平等」，何況「男女平等」呢！而且，當一方破產或負債時，修定的「分別財產制」，能使另一方的財產免受牽連，對家庭經濟是一大保障。新制之法是本著合夥、平等的理論，認為夫妻是家庭的「合夥人」，應該共同負擔家庭生活，不管外出賺錢，或在家操持家務，其貢獻是一樣的。猶記得當時報紙上還列出：「煮飯」一事須支付多少錢；洗碗、洗衣服、拖地、照顧孩子……各須多少費用。

將家務視同有薪工作，曾經引來許多看法和討論。不過，我不太認同「夫妻合夥人」的論點，既然是「合夥」，就隨時可以「拆夥」，難怪現在離婚率那麼高！夫妻不是以金錢合作的關係，金錢雖然很重要，基本生活費、孩子教育費，乃至享有稍具水準的生活品質等，都少不了金錢。但是，「寶物歸無常，善法增智慧；世間物破壞，善法常堅固」（《正法念處經》）。金錢不是萬能，尤其家庭裡有比金錢更重要、更有意義、更值得追求的善法，如相親相愛、體貼關懷、忠誠信賴、知足歡喜等等，才是取用不盡、最為珍貴的財富。

夫妻忙著賺錢，疏忽感情的維繫與孩子的教養，已是不妥當，如果再各自賺錢，各自花用，彼此劃分得一清二楚，豈不形同路人！夫妻財產是依「法定財產制」或「約定財產制」？金錢是共有或分開管理？我想沒有絕對的好壞，只要夫妻協調溝通，達成共識即可。

一般家庭裡對金錢處理方式，大體上有：設一個聯合帳戶，夫妻兩人將個人所得全部存入此帳戶，兩人皆可領取。或是各自有獨立帳戶，唯開戶者可使用。另外，也有將個人所得提撥一定比例，存入一個共同帳戶，夫妻各自保有能自由運用的零用金。在支出負擔分配上，有的是夫妻兩人不論收入多寡，舉凡生活費、孩子教育費、保母費……皆一起平均分攤；有的則溝通言明兩人各自負責的項目。

不論哪種方式，重要的是在金錢的收入、支出上，最好能透明化、公開化。夫妻應以家庭的幸福美滿為人生的重心，錢財只是維繫家庭的基本條件，如果為了金錢的管理、運用，而猜疑、吵架，甚至反目成仇，就太不值得了！

八、現在離婚率愈來愈高，前面言夫妻分居兩地是一個原因，也有因第三者介入或個性不合而分開。但是，離婚不只是夫妻兩人的事，可能影響下一代的成長，尤其很多人離婚後又再婚，產生很多不合理的家庭問題，請問大師，您對離婚與再婚有什麼看法？

答：世界上各宗教，有的是准許離婚，有的則不准許離婚。在佛教裡並沒有特別規定關於離婚、再婚的事情，在家信徒只要不邪淫，男女之間戀愛、結婚，或離婚、再婚，依合法程序，而為法律承認的，佛教也大都認為是正當的。

由於文化的差異，西方國家對於婚姻比較開放，男女雙方合則結婚，不合則離婚；中國人性格保守，尤其過去女人有「從一而終」的觀念，縱使遇人不淑，遭受家庭暴力，也總是為了下一代而忍耐。不過這種觀念已慢慢在改變，以台灣而言，現在的離婚率也愈來愈高。據統計，台灣在二〇〇四年，每年已有近六萬三千對的夫妻離婚，比二十年前高了三點六倍，而到了二〇〇五年，離婚率已高居亞洲之冠！離婚率高的原因，是現代社會裡，大家不認為離婚是見不得人的事，而且，個人意識高張，如果夫妻都有工作，經濟上能獨立自主，就不會為了孩子而勉強生活在一起。

清朝學者錢大昕在其《潛研堂文集》裡寫道：「夫父子兄弟，以天合者也。夫婦，以人合者也。以天合者，無所逃於天地之間，而以人合者，……義合則留，不合則去。」因為父子手足是「天合」的血緣關係，夫妻乃「人合」，無血緣關係，所以當不合而離棄割捨，便不是罪大惡極了！如在周代，視女人離婚、改嫁為尋常之事；《論語》全書皆無婦女不能再嫁的言辭，而孔子的兒子伯魚去世，媳婦改嫁至衛國，孔子也沒表示反對。

另外，在《左傳》裡記載，鄭厲公命令雍糾去刺殺其岳父，雍糾的妻子得知此事，回去問母親：「父與夫孰親？」她母親回答：「人盡夫也，父一而已。胡可比也？」於是，雍糾的妻子將此謀殺計畫洩露給父親，而導致丈夫被殺；從這裡可以看出當時社會重血緣、輕夫妻的觀念。

你們問我對離婚、再婚有什麼看法，站在人間佛教的立場，當然希望每個人能組織幸福美滿的家庭，但願天下有情人皆成眷屬，都能相親相愛直到白頭。基本

夫妻相處，要養成溝通的習慣，只要有一方肯陪個笑臉，就能化僵局於無形。

上，佛教並不贊成離婚，但是，如果夫妻倆已到了水火不相容的地步，還是讓它水歸水，火歸火；勉強在一起的怨偶，不如好聚好散。在敦煌發現的〈放妻書〉中對夫妻離異之事，即明白指出「結為夫婦，不悅數年」，如此「貓鼠同窠，安能得久」？倒不如「勒手書，千萬永別」。緣聚則合，緣散則滅，這也是宇宙不變的「因緣法則」。

但是不管怎麼說，婚姻都是神聖的，千萬不要因一時情緒就輕易離婚。尤其離婚後，往往造成孩子難以抹滅的心靈創傷，影響其人格的正常發展等；這都是須謹慎三思的。結婚應該不是愛情的墳墓，家庭也不是一個人的，需要兩個人共同來營造。婚姻不能有想要改變對方的念頭，應該相互適應對方、尊重對方，彼此給對方空間。有些人為了擠牙膏方式不同、洗碗方法不同而離婚，就是把婚姻當兒戲了。夫妻相處，誤會、僵局也是難免，我認為平時要養成溝通的習慣，即使有冷戰，也不可持續太久，如果形成僵局，只要有一方肯陪個笑臉，說一聲：「親愛的，就算你對好了！」我想僵局必能化解於無形。

一對八十歲的夫妻，為了慶祝六十年來的美滿婚姻，兩個人討論該怎麼慶祝時，回憶起年輕時談戀愛的情形，於是想重溫舊夢，便相約回到六十年前約會的老地方。丈夫如約來到約會地點，等了好久，都等不到妻子，心底很生氣：「三更半夜了，怎麼還不來？」回家正準備發火吵架，一看太太還睡在床上，更生氣：「喂！不是約好的，妳怎麼搞的……」只見妻子嬌滴又無奈的說：「媽媽不准我出去啊！」丈夫一聽，這不就是六十年前約會的場景嗎？不禁哈哈大笑：「這就是婚姻的紀念啊！」

夫妻之間能有這樣的幽默和情趣，婚姻就比較容易維持下去。世間一切都是會變化無常的，要婚姻永遠不變質，是不可能的。我認為重要的是，如何在變化的人生中，保持一顆不變的心；如果那顆當初要結婚的心不變，再透過互相信任、了解和體貼，相信婚姻就能美滿長久。

九、家，應該是最溫暖、最安全的地方，但是，好似隨著全球景氣持續亮紅燈的骨牌效應，失業、離婚、自殺、犯罪、暴力等戲碼，不斷的在社會、在家庭上演著。尤其「家庭暴力」幾乎無日無之，景況之悽慘，手段之殘忍，實在讓人觸目驚心！對這方面的問題，能否請大師提供意見與鍼砭？

答：社會上，形形色色的人為了生存，為了權勢、名位、財富，彼此勾心鬥角，你爭我奪，甚至打壓、陷害、欺詐、搶劫、殺戮……可以說社會就是一個大冶煉場。無論外面的世界多險惡、多複雜，至少有個「家」能讓身心放鬆，有親愛的家人關心、撫慰和作依靠。但是，現在有不少家庭已成人間地獄，是許多人思之色變，避之唯恐不及的魔窟！

打開電視，翻開報紙，幾乎每天都有觸目驚心的家庭暴力事件。男性因體能上的優勢，常是家庭暴力的施虐者，如多年前，轟動一時，美國橄欖球超級明星辛普森的殺妻案；二〇〇四年，一位嫁來台灣的越籍新娘段氏日玲，被長期虐待、折磨得猶如難民般骨瘦如柴，體重只剩二十多公斤。更有許多婦女及兒童，日日處在毆打、踹踢、砍殺等肢體傷害，及精神虐待、語言暴力中，而過著憂愁、恐懼，生不如死的生活。

但是，近年來也有不少女性因承受感情、家庭暴力、經濟及家庭照顧等壓力，而做出震驚社會的弒夫虐兒事件。家扶基金會公布二〇〇四年「十大兒童保護新聞」裡，即有受暴少婦悶死一雙兒女；失業母親割傷三歲兒子，將一歲女兒由十一樓拋下；怨婦為報復丈夫，而禁錮私生子十四年等三則案件。母親成為扼殺孩子生命的兇手，實在讓人匪夷所思！另外，如縱火、引爆瓦斯、攜子自殺，都是經常上演的悲劇。

曾看過一項報導，在美國社會裡，團體內部每天所發生的暴力，就屬家庭最多；全美國有五分之一的謀殺案件，來自親屬之間，其中有一半的殺人犯是自己的配偶；每年有七百五十萬以上的夫婦，經歷暴力傷害；警員的執勤傷害，以處理家庭糾紛時為最多。而根據台灣內政部的統計，二〇〇四年上半年的傷害事件中，有百分之三三點六是家暴引起的，有六分之一的婦女身陷婚姻暴力中，每天接獲十六名受虐兒的通報，而且平均每個月，就有十人死於家暴，社會一年要為家暴付出一百八十億元的代價。

事實上，因為「家醜不外揚」的心態，許多家暴事件是隱藏在黑暗的角落，因此，估計家暴受害者，及社會所付出的實際成本，都遠遠超過這些數字！

看到這些事件與統計，令人不禁要憂心忡忡問道：這是怎樣的社會？怎樣的家園啊？政治、環境的不安定，造成產業外移、經濟衰退、失業率節節升高。被迫退出職場、喪失經濟能力的人，陷入憂鬱、悲憤的困境；在職場上的人，因競爭多、壓力大而焦慮不安，於是他們這些負面情緒，或以吸毒來麻醉，或以酗酒來澆灌，反射到家裡的，便是爭吵、暴力的惡劣行為了。夫妻反目，直接受害者自然是孩子；孩子往往是雙親情緒發洩的對象，當時目睹暴力行為，承受肢體和心靈傷害，長大後就有樣學樣，成為施虐他人的加害者。我們看到青少年反社會的人格表現，如逃學、欺侮弱小同學、凌虐動物，甚至結黨成派、燒殺擄掠、為非作歹；在家庭裡種下晦澀陰霾的種子，怎能結成好花好果呢？

「罪福響應，如影隨形」，如此惡質世代的循環，不只浪費龐大的社會成本，更讓我們生存的環境，處處瀰漫著煙硝暴戾之氣。

過去中國人視家庭暴力為「家務事」，當事人有著「嫁雞隨雞，嫁狗隨狗」的隱忍心態；街坊鄰居、親戚朋友也認為夫妻是「床頭吵架床尾和」；警察、法官的觀念則是「法不入家門」、「清官難斷家務事」。所幸的是，一九九九年六月二十

以佛教信仰完成人生大事，組織佛化家庭。

四日，「家庭暴力防治法」開始實施之後，已是「法入家門，家暴即犯罪」，為受暴者提供了一支有力的保護傘。在台灣各縣市政府，設有「家庭暴力暨性侵害防治中心」，社會上也有與家暴相關的服務機構，如「現代婦女基金會」、「婦女救援基金會」、「勵馨基金會」等，都能提供諮商、輔導，和協助受害者依循刑事及民事法律途徑，來尋求救濟和保護。

不論來自配偶、長輩或手足，受害者要懂得維護自己的權益，保護自身及孩子不受傷害。同時，我們也應該學習觀世音菩薩「尋聲救苦」的大悲精神，主動關心，提供保護的管道，並幫助受害者走出家暴的夢魘。

不過，預防重於治療，任何對策、法律終非究竟之道，正本清源，應該從心理建設及情緒管理下手。夫妻來自不同家庭，個性、習慣、觀念不同是難免的，但是既然結成夫妻，「背親向疏，永離所生」，就應該「恩愛親昵，同心異形；尊奉敬慎，無憍慢情」（《佛說玉耶女經》）。彼此好好珍惜「百年修得共枕眠」的因緣，相親相愛，相互體諒、尊重。而孩子是自己的骨肉，怎能不疼愛憐惜呢？讓孩子擁有快樂的童年，身心健康的長大，是每位父母不可推卸的責任。

當然，每個人都會有心情煩悶、情緒低潮的時候，許多人喜歡「一醉解千愁」，其實以酒澆愁愁更愁，而且酗酒會導致「父失禮，母失慈，子凶逆，孝道敗，夫失信，婦奢婬，九族諍，財產耗」（《佛說八師經》）。佛教將「不飲酒」列為五戒之一，即是因酒能亂性，讓人失去理智，做出諸多傷天害理之事。所以遇到困境時，要懂得尋找正當的疏通解壓方法，如運動、聽音樂、到郊外散散心，或找善知識傾訴。

最好能有宗教信仰，正信的宗教皆能導人向善，讓心情平靜。我們可以從佛教經典中，明白世間的因緣果報；可以在念佛中，得到清淨與歡喜。《大乘理趣六波羅蜜多經》言：「眾生心躁動，猶如旋火輪，若欲止息時，無過修靜慮。」藉由禪坐的止觀雙修，煩躁剛烈的心，也會逐漸寧靜柔軟下來。人間佛教重視家庭的美滿幸福，我們鼓勵夫妻建立佛化家庭；從信仰中淨化心靈，才能真正擁有圓滿的人生，而且，夫妻有了共同的信仰，共同的話題和興趣，更能促進彼此感情的和諧。

一〇、不久前，美國MSNBC電視台有個專題報導，在美國，大約一百個小孩中有六到七個是自閉兒童；這是一個新的大危機。除了自閉兒，不少家庭裡也有身障或智障的孩子。我們知道，撫育這樣的孩子，必然格外辛苦，請問大師，家有不健全孩子的父母，應該用什麼樣的心態來看待和面對呢？

答：平時我們所看到的美國兒童，大都很健康、活潑，給人明朗率真的印象，沒想到全美國竟有百分之七的自閉兒童，這是很大的數目呢！根據醫學研究，自閉症患者有腦生化功能異常的現象，或腦部顳葉地區有損害，或者是其他疾病，如德國痲疹、腦炎、苯酮尿症等所引發的。過去一般人以為兒童的「自閉症」，是因為生長環境封閉、父母冷漠，而造成他語言和社交上的發展障礙。事實上，自閉症是一種生理的疾病。

腦部的疾病，影響他們的認知和理解、表達能力，也因為不明白別人的語言、行為和表情，不懂得如何作回應，所以，自閉症的人不敢和別人接觸，而選擇把自己封閉、隔離，有時也會出現強烈恐懼、情緒不穩、自我傷害等現象。除了自閉症，和智能有關的疾病還有腦性痲痺、唐氏症等。不論智障或身體的殘障，對照顧者而言，都是一輩子艱苦又漫長的路程。

每個父母都希望自己的兒女健康聰明，能正常快樂的成長。得知孩子異於常人，且可能終生維持現狀、無法改善時，大部分的父母，開始會拒絕承認、怨天尤人，或自責、沮喪、徬徨無助，甚至有的父母經過好多年，都無法接受孩子殘障的事實，一直陷在負面的情緒裡，無法自拔。尤其最難堪的，是必須面對社會異樣的眼光。

日本作家乙武洋匡一出生就沒手沒腳，被醫生判定為不明原因的「先天性四肢切斷」。乙武洋匡的母親看到他出生時沒有四肢，如一團肉球般，並沒嚇昏，反而驚喜的說：「好可愛哦！」因為母親正面、快樂的對待他、撫育他，形成乙武洋匡熱愛生命，樂觀、勇敢的正面人格。他的自傳《五體不滿足》出版不到七個月，就銷售了三八〇萬本。他以輕鬆幽默的筆調，敘述自己從出生，上幼稚園、小學、中學，到大學的生活種種，對於自己的殘障，他說：「殘障只是我身體的特徵，沒有必要為身體上的特徵而苦惱。」「既然有殘障者做不到的事，應該也有只有殘障者才做得到的事。上天是為了叫我達成這個使命，才賜給我這樣的身體。」如此向上向善的人生態度，是殘障者及其家人應該學習的。

伊甸基金會創辦人杏林子，他十二歲罹患「類風濕性關節炎」，全身關節皆損害，但是他寫作不輟，更以豐沛的愛心，為全台灣一百萬個殘障朋友服務，這位生命的勇者也曾說：「依復健醫學的觀點來看，人人遲早必然在體能上成為殘障。所以，體能殘障只是生命的一個階段，重要的是，心理上或人格上是否也是殘障。」

根據一份對三百位成功人士的調查報告顯示，其中有四分之一是殘障者，如羅斯福總統、愛迪生、貝多芬、海倫凱勒等。這些人的萬古流芳，讓我們明白：真正的殘疾，不是外在的身根不全，而是心中沒有慈悲與包容；真正的缺陷，不是環境的艱難困頓，而是自己喪失信心和勇氣。他們不被自己的殘缺打敗，所以能化腐朽為神奇，為自己、為他人，點燃美麗的生命之光。

在《大般涅槃經．聖行品》裡有一段記載，功德天和黑闇天是一對形影不離的姐妹。功德天所至之處，能帶來種種財寶和象、馬、車乘等物質；黑闇天所行之處，一切財寶皆衰耗喪失。有位富人只願功德天入其家，不准黑闇天進來，但是，功德天說他們姐妹倆「行住共俱，未曾相離。隨所住處，我常作好，彼常作惡；我作利益，彼作衰損。若愛我者，亦應愛彼；若見恭敬，亦應敬彼」。富人做不到，兩姐妹只好離開，他們來到貧人家，貧人感念他們的光顧，很歡喜的將他們一起迎入家裡。

此段故事告訴我們，世間福禍相倚，好的一半，壞的一半；善的一半、惡的一半，要求世間完美無缺是不可能的；殘缺是生命的本質，也是世間的實相。孩子今生的殘缺，是他們過去世的業力使然。《地藏經》言：今生「短命」，是過去世「殺生」之故；今生「醜陋癃殘」是過去世「瞋恚」之故。《梁皇寶懺》裡也寫道，「兩目失明」，是因「前世不信罪福，障佛光明，縫閤他眼，籠閉眾生」；「謇吃瘖啞，口不能言」，是因「前世誹謗三尊，輕毀聖道。論他好惡，求人長短。強誣良善，憎嫉賢人」；「或顛或痴，或狂或騃」，是因「前世時飲酒醉亂，犯三十六失」……

因果報應不爽，明白這點，在盡心照顧孩子之餘，可以帶著孩子到寺院，藉由親近三寶、學佛之因緣，讓他來世能擁有一個健康的軀體和聰明的心智。再者家有殘障兒，正可以培養自己的慈悲和耐心，考驗自己的忍辱和毅力；家中的殘障兒，正是來成就自己的菩薩道呢！心念一轉，歡喜接受這個事實，人生的路也會跟著寬廣起來。

二一、過去社會上有名望的家庭都有「傳家之寶」，例如有人以如意傳家，有人以寶劍傳家，有人以字畫傳家，有人以書香傳家。請問大師，最好的傳家之寶是什麼？

答：國家有傳國之寶，過去的帝王以玉璽作傳承，現在的總統以印鑑來交接。佛教也有傳承之寶，佛陀在靈鷲山，以「清淨法眼，涅槃妙心，實相無相，微妙正法」傳付給大迦葉；禪宗初祖達摩大師傳法給二祖慧可大師時，說：「內傳法印，以契證心；外付袈裟，以定宗旨。」因此，佛教叢林便是以袈裟缽具作為傳法的信物。

一般家庭或家族的傳家之寶，有實物，也有精神象徵。例如台灣連戰先生，以其祖父連橫之著作《台灣通史》，作為傳家之寶；已故的「海基會」董事長辜振甫先生，一生以「謙沖致和，開誠立信」作為安身立命之本，身為最具影響力的企業家，他言能立足經濟界與政治界，是因繼承了父親固有的人際關係，因此，「和信」的政商關係就是辜家的傳家之寶。

另外，有些原住民、土著，會把用金飾、銀飾製成的亮麗腰帶，當作傳家之寶，一代一代傳下去，平時收藏著，只在重要慶典時才佩帶展示，向他人炫耀。台灣的排灣族，以一把柄部為青銅、刀刃為鐵製，象徵貴族的「青銅刀柄鐵刃刀」作為他們族群的傳家之寶。其他傳家之寶尚有玉如意、字畫、手杖，或珍奇寶物等；凡認為稀世少有或具有歷史價值、紀念意義的物品，都可以作為傳家之寶。

許多父母會希望能留下房屋田產、金銀財富給子女。但是，世間有形財寶，常是政府、盜賊、火、水、惡子「五家共有」，難以久存。怎樣的傳家之寶，才能讓家庭和樂、家族興盛綿延呢？

我認為「勤儉」是傳家之寶，西諺云：「黃金隨潮水流來，也要你早起去撈起它。」中國人相信有財神爺，但是財神爺送財來，也必須站起來禮貌的接受，如果懶惰、不理睬，也不能發財呀！世間上，懶惰與貧窮是難兄難弟。因為懶惰，所以貧窮；因為貧窮，容易懶惰，這是互為因果的。要讓家庭富有，家族事業永續經營，就得勤勞精進。

社會上許多成功的企業家，他們之所以能成功，絕不是從安逸享受中得來，而是從勤儉奮鬥中獲得的。蔣介石、蔣經國先生，他們本身都很勤儉，可惜沒有把這項美德傳給兒孫，所以家道提早式微。六波羅蜜是菩薩成佛的重要法門，其中的精進波羅蜜就是勤勞、勤奮之意。

「勤儉」是傳家之寶

「春天不播種，何望秋來收？」不播種，如何有收成？不勞動，如何能成就？懶惰懈怠，又奢侈放逸，怎能守住家園呢？因此，勤勞、節儉，是財富，更是傳家之寶。

「孝道」也可作為傳家之寶，親子之間有著「上代以來，從己而出」的血緣關係。藉著世代相傳的倫理，人類的綱常秩序才能穩固和延續。「五倫」中以「父子」為首，為人的「十義」以「父慈、子孝」為先。佛教也非常重視孝道，所謂：「上報四重恩，下濟三塗苦」，「四重恩」之一便是「報父母恩」；《大乘本生心地觀經》也說：「勤加修習孝養父母，若人供佛，福等無異，應當如是報父母恩。」《五分律》中，佛陀更囑咐比丘應「盡心盡壽，供養父母；若不供養，得重罪」。孝是道德之本，能夠孝順父母的人，其他倫理道德亦不差矣！

兒女如同一張白紙，父母的言行是他們學習的榜樣。自己對父母供養承順，自然會有孝順自己的兒女。如是因、如是果，一個家庭有慈愛的父母，孝順的兒女，親子關係親密和諧，也就能維持上慈下孝的倫理綱常。

當然，「慈悲」也是一種傳家之寶，培養孩子有慈悲心、有善念，他就能與人為善，不會到處樹立敵人，而擁有平安順遂的人生了。慈悲是做人應具備的基本條件；一個人寧可什麼都沒有，但是不能沒有慈悲。現代社會暴戾之氣甚囂，就是因為缺乏慈悲。以我多年來處世經驗，深深體會：唯有慈悲，才能化干戈為玉帛，消弭人我之間的怨懟愚痴；唯有慈悲，才是家庭幸福的動力，才能廣結善緣，成就事業。

不過，慈悲如果運用不當，也會淪為罪惡。縱容子女，會造成社會問題；姑息作惡，會導致社會失序；濫施金錢，會助長貪婪心態……所以真正的慈悲必須以智慧為前導，否則弄巧成拙，反失善心美意。有了慈悲的心懷、慈悲的語言、慈悲的行為，不只能擁有慈悲的家庭，也能成就慈悲的社會、慈悲的淨土了。

「信仰」可以是傳家之寶，人不能沒有信仰，沒有信仰，心中就沒有力量。但是要選擇正信的宗教，如天主教、基督教、佛教。宋朝名相王安石曾說：「不想皈依三寶的人，不要投胎我家做子孫。」他即是以佛教信仰做為傳家之寶。父母把信仰傳承給下一代，好比薪火相傳，生命得以綿延不斷。信仰，是留給子孫最好的財富。因為人世間的金錢終有散盡之時，有了信仰，則能開發善美的本性，獲得無量的聖財。

正信的宗教，會教導我們布施、守戒、忍辱、慈悲……也會讓我們明白因緣果報，知道「諸惡莫作，眾善奉行」，而過著有正知正見、有道德的生活。所以，我們應該選擇一個有益身心，能開發正確觀念的宗教信仰，作為傳家之寶。

除了勤儉、孝道、慈悲、信仰，可作為傳家之寶，其他如儒家的三綱五常、仁義禮智，佛教的五戒十善、四攝六度、八種正道等，以及書香、教育、知識、明理、忠信、誠實、歡喜……都是值得代代相傳的珍寶。

一二、人生在世，為官有為官之道，經商有經商之道，居家也有居家之道。最後，請問大師，居家之道應該注意些什麼？如何才能營造一個幸福美滿的家庭？

答：家，不是一個人的；家，是全家人共有的，家中的每個成員，都有責任經營和維護家庭的幸福。居家之道有哪些應該注意的？

在人際關係上，家庭裡有父母子女，也有公婆媳婦、妯娌、兄弟姐妹等關係。平時我們對父母要恭敬孝養，讓他們衣食無缺，並隨時稟白自己的工作、去處，不令父母擔心。除了甘旨奉養、光宗耀祖之外，能再引導父母向於正道，有宗教信仰，遠離煩惱，才是最究竟的孝道。兄弟姐妹於事業、生活上，應該互相幫助，以盡手足之情。對於子女，要明白孩子不是討債鬼，而是菩提幼苗、有緣眷屬，所以，教育要寬嚴合度，平時多以讚美代替責備，以鼓勵代替打擊。婆媳、妯娌之間，須有「不是一家人，不入一家門」的認知，能在同一屋簷下，同吃一鍋飯，都是過去世結下的因緣；好好珍惜這個善緣，縱有摩擦，只要自他立場互易，便能減少不必要的隔閡與揣測。

夫妻是最親密的關係，當初因為愛而結合，生活在一起，更要相敬相愛、互信互諒。做丈夫的，身邊要少帶錢，要回家吃飯；出門應酬，夫妻應該成雙成對；平日多一些幽默感，對於忙碌辛苦的太太、兒女，常常給幾句安慰、感謝的話。做太太的，平時須把家庭整理乾淨，準備美味可口的飯菜；勤儉持家，不私藏金錢，隱瞞祕密，並對先生多說讚美、肯定的話。能夠如此，夫妻感情就能長久維繫下去。

還有，生活起居裡，須養成良好的生活習慣，及替別人著想的美德。例如：早睡早起，生活起居正常；進門要彈指、關門要小聲、走路要輕步、轉彎要輕咳作聲等。每日要勤於打掃庭院，把家裡整理得窗明几淨，布置得美化舒適，院子裡、陽台上亦可蒔花植草，以增進生活情趣。平日飲食要正常適量，營養均衡，不故意節食，也不暴飲暴食，便能保持身體的健康。

平日也應有正當的休閒，和養成良好的讀書習慣，藉由閱讀，增加知識，擴大學習空間。如果家中環境許可，可以設個佛堂，每日晨起，於佛菩薩聖像前獻花供水、上香禮拜，或誦經一卷，或靜坐五分鐘；夜晚臨睡前，可於佛前禮佛靜心，或

父母把信仰傳承給下一代，是留給子孫最好的財富。

讀誦《佛光祈願文》，反省自己的功過。

最後，家庭的經濟管理也要健全，常言：「有錢不一定萬能，但是沒錢則是萬萬不能。」金錢是維持我們生存的基本條件，一般人都希望財富愈多愈好，不過自古以來，許多有錢人不一定快樂。我覺得真正的財富，是歡喜不是金錢，沒有歡喜，縱使再多的金錢，也沒有意義；真正的財富是知足，不知足的人，即使把全世界的財富給他，他還是貧窮的，因為內心永遠覺得不夠，此即所謂：「財多愈求，官高愈謀，人心不足，何日夠休。」（《安樂銘》）

所以我們應該把財富的範圍擴大，財富不限於金錢、汽車或別墅；這種財富是無常的。錢財非萬能，家裡的經濟雖然不寬裕，但是在精神修養上能夠提升，如懂得歡喜、知足，就是無價之寶！

平時我們要懂得開源節流，常常想：「我有多少的『源』可以開？」生財之道無他，智慧、勤勞、結緣是也！所謂「開源」，除了有形的財富，更要開發心靈的財源，如慈悲、智慧與明理、通達。「節流」方面，節省日常生活的金錢支出之外，還要節省時間與節省生命。

人的一生，與家庭生活關係密切，家庭是悲慘的地獄，或是歡樂的天堂；眷屬是善人聚會，或是怨憎相會，端在我們一念之間。《無量壽經》言：「世間人民父子、兄弟、夫婦、家室、中外親屬，當相敬愛，無相憎嫉。有無相通，無得貪惜。言色常和，莫相違戾。」要讓家庭幸福和樂，柔軟、慈悲心是不二法門。眷屬之間，多一些讚美的聲音，多一些關懷的溫情，多一些互助的行動，多一些忍耐的智慧。彼此相互學習，常懷慚愧、感恩之心，就能將家庭建設成清淨安樂的國土了。

佛光三好人家授證

佛教對「青少年教育」的看法

時間：二〇〇五年五月二十七日
　　　晚上七時三十分至九時三十分
地點：佛光山傳燈樓大會堂
記錄：如超法師
對象：佛光山叢林學院學生、佛光青年
　　　及全山僧信四眾等七百餘人。

佛教是青年的宗教，不是老人的宗教。2011.08.05

「一個國家、一個團體有沒有前途，就看他對年輕人是否重視。一個人要想有所作為，年輕的時候就要將基礎打好。」這是佛光山開山宗長星雲大師於二〇〇五年五月二十七日，在佛光山傳燈樓大會堂主持「當代問題座談會」時，針對「佛教對『青少年教育』的看法」所做的引言。

星雲大師一生非常重視青年，也一直很關心青年的教育，所以，佛光山開山至今積極辦學，設立大慈育幼院、叢林學院、沙彌學園、普門中學、均頭中學、南華大學、佛光大學、西來大學等；更舉辦各種活動，如教師研習營、大專青年佛學夏令營、青年領導人講習會、國際佛教青年會議、國際傑出青年英文禪學營、國際傑出青少年英文禪學營、青少年夏令營等等。

大師強調：「佛教是青年的宗教，不是老人的宗教；是朝氣蓬勃的宗教，不是暮氣沉沉的宗教。」舉凡佛教教主釋迦牟尼佛青年時成道；玄奘大師二十六歲到印度求法；禪宗六祖惠能大師二十四歲到黃梅五祖那裡求法，同年開悟成道。翻開歷代祖師大德傳記，也絕大部分都是十幾、二十幾歲出家學道。所謂「四小不可輕」，如善財童子五十三參、妙慧童女問道、均頭沙彌小小年紀證阿羅漢果、羅睺羅獲得「密行第一」的美譽、小龍女即身成佛等，他們都是青少年時期修行成就的例子。

青年是社會進步的動力，也是國家未來的希望，然而近年來青少年犯罪率提高，年齡層也逐漸下降，不禁令人感到憂心。如何幫助青少年成長？大師有獨到的卓見與看法。以下就是大師當天的問題座談實況紀錄。

青少年廣結善緣、勤勞發心，養成良好的人格道德，比有錢來得更重要。

一、隨著人民生活水準提高，青少年擁有零用錢已經是很平常的事，然而有許多青少年卻因此大肆揮霍、貪圖享樂。請問大師，青少年當如何建立對金錢的正確觀念？

答：說到金錢，我幼年就進入僧團，經過了少年、青年、壯年，一直到了現在老年，感覺到人生在青少年階段不可以擁有金錢，否則容易失落了自己。我們可以看到，自古以來成功立業的人，他們在創業之初，日子都過得非常艱苦，如陶淵明先生窮得如詩中所說：「三旬九遇食，十年著一冠」、「造夕思雞啼，清晨願烏遷」。又好比十二歲就在鞋油工廠當童工的狄更斯，在學習的熱誠推動下，成為享譽世界的大作家；早年家貧如洗的李嘉誠先生，經過不懈的努力，日後成為香港首富；台灣統一企業集團榮譽董事長吳修齊先生，憑著勤儉奮發的精神，打造衣食住行的企業傳奇，都是白手起家的例子。

孟子說：「天將降大任於是人也，必先苦其心志，勞其筋骨，餓其體膚，空乏其身，行拂亂其所為，所以動心忍性，增益其所不能。」佛教的修行雖然不以苦行為重，但是就以佛教教主釋迦牟尼佛為例，如果沒有經過六年雪山苦行，沒有經過多年的瞑目苦思，又怎能證悟成佛呢？就如佛教歷代的祖師大德，哪一個不是歷經千辛萬苦、千錘百鍊而成就道業的呢？又好比世界著名人物，如失明、癱瘓的奧斯特洛夫斯基（Ostrovsky, Aleksandr Nikolayevich），完成不朽名著《鋼鐵是怎樣煉成的》；天生失去雙腿的約翰．庫緹斯（John Coutis），現今為國際知名的激勵大師。所以，青少年應該勇於接受嚴格的教育，在苦行裡才能促進成長；反之，一個人若沉浸在金錢堆裡，好比紈袴子弟，整日遊手好閒，怎麼會成功？

現在許多有為的富家子弟，雖然家庭生活富裕，但是他放棄了優裕的、被保護的生活，選擇走入群眾、走入民間，甚至從苦工、學徒做起，才會有成功的機會。如美國三一冰淇淋少東約翰．羅賓斯（John Robins），因為所學的知識告訴他，奶、蛋、魚、肉對身體有害，而毅然放棄接掌冰淇淋公司，並與幾位有心的醫生共同宣導素食；出身南台灣望族，現任「紐約國際管理顧問公司」總經理的陳文敏小姐，在取得紐約大學學位後，應徵進入美國一家大飯店，從洗廁所等基層工作做起，以實際行動證明自己的能力。

金錢不代表一切。有人說，「有錢能使鬼推磨」、「金錢萬能」，這倒也不一定，和金錢同等重要，甚至更重要的還有很多，好比有錢買得到物質，買不到智慧；有錢買得到醫藥，買不到健康；有錢買得到華美的衣服，買不到氣質；有錢買得到書籍，卻買不到品德。所以，青少年的時候，要能廣結善緣、勤勞發心、奮鬥苦幹、讀書求智慧、養成良好的人格道德，這都比金錢來得更重要。

一個人的人格道德不是用有錢、沒錢，有權、無權來衡量的。過去有的帝王將相雖然有權有勢，但是沒有道德人格，以至於罵名千古。如將某個人比喻為商朝紂王或周朝幽王、厲王，他一定很生氣，因為暴虐無道的君王，人們恥為與之同類；反倒是被比喻為窮苦潦倒卻憂道不憂貧的伯夷、叔齊，人們會感到很歡喜。

解決世間上的問題不一定要靠金錢，憑著每個人與生俱來的意志力就能解決。人生的成功來自於眾多的因緣，不能只向錢看，尤其現在的年輕人，如果天天看到的、想到的都是錢，那麼內心的世界就太渺小了，不僅沒有遠大的眼光，精神力氣也因為金錢的誘惑而減弱，所以，年輕的大家不要只顧想錢。「不要想錢」這句話，大家聽了可能不大認同，以為有錢就可以呼風喚雨，要什麼有什麼，但是卻沒想到「要什麼有什麼」的結果，就是要不到未來了。

一個人沒有錢沒關係，只要有志氣、有慈悲、有智慧、肯讀書、肯向上，何患沒有未來呢？因此，人千萬不要給金錢收買，不要給金錢左右，不要把金錢看得太重，從另外一個角度來看，未來的人緣、事業、健康、名譽才是最重要。好比一個人有錢而沒有人緣，勢單力薄，難以成事；一個人有錢而名譽敗壞，人格受損，也不會成功。

我幼年時在叢林的生活很貧苦，常常是一封信寫好了，卻隔了好幾年沒有寄出去，因為買不起郵票；風雪交加的冬天，也沒有棉襖取暖；鞋底破了，用厚紙板墊起來；襪子破了，用紙糊一下。所以養成我現在有也好、無也好的隨緣性格。因為沒有錢，也養成我「不買」的習慣。其實，不買就是富有，為什麼要買？就是因為不足、缺少才要買。即使擁有萬貫家財，心不能滿足，還是窮人一個；就是貧無立錐之地，心中能擁有三千大千世界，也是富人。所以，青少年除了對金錢要有正確的認識以外，心中要有國家社會、團體大眾，才是真正富有的人；年輕人應當志在十方，何必用金錢來框住自己？

二、青少年時期感情豐富，多愁善感，面對情感上的困擾，很容易陷入焦慮情緒裡。請大師開示，青少年應當如何處理感情問題？

答：人類與生俱來就有感情，如喜怒哀樂、憂悲苦惱的情緒，都是在表達感情。感情問題不是青少年專有的問題，對於中年人或老年人，感情同樣是人生重大課題，只是感情與青少年關係更加重大。因為青少年時期感情最豐富但也最脆弱，容易深陷其中，不能自拔。所以，建立對感情正確的看法非常重要。

說到感情問題，舉凡家人、父母、夫妻、子女、同學、朋友之間都有感情，而感情處理不當，人生就會很痛苦。現今為了感情而失卻人身、毀掉前程的比比皆是。所以，感情要用慈悲來昇華，要用智慧來駕馭，才不會為之所苦。青少年的時候，最怕的就是把感情單一化，其實除了男女之間的感情，感情還有很多出路，比方對工作有興趣，是對工作的感情；對社會有愛心，是對社會的感情；對國家奉獻，是對國家的感情；對名譽能重視，是對品德的感情；對生涯能規劃，是對前途的感情。

大家想想，你為了得到一個，而失去一切，這划得來嗎？現在有許多年輕人，覺得自己功名未就，也就不忙著結婚，不忙著為自己做太多打算，反倒是積極地投入社會公益、為父母、親人服務。因為「家」是一個枷鎖，有了家就要負責任，若連自己都照顧不來，結了婚又多一個人，你能擔當起照顧的責任嗎？就是想在成家之後，再來完成自己的理想、事業，也會變得更困難。

佛光啦啦隊員用歡樂感染民眾

一般人的感情是自私的，凡事只想要人家給我，卻沒有想到自己要給人。一個人要先學會把感情用在家人、社會、國家之上，先播種、先結緣、先奉獻，才能擴大自己的胸襟，進而做到「愛人無私」的精神，將私愛化為對一切眾生的關懷。

世間無常，尤其感情最為無常，你能禁得起它的變化嗎？所謂「山盟海誓」、「海枯石爛」的說法，如同是一種迷幻藥，只能麻醉一時。所以，我們應該認清這個世間，了知感情是盲目的，感情是愚痴的，沒有智慧來領導就會錯誤百出，好比一個人走路，如果不用眼睛看，可能會有跌落深坑的危險。

人都想要自由，假如能將感情淡化一點，就可以求得人生的自由自在，倘若只在二人的感情世界裡徘徊，天天過著被感情誘惑、束縛的日子，還有什麼獨立的人生可言呢？因此，每天淨化自己的身心，擴大心胸去關心更多人、更多事，生活才能過得安樂富有。

佛教不是說不重視感情，佛教也「但願有情人終成眷屬」，但是不要為了私愛忘卻了大眾，不要為了個人忘卻了家人、父母。所謂「慧劍斬情絲」，能夠把感情理清楚，不被情絲所束縛，才是最難得。

三、由於社會型態的轉變，教育出現重科技、輕人文的現象，使得青少年道德觀念愈來愈薄弱，所以建立青少年道德觀念就更為重要。請問大師，現在的青少年應該具備哪些人文道德觀念？

答：除了金錢觀、感情觀，人文道德的觀念對青少年來說也很重要。《天下雜誌》做了一項調查——考試作弊的行為與自己的道德有沒有關係？全國超過半數的國中生認為作弊與道德沒有關係。從這項調查顯示，青少年對於人文道德觀念的認知並不健全。然而人文道德教育，不是一味由老師教導、父母要求，而是要有自知

道德好比火車軌道，有引導保護的作用，一旦偏離，後果不堪設想。

之明。現在我們提倡「三好運動」，做好事、說好話、存好心，倘若大家能在身口意上多注意，如身做好事、口說好話、心存好念，就會增進道德。

有些西方國家對於建立青少年道德教育非常重視，比方在公共場所嚴禁大聲喧譁，對師長應當尊敬，不可以惡意說謊、欺騙，倘若違犯了，就以勞動來代替處罰，到慈善機關、福利機構等地累積服務的時數。像佛光山在美國的西來寺，就經常接受犯錯的高中生到寺院裡勞動服務，並為其證明服務的成績。這是個不錯的方式，不致嚴重到體罰，卻能有效地讓青少年警覺自己犯了錯就要接受處分。

大家口口聲聲講人格、道德，究竟什麼是人格、道德呢？人格就好像是窗戶一格一格的，超出範圍就不成格了。道德也有範圍，比方能合乎佛教的「五戒十善」、儒家「四維八德」的精神就是有道德。我們常聽人家說「傳統的、古早的、過去的道德觀念……」，其實，道德沒有新、舊之分，道德是宇宙之間的正氣，充滿在宇宙之中，不因為你有錢就能有道德，不因為你有才能就是有道德，即使貧窮、失業、一時的失敗，只要不失去做人的原則，對社會、他人能有貢獻，還是被認為是有道德的。

道德具有維繫國家綱紀，保護社會人民生活安全的功用。有軌則的是道德，好比汽車有車道、火車有軌道、飛機有航道，一旦偏離則後果不堪設想。為人處世亦是如此，雖要圓融通達，但是更要以因果為軌則，正規正矩，才不會喪失人格道德。

有仁義的、有正義的、有忠義的，所謂「四維八德」即是道德。「仁」字由「人」和「二」組合而成，意思是心中要有別人，不能只有自己。我們要反省自己，心中有人嗎？有父母、有師長嗎？有苦難的眾生嗎？我講《金剛經》的時候，說到「無我相、無人相、無眾生相、無壽者相」，我的母親對我說：「你可以無我相，怎麼可以說無人相呢？」當然《金剛經》的詮釋不是如此，但是母親說的也不無道理。有道德的人，凡事都是大眾第一，自己第二。

再者，能向上的是道德。有道德的人不是弱者；有道德的人，做起事來努力不懈、精益求精，不會有始無終，這種奮發飛揚的態度就是道德。

此外，能昇華的是道德。一個人光求知識的進步是不夠的，應該要求人格要能昇華，信心昇華、觀念昇華、人我昇華就是道德。比方過去做一小時的義工，現在能做二小時；過去布施給人五塊錢，現在能給人十塊錢；過去和人見面只是點個頭，現在不但點頭還會微笑；待人好，人格提升就是道德。

同理，不道德的行為，小則影響自己處世的態度，大則侵犯別人的權益，但是人往往不容易察覺。不道德的行為如：說理而不認錯、怪人而不自責、無恥而不反省、愚昧而不自知。

常人最大的毛病莫過於不肯認錯，只管說理，譬如吩咐的事情沒有做好，推說是時間不夠；打破東西，不願承認自己的冒失，卻責怪東西沒放好。心裡頭總是別人不好、東西不好，自己才是對的。不肯認錯就不能改正，如何能夠進步呢？

所謂「責人之心責己，恕己之心恕人」，老是說別人不對的人，必定是自己本身有問題，才會引發外在的問題；如果自己做的好，人家自然會感受到你好。

青少年可以借助抄經來安頓身心

《佛遺教經》說：「慚恥之服，於諸莊嚴，最為第一。」一個人要有慚愧心、羞恥心，經常反省自己是不是做錯了，是不是不夠慈悲、不夠容忍，才能增進道德。

世間上最可怕的是愚痴、不明理，凡事不應自滿，不要自以為是，「明白自己」才有成功的希望。

一個人有錢，別人不一定認為你是好人；一個人有權勢，別人也不一定認為你是好人；反而一個人有道德，別人就會說這是好人。所以，建立道德觀很要緊，比獲得獎狀、擁有富貴更重要。青少年應該建立誠信、榮譽、和平、正派的道德觀。尤其世間以正為本，行得正、做得正，有正念，人格修養才能昇華。

青少年要建立道德觀念，樹立為人處世的君子風範，倘若一個人沒有品德，不懂得修德，不能贏得人家的信任，那麼做人就失敗了。

四、有句話說：「人不輕狂，枉少年。」青少年時期，心志還不成熟，凡事容易衝動，容易受到誘惑而染上種種惡習，這都是由於沒有正確的休閒觀念所造成。請問大師，現在世界各國的假日很多，青少年應當如何善用假日時間呢？

答：目前世界各地的假日很多，尤其在台灣，不但週休二日、民俗節日、國定假日，學生還放寒暑假，一年三百六十五天就有三分之一的時間是在假期中度過的。因此，青少年如果不懂得善用假日時間，實在很可惜。

青少年階段由於生理、心理上的變化，加上升學壓力等外在因素影響，多數會情緒不穩定、容易衝動。因此，利用假日時間參與休閒活動以調劑身心更顯得重要。如果能擁有適當的休閒生活，不但能學習到與生活有關的技能和知識，還能從活動中獲得參與感和成就感，有利於青少年身心的健全發展。

佛教裡也很重視休閒生活，在忙碌的弘法修行之餘，除了每週有一天的放香時間，也借助每天跑香、經行、禪坐、念佛等來調節身心，甚至古時候的修行人到處行腳雲遊、旅行參訪、禮佛朝山、出坡作務，或是叢林裡時興茶道、書法、抄經、繪畫、梵唄等藝術，都是調適生活的方法。

處在媒體科技發達、網際網路興盛的時代，使用電視和網路的行為已愈來愈普遍。根據富邦文教基金會於去年（二〇〇四）初，針對全國國高中生進行的「媒體使用行為」調查發現，國高中生平均一天看電視的時數近二點五小時，節目取向以偶像劇及娛樂性節目所占比例最高。青少年時期正是人格塑造的時候，模仿力也最強，倘若自我約束力低，又不擅於選擇好的節目，恐在暴力、色情、扭曲的潛移默化之下，造成身心的不健全，促使不良行為的發生。

除了電視媒體，網路的影響力也急起直上，許多人在這虛擬的世界裡找到了各種需求，但是卻也衍生出許多問題。不少人因迷戀在網路的世界裡而觸犯法網，如網路援交、性侵害、詐騙等事件的發生。甚至最近媒體報導，有個美國年輕人因為過於投入網路打殺遊戲，竟然在真實生活裡殺害了遊戲對手，實在是駭人聽聞！反思這些事件的發生，引導青少年善用假日時間，建立正當的休閒觀念，已成為一項重要課題。

新世代的青少年對於休閒活動，多半具有很高的自主能力，比起上一代人的成長環境，他們的物質條件更為優厚，生活方式更為自由開放，因此，能參與的活動也較多元化。雖然如此，仍要慎選活動的性質，評估活動本身的價值和利益，才能增益心智、增上品德。

一個健康的休閒活動，要以不傷己、不傷人為原則。青少年時期喜歡追求新鮮刺激，好比飆車，雖然可以享受快感，卻容易造成意外事故，不但危害自己及他人的生命安全，所產生的噪音，也會影響附近居民的生活安寧。另外，休閒活動的選擇還要顧

青少年參加體能性活動，不僅可以鍛鍊體魄，也能增加恆心和耐力。

及金錢上的負擔，不因自己個人的喜好，而隨意浪費父母的血汗錢。

由於升學主義掛帥，青少年平常忙於課業、上補習班，複習功課的時間有限。所謂「思所成慧」，對於課堂上老師的指導，如果沒有經過醞釀、思惟，又怎能吸收成為智慧呢？所以，可以利用假日較充裕的時間來溫習功課。

除了複習功課，為能增加生活經驗的廣度和深度，青少年須做多元化的學習，除了課堂上的知識吸收，透過廣泛的活動參與，將所學的知識與生活結合也是必要的。

青少年的活動繁多，好比知識性活動，現在許多學校、機關團體舉辦遊學團，利用寒暑假，帶領年輕學子到國外作短期語文學習及生活體驗，倘若家庭經濟許可，這也是不錯的選擇，可以增廣見聞、開拓眼界。或者參加讀書會、上圖書館閱讀，以豐富心靈的廣度。

體能性活動，如散步、慢跑、打球等，不僅可以鍛鍊體魄，也能增加恆心和耐力。運動一旦成為專長，甚至還能為國爭光，例如最近有一位台灣棒球選手王建民，當上美國知名職棒球隊洋基隊的先發投手，被譽為「台灣之光」。此外，登山、郊遊，多接觸大自然等，也能開拓心胸。

才藝性活動，如學習音樂、美術、舞蹈、書法等，能陶冶性情，穩定心志；寫作、撰述，能幫助我們釐清思緒，更清楚地認識自己。又好比對電腦、烹飪有興趣的，趁著假日空檔可以再予精益求精，一旦學精了，成為技能，將來還能為社會所用。所謂「萬貫家財，不如一技在身」，廣為學習，提早為日後的社會需求作準備。

服務性活動，如到各個機關、團體擔任義工，能培養服務的熱忱；到醫院、育幼院、老人之家等慈善機構關懷慰問，能增加慈悲心和信心。好比漸凍人作家陳宏先生，全身失去知覺，口不能言，卻憑著眨眼寫了好幾本書。一個生病的人，依然如此精進，看在健康的人眼裡，怎麼會不激發向上的力量呢？

除了動態的活動，靜態的禪坐、靜修也有助於修身養性，集中注意力，能使頭腦更靈活，提高讀書的效率。不僅身心能得調適，更可開闊心胸，享受空無、寂靜的禪悅。

有些青少年認為放假就是自由的開始，因為平時在家裡要被父母管，在學校裡要被老師管，好不容易有了假期，終於可以獲得自由，可以不顧一切地玩樂。其實，現階段雖然自由了，但是長大以後不一定就能自由，因為所學有限，將來的成就也就有限。要想獲得成就，趁年輕的時候就要打好基礎，好比植樹種花，要將根往下扎深，一旦遭受風吹雨打才能承受得住。所以，基本的教育、基本的技能、基本的道德、基本的觀念在青少年的時候就要養成。

青少年的休閒教育是重要的，甚至比平時學校教育、家庭教育來得更重要。假日活動可以紓解壓力、放鬆身心、增廣見聞、促進人際關係、融入大眾，也能減少犯罪。參加活動除了有學習的功能，還有擴大的功能、聯誼的功能、成就的功能。因此，青少年應當善用假日時間，會善用時間，就是會處理生命；能掌握時間，就是能擁有人生。

五、所謂「近朱者赤，近墨者黑」，青少年要結交好的朋友，才能互相學習、成長，如果結交到不好的朋友，可能因此誤入歧途。能請大師給予青少年結交朋友的建議嗎？

答：幼稚園時期的小孩，凡事以父母為中心，無論什麼事情，都會說「這是我爸爸說的、那是我媽媽說的」；上了小學，老師成了權威，凡事都是「老師說的」；到了初中，就是「同學說的」；高中以上，則是「我男朋友說的、我女朋友說的」。由此可見，在青少年的生活中，朋友占有很重要的地位。尤其青少年時期結交的朋友，因為沒有利益上的往來，往往可以成為摯友，甚至維持到成年以後。

反之，如果這時候結交到壞朋友，則可能後患無窮，所以選擇朋友應該謹慎小心。

選朋友在古時候也是一門學問，孔子說「友直、友諒、友多聞」為「益者三友」。要交耿直無私的朋友，不交裝腔作勢的朋友；要交誠信不敗的朋友，不交花言巧語的朋友；要交正見多聞的朋友，不交巧言善辯的朋友，才能在你遇到困難時，開導你、幫助你。

《佛說孛經抄》中也提到「友有四品」，「有友如花、有友如秤、有友如山、有友如地」。如花的朋友，在你榮華富貴的時候，把你捧得高高的，當做是一朵美麗的花朵般，插在頭頂、戴在身上，以增加他的榮耀，等到你挫折受難的時候，猶如花朵凋謝了，就被丟棄在一旁；有錢能買到如花的酒肉朋友，但是買不到患難之交。有一種朋友就像秤一樣，在你擁有權利的時候，他會向你低頭奉承；在你沒有辦法的時候，他就擺出一副傲慢的樣子。如山的朋友，就好比山中潛藏的各種奇花異草、飛禽鳥獸，他的德行、學問兼備，有很多內在的寶藏可以挖掘，和他在一起，能讓我們受益。如地的朋友，好比大地不嫌棄任何眾生的存在，普載著萬物，蘊藏著珍貴的資源，甚至任你走遍天下，它也不起厭惡之心，所以，如地的朋友能為我們擔當一切，豐富我們生命的內涵。所謂「近朱者赤，近墨者黑」，如山如地的朋友要多往來，如花如秤的朋友應當遠離。

古人擇友非常謹慎，所謂「道不同不相為謀」，例如浮山法遠禪師說：「古人親師擇友，曉夕不敢自怠。」又如東漢時期的管寧，不惜與貪圖錢財、名利的華歆「割席絕交」。由此可知，朋友對一個人的影響是很大的。有的朋友只適合當臨時的朋友，有緣的時候才相聚，平時並沒有太多的交集；倘若會經常往來的，就要交一個有品味、有正見、能正派、能合群的朋友，友誼才能持久。

有品味的朋友為人誠實、幽默、能負責、有理想、有抱負；沒有品味的朋友，言談間盡是名聞利養、吃喝玩樂，實在俗不可耐。沒有正見，就好比照相機還沒調好光圈、焦距就按下快門，照出來的相片當然會偏斜、模糊。交友亦是如此，要交有正見的朋友才能引導你走向善道，倘若一天到晚都跟為非作歹的朋友相處，即使不變壞，也難保不會受到牽連。另外，要交正派的朋友，所謂「寧可正而不足，不可斜而有餘」。與正派的朋友相交，才能提升自己的人格道德。此外，要交能合群的朋友，大家歡喜的時候他不歡喜、大家笑的時候他不笑、大家工作的時候他不工作、該吃虧的時候不肯吃虧，如同《阿含經》所說「五種非人」，凡事不能隨緣，彼此相處就不能有共識。

除此，青少年交朋友應當要「以德相交」，拿出慈悲、真心、義氣來交往，在緊要關頭時才會互相扶持，患難與共。要「以誠相交」，朋友之間講究誠信，摒除利害關係，才能成為知交，好比前海基會董事長辜振甫先生一生以「謙沖致和，開誠立信」做為座右銘，並實踐於企業經營，而獲得大家的尊重。另外，要「以知相交」，博學多聞的人，往往會受到大家的尊重，所以應多充實自己的技能、知識，好比會音樂、會繪畫、會書法、會刻印、會駕駛等。一個人懂得吸收新知，也會引來許多見多識廣的人，興趣相投，則能成為好朋友。最重要的是「以道相交」，一個有道德的人，無論遠近，人人都樂於和他親近。君子以信譽為信，朋友以道德為信；以道所交的朋友，才堪稱做道友、法侶、善知識。

而且與人交朋友，不要處處想到要別人幫忙我、有利於我，這種自私的心態，交不到知心的好朋友。與朋友交往，要想到我怎樣給人快樂、給人歡喜、給人利益。如果一味要求朋友有利於自己，就有失道義。所以，「交情不求益我」。

有的人說「情人眼裡出西施」、「臭味相投」，有時還是要想想，你這個朋友真的肯為你犧牲嗎？這樣的友誼能長久嗎？尤其現在流行交網友，若不慎交到惡友，真的是「網」友，被天羅地網給網住了，所以交朋友應該要謹慎小心。

六、社會發展到了飽和狀態，青少年面對未來會有惶恐，不知道自己將來還有什麼出路，請問大師，青少年應該如何作生涯規劃？

答：生命無常，稍縱即逝，因此人無論年歲多少，都要把握有限的生命，適當的規劃人生，才能提升生命的層次。有了生涯規劃，縱使偶遇挫折也會因為有目標、有方向而不致氣餒。好比遠近馳名的杭州雷峰塔雖然倒了，相關單位也計畫在原址重建，但是大批觀光客的湧入，仍是為了參觀舊塔而來。同樣的，這對我們來說，代表的意義就是人從哪裡倒下並不是嚴重的問題，重要的是，如何從倒下的地方再站起來。

每個人的生涯規劃都不同。例如孔子十五歲立志向學，三十而立，四十而不惑，五十而知天命，六十而耳順，七十而從心所欲不踰矩。印度的修行人，第一個二十年是學習的人生，第二個二十年是服務的人生，第三個二十年為教學的人生，第四個二十年是雲遊的人生。而我的人生規劃是以十年為一期，分別是成長的人生、學習的人生、參學的人生、文學的人生、歷史的人生、哲學的人生、倫理的人生及佛學的人生。

所謂「因地不正，果招迂曲」，凡事有規劃就不容易走岔了路。好比耕種，不要老是奢望神明、佛祖賜予我們豐收，俗話說：「要怎麼收穫，就要怎麼栽。」凡事還是要靠自己努力爭取；因果法則是必然、絲毫不爽的。

我個人喜歡增加別人的信心，而不歡喜聽人家說洩氣的話，因為我希望每個人都能朝著自己的目標發憤圖強。但是規劃自己的未來之前，要先認識自己，了解自己的智能、興趣、志向和能力，才不會因為理想太高卻達不到目的而憂悲苦惱。

有位徒眾讀書的條件並不是很具足，但卻執意要念書、求得學位，我問他：「為什麼要這麼堅持呢？」他說：「我要繼續讀書，我要學習做法師。」我一聽，「唉！阿彌陀佛！怎麼不自知呢？」其實，他燒得一手好菜，只要願意到廚房發心服務，典座個十年，自然就能獲得大家的肯定和尊敬，但是他卻寧可捨去長處不給人用，以為只有讀書才能做法師，實在是不了解自己。雖然「天生我才必有用」，但也要用得恰當。

說到生涯規劃，頭腦好、口才好的人，可以規劃自己從事教育工作，好比作育英才、著書立說、從事學術研究等，過一個智慧教育的人生。

你說我智慧、口才都不好，只要精神力佳，同樣可以有所貢獻，好比到養老

規劃未來之前，要先了解自己的志向和能力，然後朝著目標發憤圖強。

院、育幼院、機關團體從事服務、關懷的工作，哪怕是為人家看門、掃地都行，過一個社會服務的人生。

你說我慈悲心不夠，要從事慈善的工作實在沒辦法，想要在工商界做事賺錢，那也不要緊，不過，要做就要立志做得正正當當、童叟無欺。在中國，為什麼要把農夫擺在士農工商裡的第二位，跟讀書人擺在一起呢？因為農夫多半比較老實、正派，收成多少、能賣多少都有一定的標準，沒有暴利的非分之想，但是工商界人士，往往會出現奸商、刁民、偷工減料的事情，這是不當的行為，所以要立志過正當工商的人生。

你說我對這些都沒有興趣，那也沒關係，可以選擇過一個淡泊生活的人生，好比可以有個宗教信仰，在宗教力量的驅使之下，自己能安分守己、勤勞奮發、樸素淡泊、隨遇而安，也是個不錯的選擇。名聞利養、虛假浮華會毀滅我們的人生，因此，做人老老實實、本本分分很要緊。

另外，生涯規劃還可以從生命四期來作規劃。少年時期，要有禮讚生命的感恩，感謝所有幫助自己成長的人；青年時期，要有自我肯定的信心，勇於表達理想和志願；壯年時期，要有活水源頭的精進，展現茁壯的生命力；老年時期，要有平靜歡喜的生涯，凡事都能隨遇而安。

青少年生涯規劃的內容可以是為學業、為家庭、為社會、為國家，總之，有了目標就不會徬徨。更重要的是，在有限的光陰裡，能為人間留下貢獻、留下功績，也才能創造生命永恆的意義。

七、現在青少年的問題愈來愈複雜，如沉迷網咖、翹家、逃學、詐騙、暴力、幫派、自殘、飆車、穿舌洞、嗑藥等，能請大師為這些青少年開示嗎？

答：這許多問題怎麼開示呢？還是可以開示，開示什麼？開示佛法，因為有佛法就有辦法！

今日青少年偏差行為的造成，說實在，不是沒有原因的，正是其與大環境之間無法取得和諧關係，致使表現出與常態不同的變相行為，以滿足需求或麻醉自己。好比在工商業社會裡，父母一心一意地賺錢養家，卻忽略了對子女的關懷，兒女在缺乏關愛的環境下長大，內心孤獨寂寞，便逐漸尋求外在的支援及娛樂的刺激，或是以翹家、逃學來表現自己對家庭的不滿。如此，在不良環境中長大的青少年，身心不但無法獲得健全發展，也成了大家口中的「問題青少年」，更間接地構成社會問題的發生。當然，也不只是單一原因造成這些現象，舉凡家庭暴力、交友不慎等等也都是影響青少年行為的因素。

站在佛教的立場，對於青少年偏差行為，觀念的建立，遠勝過事情發生後的輔導。比如守五戒、明是非、知人我、知罪福都是預防之道。

五戒的基本精神在於「不侵犯」，站在群我的關係上，也就是我與大眾要慈悲相處，我與金錢要能知善用，我與衣食要惜福不奢，我與社會要廣結善緣，我與身心要淨化莊嚴，我與朋友要真誠對待，我與世界要注重環保，我與自然要同體共生。因此，守五戒具有止惡行善的積極意義。

人可以不信佛，但不能不信因果，所謂：「善有善報，惡有惡報；不是不報，時辰未到。」一個人沒有因果觀念，為非作歹還以為沒人看到，其實，就如俗語所說：「舉頭三尺有神明。」因果是宛然存在的。所以，青少年心中建立了因果觀念，自然不會胡作非為。

有的人開口閉口只會說：「我的性格、我的性情、我就是這樣！」其實，社會上每一個人都是相互依存的，心中除了有自己，還要有別人的存在。一味地孤芳自賞，只會孤立了自己。有的人會有一種習慣性的反叛心理，例如過去佛光山有一位

守五戒具有止惡行善的積極意義

職員，確實也是個人才，但是只要我跟他說話，他一開口就說：「不是、不是啦！」我說：「我是，你不是。」他又再說：「師父，不是啦！」我說：「你怎麼一直說我不是？」他說：「哎喲！對不起，我講習慣了。」又好比有的人總是說：「不是這樣、我怎麼樣、但是怎麼樣……」唉！在他而言，是在說道理，但是在別人看來卻是一種不肯認錯的行為。

另外，要能分辨什麼事情是有罪的，什麼又是福德之事，才不致鑄成大錯。所謂「菩薩畏因，眾生畏果」，最近媒體報導「毒蠻牛事件」，歹徒即使有千面人之稱，「魔高一尺，道高一丈」最後還是被警察抓到。所謂「差之毫釐，謬以千里」，失足的人往往只是一念之差，而造成不可收拾的後果，後悔都來不及。

所以，佛教鼓勵青少年朋友們，要有菩薩的心、青年的力。有了菩薩的心，大願心、清淨心、慈悲心、般若心，還要有青年的力，承擔力、辨別力、自制力、帶動力。另外，年輕人在觀念上要有正見、要親近正派的善知識；在智慧上要能辨別、能明理。如此，想必就能過一個愉悅的青少年時期。

八、青春期的孩子比較叛逆，一旦對事情感到不滿或遭受壓力無法突破，容易以自我傷害的方式來發洩情緒。請問大師，青少年要如何適度發洩情緒，父母、師長又當如何教育學生、子女，才不會造成孩子心理的障礙？

答：有人說情緒失調等問題，是由於壓力太大所造成，其實不能把這些情況完全歸罪於壓力。我幼年在叢林出家，接受嚴苛教育，也沒有躁鬱、憂鬱症啊！即使是苦不堪言，還是要忍耐。說實在，這個時代就是太自由、太開放，有了胡思亂想的空間和機會，才會造成這麼多精神疾病的問題。

打開報紙、電視，幾乎都是社會亂象的報導，沒有深度、沒有道德、沒有善美的社會，怎麼不會引發精神疾病呢？根據衛生署統計，台灣憂鬱症人口高達百萬人，這是台灣的一個危機，過去是白色恐怖的台灣，現在恐怕是憂鬱症的台灣。不只在台灣，世界衛生組織已公布，憂鬱症是二十一世紀三大疾病之一；社會進步，不但沒有帶來快樂，卻增加了人們精神上的壓力，令人聞之不勝唏噓。

面對生活中的一切，人人都會有不同程度的情緒表現，倘若長期壓抑，有時會因為心理過度負擔，造成身心上的某些障礙，因此，適度的發洩也是有必要的。尤其是青春期的孩子，年輕氣盛，又多愁善感，一旦遭受壓力無法突破，容易以不當的方式來宣洩，因此，更加需要給予情緒上的引導。

結交善知識、訓練各種技能，能讓青少年擁有積極向上的活力。

為了避免因為情緒失控而傷害自己、傷害別人，當心情不好的時候，可以藉由做自己喜歡做的事情來轉移注意力，比方散步、唱歌、運動、爬山、聽音樂、學舞蹈、戲劇表演、投入工作、結交善知識、訓練各種技能、學習語言等，以沉澱紛亂的心靈。或是改變想法，正向思考，帶著積極向上的活力面對發生的困難；內在向上的能量，也能平衡不愉快的情緒。甚至培養幽默感，適時地解除緊繃的氣氛，也能舒緩壓力。

在心理調適上，青少年應該做好自己，不要常常與人比較、計較。老是希求自己樣樣出色、樣樣比人好的人生，一旦無法如願，內心就會感到空虛、無力。所以，坦然接受自己的人生，生活才能安然自在。

人有情緒是正常的，但是過度的情緒反應，卻是需要避免的。因此，面對青少年的壓力，為人父母、師長者，應該給予適當的協助，在快樂環境中長大的小孩，才能有健全的身心。對於青少年的教育，更要避免消極的勸阻，改以鼓勵代替責備、以慈愛代替呵罵、以關懷代替放縱、以同事代替隔閡。

青少年血氣方剛，過於責罵，會產生叛逆心理：「反正你認為我壞，我就壞到底吧！」所以，對於青少年的缺點要多包容，以鼓勵來勸勉向上。例如：「啊！你今天只挑了三擔水，這麼少，真沒用啊！」這樣講話容易使人產生挫折感，換個話說：「啊！真好，今天挑三擔水，假如明天再增加一擔，那就更好了。」如此，反而能激勵他奮發向上。

父母打小孩、老師打學生，是因為已經沒有辦法，才會出此下策，其實不打罵小孩並不表示不關心。所謂「良言一句三冬暖，惡語傷人六月寒」，良寬禪師對翻牆夜遊的沙彌不怒不火，只是叮嚀：「夜深露重，小心著涼。」從此沙彌被感化而不再夜遊，所以，用愛才能贏得愛。

當然，父母也不能過度放縱孩子，否則會造成他為所欲為的行為；但也不能過分威權，否則會讓子女產生敵意。青少年時期最需要的是關懷，例如世界著名的海倫凱勒，自小殘疾，曾因別人不懂自己的表達，一度情緒暴力，但是在老師的關懷之下，改變了他的一生，使他日後成為舉世聞名的偉大人物。

另外，現代教育當注重「同事攝」，老師和學生相處要能打成一片，不要求每個學生都在同一個模式中成長，要能讓他在不同中各自發揮所長，在不同中互相包容。讓學生覺得你了解他，而不是拂逆他，讓學生覺得你很體貼、值得信任，他自然就能接受你的教導，也就能避免彼此的隔閡。

佛教是給人信心、給人歡喜的宗教。例如，佛陀教育弟子不用打罵、責備的方法，大都是用譬喻、鼓勵的方式，不傷害弟子的尊嚴。又好比一進入寺院的大門，迎面而來的就是滿臉笑意的彌勒佛。所以，佛教是以愛和歡喜來攝受人的。

總而言之，對於青少年的情緒反應，除了為人父母、師長應多予關心，青少年本身也要找出適合自己的情緒出路，以確保能儘速遠離煩惱的漩渦。

九、現代青少年除了學習國語，為了配合升學考試，還必須學習英語。當然，最重要的是現在是資訊爆炸時代，學習外語能讓人更快掌握新資訊。請問大師，學習外語的訣竅及如何才能增長國際觀？

答：為拓展國際觀，邁入全球化，語言是不可或缺的工具。所謂「一分耕耘，一分收穫」，學習語言沒有特別的訣竅，貴在勤勉，勤說、勤聽、勤讀、勤於創造講說的環境，並與日常生活做結合，才能提升學習的速度與效果。

除此，學習語言要經常溫習、不斷醞釀，倘若一味地強記，不能製造複習的機會，將隨著時間的日久而生澀。學習語文不是強記就行，強記不會記得很久，而是要用心，所謂「讀書四到」，眼到、耳到、口到、心到。常聽人家說：「我已經三年、五年不講某某語言，忘記了！」這是功夫紮得不夠深。學習語言要每天持續，但也不要求多，好比吃飯，三天的飯不能一天把它吃完，每天學一點，久了自然就有成長。

說到國際觀，先從國際禮儀說起。在物質文明、經濟成長的時代，國與國之間的往來更加密切，凡事要講究禮儀，才能維持彼此間的和諧，倘若老是失禮，開會遲到、會議中閒話、不守秩序，國際形象也會因此大打折扣。但是禮儀並不是到了需要的時候才學的，平時就應該養成習慣，好比手機禮儀、餐桌禮儀、航空禮儀、社交禮儀等都要留意。

學習國際禮儀，要先革除自己的陋習。青少年時期是塊璞玉，是最佳的雕琢時期，言行舉止要學習寧靜安詳、雍容華貴、端莊大方，展現態度的穩重。如何拿筷子、執刀叉比較容易，但是講話聲音要小、舉止行為要得體卻不容易，所以平時就要培養，否則一旦成為習慣，就很難調整了。

我常說這是一個有聲音、有動作、有色彩的時代，但是聲音、動作、色彩也要恰如其分，才能為人所欣賞。好比佛光山初創之時，殿堂的柱子全部都漆成大紅色，為什麼？因為當時佛教給人瞧不起，認為佛教是青燈古佛、暗淡無光的宗教，所以當時就用華麗的顏色來展現蓬勃的朝氣，但是現在社會進步，大家對佛教苦苦惱惱的印象已經改變，所以我們也把柱子的顏色統統都改成咖啡色，這是因應時勢而有的階段性發展狀況。因此，青少年也要懂得觀察時代的發展和國際的變化，才能跟上時代的腳步。

國際觀不是常到國外走走，或是對各國有粗淺的認識就是國際觀，真正的國際觀是對整個世界的脈動、趨勢及各國文化等有充分的認知。而認識世界的第一步，就是要「走出去」，好比漢、唐時期，因為外交能走出去，所以締造了歷史盛世；而清朝末年，則因為封閉自大，將國家帶向被列強欺侮的悲傷之地。

增進國際觀更重要的是思想要走出去，走出去才能讓思緒海闊天空，才能心包太虛；一個人的心量有多大，容納的世界就有多大。

現在世界各國都非常重視國際教育，好比美國將國際教育列入教育優先政策、日本在中小學課程添加國際理解教育、英國推動中小學與跨洲學校交流等等，無非都是為擴展年輕學子的國際觀。

青少年時期若能養成對國際的關心，不僅打開視野，更能遠離以自我為中心的狹隘思想，對於心胸的開闊、人際的關係也將更有助益。

由國際佛光會中華佛光青年總團主辦的「佛光青年公益旅行」。2016.04.21

一〇、現代的青少年多半生活條件都很好，不愁吃不愁穿，要什麼有什麼，卻也造成以個人享樂為追求目標。請示大師，青少年如何學會關心別人？

答：人活在世間上，不能一味地只想到個人的利益，因為人的生存，是靠著家庭、學校、社會，乃至全世界的人類、士農工商各階層賜予的資源和關注，甚至是大地的普載、上天的覆護，山川、海洋、空氣、日月的滋養才得以存在。既然人生是在這麼多善因善緣的成就之下而存在，不也應該主動回饋、主動關懷別人嗎？

綜觀新聞報導，其中不乏青少年打架滋事、結黨尋仇的社會事件，那都是由於不懂得尊重別人的生命而引起的。新時代的青少年，由於生活環境優厚，不少人傾向於個人主義、享樂主義，以個人的需求滿足為追求目標，絲毫不懂得尊重別人、幫助別人。不懂得關心別人的青少年，即使將來功成名就，也會顯出自私、自我的一面。所以，學會關心別人，是青少年學習上的一大課題。應當如何引導他們用一顆善美的心，關懷周遭的一切呢？

其實，小孩子在很小的時候就有關心別人的潛力，例如父母生病了，他們會表現出關心和同情，試圖解決問題。報紙曾經刊載，英國一位父親糖尿病發作昏倒，年僅二歲的女兒從廚房裡拿出一袋糖，一匙一匙餵食，因而救活了他。除此，對於受傷的動物，小孩子也會積極展現幫助的行動。及至長大，因為受環境、教育方式等影響，才造成少部分青少年的冷漠無情。其實，青少年時期擁有無限的熱情，只要再給予為人處世的正確引導，培養悲天憫人的心，他們也能以實際的行動幫助別人，以寬大的胸懷體諒別人，以坦蕩的胸襟尊重別人。

要讓青少年學會關心別人，首先必須讓他懂得關心自己，好比學習規劃自己的生活、愛惜自己的身體、關心自己的前途、加強自己的學業、注重儀容整潔、禮貌周到等等。倘若連關心自己都不會，哪裡談得上關心別人呢？

《詩經》上說：「父兮生我，母兮鞠我，拊我畜我，長我育我，顧我復我，出入腹我，欲報之德，昊天罔極！」青少年除了關心自己，也要進一步學習關心家庭，體諒父母的辛勞，協助父母打掃環境、揀菜、洗碗、接待客人等等。家庭裡大大小小的事情關心慣了，自然就會關心別人。

此外，青少年時期養成寫日記的習慣，藉由每天對不同的人表示關心，即使是路上遇到的、車上看到的人都行。讚美這個人怎麼好、那個人怎麼好，讚美久了，也會養成關心別人的習慣；內心所想的都是好人好事，人生也就過得積極樂觀。

父母的言行也能影響孩子的行為，好比父母樂於助人，間接地就在家庭裡製造關心他人的氣氛，相對地，小孩子有了關心別人的環境和機會，也就能發揮關心他人的潛力。還有一個途徑，就是身為家長者，可以鼓勵孩子投入社區的志願活動中，讓他們找到幫助人的地方。

青少年時期，凡事都要建立目標，沒有目標，就像人徘徊在十字路口，無所適從。造福人群也是一個目標，目前許多國家正在流行一種以幫助別人來度過假期的休閒方式，好比到窮鄉僻壤的地區教授英文、救濟貧苦，到許多病殘、弱勢的機關團體當義工等等。倘若你心心念念都想要創造社會的美好，心心念念都想幫助別人遠離苦難，無形之中也會增加自己的慈悲心，增加自己的動力，也會升起救苦救難的菩薩行為。

也有許多青少年，自小就積極關懷別人。例如「國際兒童解放組織」總裁魁格．柯柏格（Craig Kielburger），十二歲的時候便發起成立「解放兒童基金會」，為拯救世界受難兒童而努力，成為舉世所尊敬的青少年；台灣斗六國中的沈芯菱，以二十六張電腦證照的實力，為農民架設銷售網站，解決農產品滯銷問題，不但拓展了農產品市場，也嘉惠了農村社會，相信這種善行也能成就他未來在社會的地位。

青少年時期就想未來、想服務，長大以後必然也是心心念念關懷別人，又怎能不像救苦救難的觀世音菩薩一樣，為人所尊敬呢？日後的前途當然也將是不可限量。

付出關懷，能讓事業、學業受挫、心靈受傷的人，有了重新面對人生的力量，甚至愛的力量還可以讓植物人甦醒，何樂而不為呢？而且關心別人不僅為自己帶來歡喜，也能讓自私的人變得慷慨，讓怯弱的人變得勇敢，讓怠惰的人變得勤奮，讓刻薄的人轉為寬容。關心的力量擴而大之，那麼世界和平的一天也就指日可待了。

一一、面對升學壓力提高，許多青少年認為自己沒有能力考上理想學校，所以走上自暴自棄一途。請大師開示，青少年應該如何建立立足社會的自信？

答：每個人都有壓力，好比幼兒缺乏父母呵護，會哭鬧不停；為人父母者面對家庭所需，會有經濟上的壓力；老年人面對老病，會有死亡的恐懼。青少年時期由於身心變化大，對於所面臨的壓力，諸如家庭貧窮的壓力、師長管教的壓力、同儕之間排擠的壓力、學習能力不夠的壓力、身體缺陷的壓力、課業繁重的壓力等，若無法承受或化解，可能造成各種問題行為的產生。因此，青少年必須增強承受壓力、化解壓力的能力，方能有健全的人格。

說到壓力，適度的壓力是需要的，好比打籃球，如果沒有施予壓力，怎麼彈得起來？船隻航行時，如果沒有水的阻力，怎能乘風破浪？植物種在小盆子裡，空間小，不能健全發育，若是種在庭園裡，枝葉就有廣大的空間可以伸展，一定能長得肥碩。

一個青少年有沒有前途，決定於對自己的信心，升學、考試只是人生的一小部分，課業好不一定代表未來就能成功，成績差也不一定永遠就會失敗。課業比不上人沒關係，表示還有努力的空間，人家花一個小時用功，我花二個小時努力，一樣可以彌補不足，就像龜兔賽跑，精進不懈又何愁不成呢？

就如禪宗六祖惠能大師，雖然被譏為南方獦獠，卻在二十四歲證悟了佛道；萊特兄弟沒有上過大學，卻利用在生活中體會的航空知識，發明了飛機；愛迪生小時候曾被老師視為低能兒，但是在母親的教導和自學之下，日後卻成為舉世公認的「發明大王」；愛因斯坦小時候，數學成績也很低落，但是當他提出「相對論」的發現後，全世界都推崇他在學術上的成就；二〇〇二年諾貝爾物理學獎得主日本科學家小柴昌俊，小時候成績慘不忍睹，得獎的時候，他說：「成績單不是人生的保證，我就是例子。」所以，體悟智慧才是人生重要的力量。

網路上流傳一篇文章，內容提到：「何謂天才？放對地方的就是天才。反過來說，你眼中的蠢材，很可能也只是放錯地方的人才……例如：有些科學家連音階都抓不準；有些畫家連一封信都寫不好，可是他們把自己放對地方，所以成就非凡。」

有首偈語說：「你騎馬來我騎驢，看看眼前我不如，回頭一看推車漢，比上不足比下餘。」一個人大可不必和別人比較、計較，人比人氣死人，所謂「天生我才必有用」，人生不只是讀書才能有成就，還有很多條路可以走，培養多方的興趣、發揮專長，才能肯定自我的價值。

愛迪生和他發明的留聲機

學問不如人，可以做好事；做事不如人，可以有道德。書讀的不好無妨，會畫畫也能受讚賞；繪畫不好，會音樂也會受到肯定；音樂天分不夠，會體育也能獲得榮耀；體能不好，願意服務大眾，也會受到尊敬。只要埋頭苦幹，不懈怠、不自餒、不自暴、不自棄，經得起時間的磨鍊，一定能成功。

一二、人生在世要建立自己對人生的看法，例如文學家有文學家的看法、哲學家有哲學家的看法、科學家有科學家的看法、歷史學家有歷史學家的看法。請問大師，青少年在人生的際遇裡，應該要建立什麼樣的人生觀？

答：每個人面對生活的態度都不一樣，對生命的意義詮釋也不同，甚至追求的理想也不盡相同；即便有所不同，重要的是建立積極向上的人生觀，才能擁有健全的人生。

由於社會變遷、物欲橫流，新世代的年輕人常處於虛擬的生活中，凡事「只要我喜歡，有什麼不可以」，對於生命的意義、存在的價值沒能真正了解。尤其在「萬般皆下品，唯有讀書高」的功利主義社會中，青少年面對未來感到心靈空虛，甚者尋求刺激，以麻醉自己。在這樣的情況下，青少年更應該建立健全的人生觀，運用有限的生命，做有意義的事，豐富生命的內涵，才能讓年輕的生命發光發熱。

正確人生觀有利於青少年樹立遠大的理想和信念。青少年有了遠大的理想，就不會計較眼前的得失，也就能有樂觀的人生。青少年應該建立的人生觀有很多，例如：

北方少林學院學生與大師合影於宜興大覺寺

第一、正向思考的人生觀：人往往因為遇到困難而陷入膠著的情緒裡，有時不妨學習換個角度思考，也許會出現轉圜的餘地。其實，只要有面對困難的勇氣，便能尋求轉機。例如下雨了，不能外出旅行，如果轉個念頭，下雨天正是讀書天，心也就不為天氣差所苦了。況且好事不一定全好，壞事也不一定全壞，佛教講「無常」，凡事可以變好，也可以變壞。悲觀的人為自己只剩下百萬元而擔憂，樂觀的人卻永遠為自己還剩下一萬元而慶幸。海倫凱勒說：「面對陽光，你就看不到陰影。」所以，人生沒有絕對的苦樂，只要積極奮鬥，凡事往好處想，自然能夠轉苦為樂。

第二、逆境自強的人生觀：逆境，是磨鍊意志的大冶洪爐；困苦，是完成人格的增上緣。例如世界著名音樂家貝多芬，雖然罹患耳疾，卻創作了無數首享譽世界的名曲；瑞典單腳無臂女歌手蓮那瑪麗亞（Lena Maria Klingvall），不但是知名演唱家，十八歲時更勇奪世界冠軍盃游泳比賽金牌；由中國大陸殘疾人士擔綱演出的「千手觀音」，精湛的表演，獲得國際矚目。人的命運掌握在自己手中，沒有人能夠掌控，只要發憤圖強，就能為自己創造出一片天地。

第三、樂於服務的人生觀：各行各業都講究服務，舉凡商品服務、電話服務、導覽服務、顧客服務等。有「日本經營之神」稱譽的松下幸之助，起初是在腳踏車行做學徒，經常被來修車的客人喚去買香菸，但他一點怨言也沒有。乃至佛陀時代的駝驃比丘，長年為人提燈籠照路，迎送掛單的人，也能樂在其中。他們都是因為樂於服務，所以能受人尊重。青少年時期要培養服務的人生觀，從做中學習，以創造深刻的學習經驗，建立自信、增進友誼，甚至從服務中領會奉獻的歡喜，從服務中獲得心智的成長。

第四、擔當負責的人生觀：所謂：「大丈夫一身作事一身當。」想要獲得朋友的信賴，要給人能擔當負責的信任感；希望人生過得踏實，就要養成自己擔當負責的態度。做事勇於擔當負責，凡事不推諉、不輕易拒絕，就能廣結善緣。佛教講

「發心」，就是一種擔當負責的態度，心如田、心如礦，人的心裡藏有很多寶藏，唯有將此寶藏開採出來，才能讓自己成為有用的人。尤其青少年時期懂得對自己負責，日後才能為家庭、為社會、為國家負責。

什麼力量最大？心的力量最大。人的意志力往往可以決定一生的前途，所以青少年時期就要建立積極的人生觀，有了健全的人生觀，不但關乎自己一生的幸福，對家庭、社會、國家也會造成極大影響。有健全的個人，才有健全的家庭；有健全的家庭，也才有健全的國家社會。

佛教對「生命教育」的看法

時間：二〇〇三年八月二十三日
晚間七時至九時三十分
地點：佛光山如來殿四樓大會堂
記錄：滿義法師
對象：全國教師生命教育研習營學員
暨佛光山海內外住持主管二千餘人

人從出生的那一刻起，就必須為生命的存在與意義而奮鬥。因為，人活著不應該只是追求尸位永存，生活也不能只是為了三餐溫飽；生命的可貴，在於活得對自他有益，也就是要能活出生命的意義、生命的價值與生命的尊嚴。

生命的意義、生命的價值在哪裡？如何才能活得有意義、有價值、有尊嚴？乃至生命的本質為何？生命的真相是什麼？這些都是提倡「生命教育」的重要課題。甚至當我們在實現自我生命意義的同時，如何與宇宙眾生、自然環境等外在因緣展現同體共生，彼此尊重和諧的共存共榮，這都是生命教育所應涵蓋的範疇。

生命教育是近幾年來才受到社會關切的

同體共生、尊重和諧，都是生命教育所應涵蓋的範疇。

重要議題，然而在佛教裡，早在二千多年前佛陀宣說的「緣起法」，就已說明生命是彼此相互關係的存在。佛陀以「十二因緣」說明生命的由來與三世輪迴的關係，幫助我們解答「生從何來，死往何去」的生命之謎；佛教的「三法印」、「四聖諦」、「八正道」、「緣起」、「中道」、「空性」等真理，都能幫助我們認識生命的本質、了解生命的意義、創造生命的價值，活出生命的希望。

由於佛教的教義最能貼近「生命教育」的意涵，所以多年來每逢寒暑假，教育部與國際佛光會合辦的「全國教師生命教育研習營」，總是選擇在佛光山上課。二〇〇三年八月二十三日，二千多名參加「生命教育研習營」的老師們，就在這樣的因緣下，與佛光山海內外主管共同在如來殿大會堂，參與了一場由星雲大師主持的「佛教對『生命教育』看法」的座談會。

談到生命，星雲大師首先開宗明義說：「人活在世間，就是因為有一條命，沒有命，也沒有身體，就沒有活動；因為有命，才有世界、才有人我、才有幸福、才有歡喜，生命的重要於焉可見。」

生命不僅僅限於人類，廣義來說，星雲大師認為，它就是每一個眾生的心。例如，宇宙世間、山河大地、一花一草、一沙一石，甚至一件衣服、一張桌子，都有它的生命。一件衣服，不懂愛惜的人只穿三個月就壞了；懂得愛惜它，可以穿上十年、二十年，它的生命自然比較長久。一張桌子，小心搬動，好好愛護，可能幾十年不壞；假如才買回來的新沙發，讓小孩子在上面蹦蹦跳跳，不要幾天就壞了，它的生命也等於死亡了。不過，這還是浮面的，真正的生命是「心」，這是死不了的。因此大師認為，在大自然裡，到處都有生命，生命就在時間之流、空間之流，乃至情愛之流中，就看你用什麼樣的眼光去認識它。

大自然裡，到處都有生命。

大師並且強調，佛教提倡不殺生，不殺生是一種慈悲；不殺生而護生，進而倡導生權平等，這是最合乎現代舉世所關心的生態保育，也是最積極的生命教育。

在二個小時的問題座談裡，星雲大師從佛教的觀點，指導大家重新認識生命，進一步尊重生命、愛護生命，繼而創造生命的價值、圓滿生命的意義。以下是當天問題座談的紀實。

一、現在教育部積極在推動「生命教育」，但是談起生命，一般人常有「生從何來，死往何去」的迷惑。請問大師，生命到底從何而來？佛教的教義能否為我們解答生死之謎？

答：「生從何來，死往何去？」自有人類文化以來，生命的起源就一直困擾著無數的思想家、哲學家。雖然有不少人窮其一生努力在探究，急欲解開這個謎題，但千古以來唯有釋迦牟尼佛和歷代悟道的禪師們道出了原委，卻又不易為人所了解。一般人對生命到底從何而來？如古人云：「齊生齊死，齊賢齊愚，齊貴齊賤；十年亦死，百年亦死，仁聖亦死，凶愚亦死；生則堯舜，死則腐骨；生則桀紂，死則腐骨；腐骨一矣，孰知其異？」

由於古今人士對生命的所以然，大都所知不多，因此有人把人生的歷程看成「來是偶然，去是必然，盡其當然，順其自然」。也有人說：「人是在無可選擇的情況下接受了生命，然後在無可奈何的條件下度過了生命，最後在無可抗拒的掙扎下交還了生命。」甚至連孔子都教誡他的門人子路說：「未知生，焉知死？」何況是一般人？

其實，一個真正有智慧的人，應該懂得尋找生命的根源，提起「生從何處來，死往何處去」的疑情。生，不會像孫悟空一樣，突然之間從石頭裡蹦出來。人既不是石縫裡蹦出來的，也不會無緣無故從天上掉下來，那麼人到底是從哪裡來的呢？依一般世俗的說法，人是父母所生！父母從哪裡來？從祖父母來！祖父母從哪裡來？從曾祖父母來！曾祖父母從哪裡來？……一代一代往上追溯，最後就不得而知了。

人從哪裡來？人類學家說，人是由猿猴進化而來的！猿猴從哪裡來？從爬蟲類演變而來！爬蟲從哪裡來？從細胞繁殖而來！細胞從哪裡來？再往上推進，也是找不出一個最後的答案。

人從哪裡來？基督教說，人是上帝創造的！但是上帝又是從哪裡來的呢？人從哪裡來？印度外道說，人是從梵天的口中生出來的！同樣的，梵天又是從哪裡來的呢？人從哪裡來？佛教說，生命是緣起而有的。緣起是什麼？就是由很多的條件因緣和合而有，它不是單一存在，也不是突然而有。

根據佛教的「十二因緣」說，有情眾生由於累劫的「無明」煩惱，造作各種「行」為，因此產生業「識」。隨著阿賴耶識在母體子宮裡漸漸孕育成色心和合的生命體，是為「名色」；名是生命體的精神部分，色則指物質部分。數月之後，生命體的眼、耳、鼻、舌、身、意六根成熟，稱為「六入」；胎兒脫離母體後漸漸開始接「觸」外境，並對外界的苦樂感「受」產生「愛」與不愛，進而有了執「取」所愛的行動，結果由於身、口、意行為的造作，又種下了後「有」的生命體，有了「生」終將難免「老死」，死又是另一期生命的開始。

因此在十二因緣的循環之下，有情眾生一期又一期的生命便因此流轉不已。所以佛教的「十二因緣」，明示一個人的生命是三世流轉的，從過去到現在，從現在到未來，循環不已，這也是佛教和其他宗教對生命看法的最大不同。

一般宗教對生命的思考模式都是直線式的，佛教講生命則是環型的。譬如基督教講：「人從哪裡來？」「人從上帝來。」「上帝從哪裡來？」「上帝本來就有，不需要從哪裡來。」這種道理不能普遍而平等，無法令人信服。佛教的主張是：

「人從哪裡來？」「人從死來。」「死從何來？」「死從生來！」人有生老病死，世界有成住壞空，我們的心則有生住異滅，生死永遠不停止，就像時鐘一樣，從一點走到十二點，再由十二點走到一點，循環不已，哪裡是開始？到哪裡才能結束？事實上沒有起點，也沒有終點。就等於常有人問：「先有雞？還是先有蛋？」如果先有雞，沒有蛋，怎麼會有雞呢？先有蛋，沒有雞，怎麼會有蛋呢？

佛教認為「法不孤起，仗境方生」，佛教對生命的看法是「無始無終」，佛教把人定位在六道輪迴、五趣流轉的樞紐地位。五趣六道就是地獄、餓鬼、畜生、阿修羅、人、天；人在六道裡輪迴，就是靠著「業」這條線來維繫生命。業的生命線猶如念珠的線一樣，一顆念珠等於一期的生命，一期一期的生命靠著「業」來串連，就像一條線把念珠串成，不會散失。所以佛教說生命的流轉，是無始無終的「生死輪迴」。

過去有一首歌〈一江春水向東流〉，不管江水流到哪裡，又會再流回來。生命之流不但在五趣六道裡流轉不停，而且佛經說「此有故彼有，此無故彼無」，我們的生命不是突然而有，也無法單獨存在。例如，我們要仰賴農人耕種，才有飯吃；要有工人紡織，才有衣穿。甚至父母養我、老師教我、社會大眾共同成就之外，還

農人耕種，我們才有飯吃；眾緣成就，生命才能存在。

要自然界的陽光、空氣、水分等宇宙萬有「眾緣和合」，我才能存在；如果宇宙萬有缺少了一個因緣，我就無法生存了。

也就是說，吾人的生命不是建築在自己的身體上，而是必須仰賴士農工商、社會大眾的眾緣成就；失去大眾的因緣，吾人的生命就難以維繫。尤其在眾多因緣當中，因為父母相愛，有緣結合，再加上我的業「因」和他們為「緣」，因此生養了我。所以，我們要研究生命從哪裡來？簡單說，生命是從因緣所生，人是從業感而來，由於我們的行為造下各種業，最後就會隨業而受報，所以生命就在「因緣果報」裡隨著業力流轉不停，這就是生命的去來。

人，生從何來？死了又往何處去？宇宙人生是怎樣形成的？其實天台宗的「百界千如」最能回答這個問題。我們每一個人的心都具足「十法界」，每一個法界又都具有「十如是」，所以「百界」、「千如」都在我們的自心裡。我們的心，就時間來說是「豎窮三際」，就空間來說是「橫遍十方」，所以能「心包太虛，量周沙界」，宇宙萬有的根源，都在我們的心中。

佛教有一部《大乘起信論》，就是要我們相信自己的真心。真心就如一塊黃金，把黃金做成戒子、耳環、飾物、碗筷等，甚至把它丟進陰溝裡，或棄置垃圾堆中，它的形態雖然千變萬化，但是黃金的本質卻永遠不變。正如一個人的生命，雖然在中陰身時不得不受生，已生不得不變老，已老不得不生病，已病不得不死亡，但是在生老病死的不停流轉中，我們的「真心」卻是圓成周遍，恆常不變的。

所以，世界可以毀滅，而我們的真心不會毀滅；生命的形相雖有千差萬別，生命的理性則是一切平等。只是凡夫在分段生死中，一期一期的生命因有「隔陰之迷」，也就是說換了身體就不知道過去的一切，致使千古以來生命之源一直眾說紛紜，莫衷一是。但是生命本來就沒有所謂的起源、終始，生命只是隨著因緣而有所變化，隨著我們的業力而相續不斷，因此只要我們對佛教的緣起性空、三法印、業識、因果等義理能通達明白，則生從何來？死往何去？即不問自明了。

二、就剛才所說，請問大師，「生命教育」的意義是什麼？佛教對「生命教育」能否提供一些積極面的啟發與省思？

答：談到「生命教育」，前教育部長曾志朗先生說，有一次他問一群小學二年級學生對死亡的看法，當中有位學生回答他：「死亡就像睡了一覺，第二天就會活過來。」原來他們看電視裡的人物，被打死了還會活過來，因此天真的把真實的人生當成像電視劇情一樣。為此曾部長深感憂心的說，學生們對死亡的看法如此淺薄，我們又怎能期望他們去尊重自己或他人的生命呢？

的確，一個人對生命無知，自然無法尊重別人的生命，更不懂得活出自己生命的尊嚴。就如現在有些父母，放任兒童恣意地玩弄蜻蜓、蜘蛛、小魚、小蝦，直至死亡為止；從小就養成不知愛護生命的習慣，將來殘殺人命又何足為奇呢？

生命是世界上最值得珍貴的東西，殺生是世界上最殘忍的事情。人間雖有貧富貴賤，但生命都是同等寶貴，任何生命都應該獲得吾人的愛護。

所謂生命，依眾生過去善惡業因所感得的果報正體，有天上飛的，有水中游的，有陸上爬的，有山中走的；也有兩棲，或是多棲，乃至無足、兩足、多足等類別。在各種生命當中，有的生命是獨立的，有的生命是共生的，有的生命是寄生的。甚至有的生命是有形的，有的生命是無形的；有的生命會動，有的生命是不動的。

可以說，在大自然裡到處都有生命。一滴水有生命，一片菜葉也有生命，都要愛惜。山川日月，蒼松翠柏，幾千年、幾萬年，時間就是生命。乃至佛教講「三界唯心，萬法唯識」，時辰鐘錶，我用心、用智慧去製造它，時鐘裡就有我的生命。一棟房屋，因為我的設計、監工而成就，房屋就有我的生命存在。地球生態被破壞，海洋、空氣被汙染，環保人士用愛心來保護，環保也有生命，愛心就有生命。

天地所擁有的生命，生生不已。因此，現在的生命學家也不能只是研究人類的生命，例如：地質學家研究地殼變化，天文學家研究宇宙星辰，氣象學家研究大氣變化，生物學家研究動植物，微生物學家研究細胞分裂，考古學家研究古今淵源，歷史學家研究人文發展等，每個領域都有它的生命價值與意義。

生命的價值就是「愛」，生命的意義就是「惜」。有愛，就有生命；有愛，就有生機；有愛，就有存在；有愛，就有延續。生命不是出生以後才有，也不是死

生命的價值就是「愛」，生命的意義就是「惜」。

亡就算結束；生命是無始無終，生命是無內無外。生命是活力，是活用，是活動；生命要用活動、活力、活用來跟大家建立相互的關係。例如，雨水灌溉樹木叢林，樹木叢林也能保存水分；人吃了萬物後排泄肥料，肥料又再成為萬物的養分。生命是相互的，是因緣的；想獨存，想個己，那就沒有生命了！

生命是一門艱深難懂的學問，但是儘管生命深奧難懂，分析起來不外乎「生」與「死」兩個課題。佛教非常正視生死問題，佛教其實就是一門生死學，例如觀世音菩薩

「救苦救難」，就是解決生的問題；阿彌陀佛「接引往生」，就是解決死的問題。

佛教不僅解答生死問題，佛教更是尊重生命、愛護生命，佛教倡導惜緣、惜福、惜生、惜命，佛陀對一切眾生的慈悲愛護，載之經典，處處可見。例如佛陀曾「割肉餵鷹」、「捨身飼虎」、「施食救魚」，乃至為野干說法，他把生命融入真理，以真理供養大眾。

佛陀重視大我的生命，他說「我是眾中的一個」，他「以眾為我」，他知道有形的軀體總會朽壞，因此把有形、有限的生命融入大化之中，用無形的法身慧命來照顧眾生。所以佛教的生命能普遍全體，不僅普及一切人，一切動物，所謂「情與無情，同圓種智」，甚至「一闡提也能成佛」，這在後來「生公說法，頑石點頭」已獲得了證明。

佛陀曾為保衛迦毗羅衛國免於滅亡，多次端坐路中，藉以阻擋琉璃王的大軍攻打祖國；他曾對雨舍大臣說法，及時阻止了摩揭陀國與越祇國的戰爭。這些無非都是為了愛惜生命、尊重生命，他希望喚起大家愛好和平，不希望戰爭造成人民死傷，生靈塗炭。

佛陀對生命的愛惜，不是用武力刀槍與敵人對立，而是用慈悲來保護。例如提婆達多要攻擊佛陀，阿難發動眾人以刀槍棍棒保護，佛陀說：如果我還需要刀槍保護，還能算是正覺的佛陀嗎？

佛陀的生命不是一時、一世的，是無限、永恆的。佛陀的生命已融化到慈悲之中，當酒醉的大象見到佛陀，自然息下獸性，感動流淚；落單的鴿子飛到佛陀身邊，好像找到了安全的庇護，一動也不動。甚至滿懷殺心想要行刺佛陀的惡漢，一見到佛陀，不知不覺丟棄手中的刀子，自願皈依，成為佛陀的弟子，這都是受到佛陀的慈悲所感化與攝受。

《淨心戒觀法》說：「善門有多途，慈悲最是急。」談到佛教的慈悲，記得很久以前曾在《地理雜誌》看到一篇報導指出：「殘殺才能維持生命。」因為物競天擇，適者生存，不適者淘汰，這是大自然的定律，所以一切動物弱肉強食，以殘殺來維持生命，這是不得不然的手段。但是相較於佛教以慈悲來護生，如智舜「割耳救雉」、僧群「護鴨絕飲」，可以說形成「佛與魔」的強烈對比。

佛教對生命的尊重，不是愛惜自己就好，如地藏王菩薩到地獄度脫苦難的眾生、觀世音菩薩遊諸國土，到處尋聲救苦，乃至最細微的「佛觀一缽水，八萬四千蟲」，佛教的慈慈，可以說無物不覆，無處不遍。

一個真正有智慧的人，應該懂得尋找生命的根源。

佛教講地水火風「四大」，地的生命就是堅固；水的生命就是流動，不流動就是死水；空氣也是要流通才能存在；光的生命就是散發熱度與溫暖。

佛教講輪迴、講因緣，都是生命。輪迴，就是不死的生命；因緣，就是集體的生命。佛教更提倡要建設無限、普遍的生命，例如，我們平常念「阿彌陀佛」，意義就是無量光、無量壽，這是超越時間、超越空間的意思。什麼東西能超越時空？那就是真理，所以真理就是無限而普遍的生命。乃至佛陀的三身，應身是有為的，有來有去；法身是無為的，是進入宇宙無限的時空。所以只有真理的生命是無限，其他都是有階段性的循環生命。

宗教旨在傳播真理，所以宗教的生命自然

能維持長久。例如佛教的寺院都是千年古剎，萬年常住；佛教的經書不但經常要晒，而且設有特別的藏經樓，盡力保護。

佛教從事慈善事業，出家人願為眾生做馬牛，都是為了成就生命；佛教徒對環保、生態的維護，建設橋梁、施茶施水來方便行人，都是在維護生命。佛弟子當中，「沙彌救蟻」是護生的表現；「南泉斬貓」也是為了表達真理。

佛教的出家人手捧經書，恭敬謹慎，不敢褻瀆，如此愛惜真理，就是愛惜生命。雲水僧手執錫杖行腳，驅趕毒蛇、害蟲，也是表現出對生命的愛護。甚至佛門裡，弟子常以自己的壽命回向於有德高僧，所謂「回小向大，回自向他」，甚至「回事向理」，回向的思想就是生命的延續與擴大。

由於宗教的生命都有傳燈，都是代代傳承，燈續常明。因此，佛陀的生命，只要佛教流傳多久，就有多久的生命；佛法的生命，隨著真理普遍流傳，它就能無遠弗屆；僧伽的生命，只要從舍利弗、目犍連等尊者留下的道德風範，就可以看到他們的精神所在。乃至神會大師在滑台大會，大作獅子吼，為六祖大師定位，那種旁若無人的奕奕神采，至今都可以感覺得到他的生命在躍動；唐玄奘走過八百里流沙的身影，千年之後我們不是依然感覺得到他的存在嗎？

佛教的高僧大德撰寫〈放生文〉，就是在提倡生命教育；儒家主張「憐蛾不點燈，愛鼠常留飯」，也在表達對生命的愛護。佛光山在二〇〇四年的春節花藝展中，特設素食動物園區，不但教育世人愛護生命，並為「自然與生命」提供最佳的生活教材。另外，佛光山文教基金會印行豐子愷的《護生畫集》，也是提倡生命教育的最好教材。

二〇〇一年佛光山發起佛教界從大陸「恭迎佛指舍利蒞台」，許多人在見到佛指舍利的剎那，不由自主的跪下頂禮，有的人涕淚悲泣，有的人法喜充滿，有的人感覺好像與二千五百多年前的佛陀又相聚首。這種感覺就是說明，佛指舍利是活的，它是有生命的。不只佛指舍利有生命，一張紙畫一個聖賢，一塊木頭刻一尊佛像，都能賦予它覺性圓滿的生命。

過去佛教許多高僧大德為了維護聖教，不惜捨身殉教。例如，中國文化大革命時，大陸不少的寺廟、文物，就是由於許多僧眾發揮殉教精神，毅然奉獻生命而得到保護與留存。另外，一九六三年，越南總統吳廷琰為維護天主教而破壞佛教，不允許佛誕節懸掛教旗，造成廣德法師等七位僧人引火殉教。說明人的生命在平時固然值得寶貴，但在必要時能犧牲生命以完成職責，更為可貴。

在冰天雪地裡生存的人和動物，自然磨鍊出堅毅忍耐的生命力。

所謂：「無求生以害仁，有殺身以成仁。」求生以害仁者，雖生猶死；殺身以成仁者，雖死猶生。此即儒家所謂「死有重於泰山，有輕於鴻毛」。乃至古諺說「人死留名，樹死留皮」；儒家也謂「立德、立言、立功」，無非都是為了留下不朽的生命。

生命是可以鍛鍊、創造的，在冰天雪地裡生存的人和動物，自然磨鍊出堅毅忍耐的生命力。一株牆頭草，一朵路邊的野花，它們在狂風中展現雄姿，也可以看出生命的力量。

生命之所以有力量，在於能為生命留下歷史，為社會留下慈悲，為自己留下信仰，為人間留下貢獻。因此，生命教育最重要的，就是指導學生如何尊重生命，如何活出生命的尊嚴，如何創造生命的價值與意義。尊嚴是人生最大的本錢，做人最怕尊嚴掃地，現代人不但要活得有尊嚴，甚至提倡「安寧死」，即使死也要死得有尊嚴。

尊嚴不是傲慢，不是自高自大，尊嚴不是匹夫之勇，不是自以為是；尊嚴是在強權之前，不屈服、不妥協，堅持自己的立場與原則，保持自己的人格與操守。

人除了要活得有尊嚴以外，更要活得有意義、有價值。蔣中正先生曾說：「生命的意義在創造宇宙繼起的生命；生活的目的在增進人類全體的福祉。」毛澤東也說：「世間一切事物中，人是第一個可寶貴的。」在他認為，人生價值在於對社會對人民的貢獻，而不是向社會索取。因此，他非常強調人活著的目的和意義就是「全心全意為人民服務」。而佛教則認為，生命的意義，在於增進人生的真善美，在於懂得永恆的生命。人的色身雖然有老死，真實的生命是不死的，就如薪火一樣，賡續不已。因此，人生的意義不在於壽命的久長，乃在於對人間能有所貢獻、有所利益。例如，太陽把光明普照人間，所以人人都歡喜太陽；流水滋潤萬物，所以萬物也喜歡流水。一個人能夠活出意義、活得有用，生命就有價值。

總之，「蜉蝣朝生夕死，人生百年難再」，但是身體即使朽壞、死亡了，也不是生命的結束！所謂念天地之悠悠，感生命之無限。生命不在於長短，而在於活出什麼？擁有什麼？尤其如何開拓宏觀的生命視野，深化優質的生命內涵，建立正確的人生觀、道德觀、價值觀，這才是提倡生命教育者應有的省思！

三、基督教說「信上帝得永生」，道教也說，人只要透過修鍊，就可以「長生不老」。請問大師，人真的可以長生不老，甚至不死嗎？

答：永生，這是個很美好的名詞，就等於永恆一樣。但世間上沒有永恆不變的東西，佛教說人生、世間都是無常的，所謂「無常」，就是遷流、變易的意思。例如，我們的心念，前念後念，念念不斷，快如瀑流；我們的身體，根據科學家研究，組成身體的細胞，時時都在新陳代謝，每七日或七年就是一個週期，尤其七年一次的新陳代謝，能使我們完全脫胎換骨，變成另一個人。

「無常」是佛教的真理之一，然而一般人因為不了解無常的真義，因而心生排拒，甚至感到害怕。其實無常並不可怕，只要對無常有正確的認識就會知道，因為無常，才有希望；因為無常，才有未來。例如，上古時代，帝王專制，人民毫無自由，假如不是無常，而是一成不變，哪裡有今日的民主政治；過去石器時代，民智未開，人民茹毛飲血，如果不是無常，而是一成不變，現在不是仍然停留在文化未啟的蠻荒時代嗎？

無常，不限於某一人、某一事，它有普遍性的意義；無常，不受權利大小的影響，它有平等性的意義。無常不是完全消極的，例如：我貧窮，因緣際會，就發財了；我愚笨，經過勤勞苦讀，一變而成聰明了。

我們的心念，前念後念，念念不斷，快如瀑流。

台灣發生九二一大地震，許多房子倒塌，不少人受傷、死亡，可以說災情慘重。但是因為「世間無常」，從無常中可以重新建設，所以地震後許多大樓、學校都更新了。所謂沒有破壞，哪有建設？沒有無常，哪能更新？因為無常，一切都可以改善、改好；因為無常，我們的未來才有無限希望。

有人說，今生好苦，我要趕快好好修行，寄望來生會更好，這就說明因為「無常」，所以人生才有未來。等於汽車壞了要報銷，不報廢怎麼會有新的汽車？人的身體會衰老，身體不衰老，怎麼能換一個新的身體呢？

無常，讓人會珍惜生命；無常，讓人會珍惜擁有；無常，讓人會珍惜因緣；無常，讓人會珍惜關係。無常是人世間的真理，永生也是真理；無常苦空雖為人生實相，但在無常之中，吾人皆有一顆不變的真心，也就是不生不死的生命。所以，從另一個角度來看，生命本來就是「永生」，就是「不死」的，死的只是肉體。例如我經常舉一個例子，茶杯打破了，要把茶杯復原已不可能，但是茶杯裡的水流到桌上、地上，我用拖把、抹布把水擦起來，一滴也不少。身體雖有生老病死，生命之流、生命的水是永恆不滅的。

有一戶人家老年得子，老夫婦歡喜的不得了，正在家裡歡喜慶祝的時候，門口來了一個和尚，對著眾人放聲大哭。主人當然很不高興，說道：「出家人，你要化緣我可以給你錢，幹嘛在我們家門口哭哭啼啼？你不知道我們正為生了個兒子在慶祝嗎？」禪師回答說：「我不是來化緣的，我所以在這裡哭，是哭你們家多了一個死人。」

這一段話很耐人尋味，因為一般人都是「生之可喜，死之可悲」，所以生了兒子當然要慶祝、歡喜，只有死的時候才要悲傷，才需要哭。但是禪師了解到的是「生死輪迴」，生了必定要死，所以不需要等到死的時候才來悲傷，生的時候就知道必然會死，因此他說我哭你們家多了一個死人。

生時就註定有一天必然要死，只是時間長短而已，為什麼一定要等到人死的時候才哭呢？我們視「生之可喜，死之可悲」，這可能是一個錯誤的看法。死，有時候也是可以很歡喜的「含笑而去」，甚至「懷抱希望」而死。

印度有一位九十多歲的老人，日本記者訪問他：「老人家，你現在最大的希望是什麼？」老人家回答：「現在最大的希望就是快點死！」「為什麼呢？」「哎呀！老朽的身體，吃飯已沒有味道，走路也走不動了，快點死，可以換一個新的身體啊！」所以，死並不可悲，甚至還要歡喜，因為死後可以趕快換一個新而健康的身體，就如汽車壞了，也要汰舊換新。

生與死是一體的兩面，「生」就是「死」的開始，「死」也是另一期「生命」的開始，生命是永遠存在的。所以基督教說「永生」基本上沒有錯，不過唯一有意見的是，信上帝得永生，其實不信也是永生！因為物質的身體會壞、會死，而真心的生命是不死的。相同的，道教的「長生不老」之說，其實身體不可能不老，只有人的真如自性才是長生不老。

生命的流轉，它不是信不信的問題。世間上有形的東西，有生死、有得失、有好壞；可是真心的生命，是超世間、超物質，它是無形、無相、無頭、無尾、無來、無去，它是「絕生佛之假名，離空有之兩邊」，是永恆的。

生命究竟是「永生」，還是「長生不老」？其實生命是流轉的。依佛教的看法，凡夫在一期一期的生命中有生死，這一段一段的生死叫「分段生死」；甚至證悟成道的羅漢、菩薩，還是有煩惱，有「變易生死」，仍要慢慢進步、淨化。能夠超越分段生死、變易生死，當然就是永生；但即使不能達到這個境界，生命也還是永生不滅。因為人人都有一個不死的生命，那就是「自性」，又叫「佛性」。

因此，「信我者，得永生」，這話只說了一半，應該再補充為：「不信者，亦不死。」信，我們的生命固然生死不息；不信，也依然要在輪迴中出生入死，因為生命是生生世世，是死死生生的。

四、由於近代生物科技發達，中外相繼有「複製羊」、「複製牛」的誕生，請問大師，站在佛教的立場如何看待這件事，佛教認為生命是可以複製的嗎？

答：自從一九九七年英國成功的複製小羊「桃麗」（Dolly）之後，緊接著複製牛、複製豬、複製老鼠也相繼誕生，甚至美國的科學家表示，他們不但複製動物，而且還可以同時更改動物的基因，利用基因重組技術，複製出對瘋牛症具有免疫力的複製牛。

此外，一個進行人類遺傳學研究的國際科學家小組更說，未來複製人類可能比複製動物來得更為容易，因此一名義大利醫生已經打算開始複製人類，用來幫助不孕的夫妻，讓他們也能享有為人父母的喜悅。

儘管科學發達，未來或許真有可能誕生出複製人，但是以佛教的觀點來看，科學家所複製的是有機體，心靈的能量無法複製。也就是說，複製品只是形體上的，身體六根可以複製，但生命的精神與意志無法複製，生命要用生命才能複製，一切都不離「因果」。例如，用花、草、樹木，不能複製牛、羊、人；牛還是牛的基因，羊還是羊的基因，人還是人的基因，生命不能憑空複製，更不能錯亂因果。

基因在佛教的看法，就如「業力」，業的內容很複雜，有「共業」、「別業」、「引業」、「滿業」、「定業」、「不定業」、「三時業」、「三受業」、「三性業」等。基因是生命的密碼，但基因不是一成不變的，基因的內容也有因緣業報的關係。根據一項報導指出，基因不是從父母身上繼承下來就永遠不會改變，它是從孕育時期就接受外界的指示而加以回應表現；也就是說，基因不是操縱人類行為的推手，而是被人類的行為所左右，所以「業」才是我們生命的主宰。

其實，真正的生命應該說是一種精神的作用，是附於身體的另外一個層面。有時我們形容一個人沒有靈魂，就說他像「行屍走肉」；一個人空有身體，沒有生命力，這個身體也沒有「用」。

所謂「體、相、用」，佛教講生命的本「體」是由外「相」來表達，「體」指的是「本體」，是內在；「相」就是外在的形相，比如這個人長什麼樣子，那個人長什麼樣子。「體」、「相」結合起來，也就是「精神」和「物質」的結合，就產生了妙「用」，就有動作、語言，以及種種的精神作用，繼而有世間種種形相、種種色彩的顯現。

生命的本體，從佛教的緣起法來看，生命是延續性的，生命是有傳承的，生命是有程序的，生命也是會變化的。例如六道輪迴就是變化；又如低等動植物慢慢發展成高等的動植物，甚至高等動植物也會慢慢退化為低等的動植物，這就是變化。因為有變化，所以生命並非一成不變；因為有變化，所以每個人都有機會改變自己的命運。你希望有善的因緣果報，就要做善事；不做善事，結下惡的因緣，自然有惡的果報。

由於生命的本體「本來如是」，是由個人的業緣感應而有，不是人工所能製造。因此，我們看世界未來的變化，不管科學如何昌明，複製動物如何發展，基本上精神世界和物質世界是不一樣的，因為一切世間法以外，還有一個出世間法。現代科學技術的研究、發明，都是以世間的知識來發展；雖說出世間法離不開世間法，但它有一點與世間法不同的是本體不變，能變的是世間法，出世間法是不變的。因此，我們不認為現代的複製科技，真能改變生命的業和因；複製的技術儘管可以改造身體的形象，可以改變高矮、胖瘦、美醜，但是業報的善惡、好壞，本來就是自己所造作，不是他人所能決定。

所以，生命可以複製嗎？生命不是科學家所能複製，也不是哪一個神明所能創造，生命的基因都是由業力所潤生，「業」才是維繫生命的主因，故知真正的生命——「心識」不能複製，真如佛性更無法複製。未來不論尖端科技如何以基因繁殖方式來複製羊、牛、人，或是人工受精、試管嬰兒、借腹生子等，我想最好能吸取世間的醫學、心理學、教育學、生化科學為用；同時融和佛法的真理為體，如此才能解除現代人的迷思。

五、有生必然有死，死亡是很無奈的事，但是有人異想天開，想利用「冷凍」來保存「屍體」，希望幾十年後醫學科技能進步到足以讓屍體解凍後復活。請問大師，屍體經過冷凍又解凍之後，真有可能再復活嗎？

答：「惜生懼死」，可以說是有情眾生與生俱來的本能，所謂：「螻蟻都懂得惜生，何況是人？」人之好生惡死，如中國人說：「好死不如歹活。」英國哲學家羅素表示：「為了生存，其他東西都可以放棄。」印度詩哲泰戈爾更是謳歌：「我存在著，是一個永恆的奇蹟，那就是生命。」

所謂生命，其實包含生和死。生固然是生命，死也是生命。死亡並不是消滅，也不是長眠，更不是灰飛煙滅、無知無覺，而是走出這扇門進入另一扇門，從這個環境轉換到另一個環境。經由死亡的通道，人可以提升到更光明的精神世界裡，就如同現實的人間到處移民一樣，因此佛經對於死亡的觀念，有很多積極性的譬喻，例如：死如出獄、死如再生、死如畢業、死如搬家、死如換衣、死如新陳代謝等。

死亡是任何人所不能避免的事，生了要死，死了要生，生死是一體的兩面，生死在時間的長河中流轉、更替。誠如《戰國策》裡范睢說：「聖哲如五帝要死，仁義如三王也要死，賢明如五霸也要死，力大如烏獲也要死，勇敢如賁育也要死。」

儘管生死是再自然不過的事，但是千古以來人類一直在尋求長生不死的方法。例如古代中國的秦始皇派遣徐福渡海尋找不死藥，漢武帝求助道家煉製長生丹等；在科技發達的今日，現代人則把頭腦動到「冷凍屍體」上，希望透過科技之助，獲得壽命的延長。

根據報導，在法國西部索米爾小鎮上，就有一名叫雷蒙德的男子，妻子於一九八四年去世後，雷蒙德就把他的屍體冷凍在地下室裡，幻想隨著科學技術的發展，有朝一日妻子能夠再次睜開雙眼。甚至他也希望自己死後一樣能被冷凍起來，以期將來可以被科技喚醒，重返人間。

「冷凍屍體」是否能夠再度復活？以現代科學的神奇，未來也許真有可能復活。因為冷凍前與冷凍後，總之是一個生命體，只不過是透過科技讓他延長而已。但是透過科技把屍體冷凍起來，果真在數十年後又解凍復活了，試想，屆時你會習慣，你會快樂嗎？這到底是在替自己解脫呢？還是為自己找麻煩呢？都是個未知數。不過，「冷凍屍體」將來勢必對世間帶來極大的改變，這雖是拜科技之賜，其實也是人類自己的業力所造成。

有一部電影《今生有約》，劇中的男主角便是在他活著的時候，自願當了朋友「冷凍人體」的實驗品，結果五十年後解凍復活，卻發現親人不在、朋友已死，一切都改變了，世界再也不是他所熟悉的世界，只覺物換星移，情隨事遷，一切都那麼陌生，那麼不習慣，因此在沒有人了解、沒有人可以談心的情況下，內心的孤寂、落寞，真是不足為外人道。

其實，人不一定要活得久，重要的是要能活得快樂，活得踏實；我們與其關心冷凍屍體能否復活，不如思想如何在有生之年，活出生命的光彩，活得有價值、有意義。

人活著，不是為了一宿三餐；生命的意義，也不在於奔走鑽營；生命的價值更不在於本身的條件優劣，而在於對人是否有用？一顆上千萬元的鑽石，有人獨得以後，珍藏起來，人們並不知道它的用途和寶貴；一堆不值錢的石頭，以它來修橋鋪路，卻能供給普世人類的方便。因此，生命的意義，應該是以一己之生命，帶動無限生命的奮起。

生命的意義，還應該讓個己的生命結合到大眾的生命裡。如《金剛經》說：「所有一切眾生之類，若卵生、若胎生、若濕生、若化生、若有色、若無色、若有想、若無想、若非有想非無想，我皆令入無餘涅槃而滅度之。」能夠做個同體共生的慈悲人，將每一類眾生都視為自己的六根，缺一不可，這樣的生命才能永恆，才是不死的生命，何必一定要費盡心思，違反自然的去保留一具已經朽壞的軀體呢？

須知，生命的可貴，乃在於發揮人性的光輝，展現人的精神、毅力、勇敢、道德、愛心等高貴情操；能以一己之命，去成就群體的生命，即使短暫如流星，畢竟它已發熱、發光，何必在乎時間的長短？能夠順乎自然，不是更美嗎？

說到自然，回想五十多年前我初到台灣弘法的時候，每次外出講經，經常要跟警察玩捉迷藏。因為那時候台灣還是戒嚴時期，不容許在公開場合集眾，因此經常是我在台上講演，警察就走到台下對我說：「下來！下來！」

我在台上講演，台下那麼多人在聽，這個時候要我下來，怎麼辦？我當然也知道不下來的後果會很麻煩，只好請人帶動唱個歌，我自己下去應付一下。

警察說：「你怎麼可以在這裡集會？趕快把人解散！」我說：「不行，我是叫他們來聽經的，不能解散；要解散，你自己上台去宣布，你自己叫他們解散。」他當然不敢，就說：「你怎麼可以叫我去宣布解散？你去叫他們解散。」我說：「其實也不必要我叫他們解散，等我講完以後，他們自然就解散了！」

所以我覺得自然很好，生命就是一個自然。所謂「自然就是美」，世間上最美、最好的，就是「自然」。人要「自然美」，舉凡風度表情要雍容大方，說話談吐要幽默流暢，做人處事要通情達理，行止進退要恰到好處。能夠如此，那就幾近於自然之美了。

我們的真心、我們的本來面目，就是一個自然的東西，不假造作。現在要用冷凍的方法，把人冷凍起來，暫時不要活，幾十年後再復活，可謂多此一舉，不但自找麻煩，也不一定能幸福。所以，世人很多的異想天開，固然是一時好奇，但對生命的意義和價值，並沒有什麼特殊的幫助。

六、請問大師，信佛教和不信佛教有什麼不同？是否信仰佛教就沒有生死問題了呢？

答：剛才談到，基督教說「信上帝得永生」，但是佛教認為，信仰佛教並非就沒有生死問題，而是要人勘破生死！生和死如影隨形，不僅凡人生了要死，死了再生，生生死死，死死生生，生死不已；即使佛陀也要「有緣佛出世，無緣佛入滅；來為眾生來，去為眾生去！」所以生死是再自然不過的事。

如此說來也許有人會問，既然信仰佛教最後還是會死，那我為什麼要信仰佛教？因為不信會死，信了一樣會死，可見得信不信並不重要。

生命有了信仰，就有力量。

其實，「信」很重要！我們的生命有了信仰就有力量，有了信仰就有希望，有了信仰就有目標。信仰佛教的人雖然一樣有喜怒哀樂，甚至一樣有生死問題，但是學佛後能認清生命的實相，就有力量面對生死的各種問題，就不會受「第二支箭」之苦。

所謂「第二支箭」，這是佛經裡的一個譬喻，說明一個學佛的人和一個未受過佛法教化的人，遇到快樂或遭逢悲傷痛苦的時候，一樣會有樂受、苦受的感覺。但是，一個心中沒有佛法的人，遇到痛苦的時候，往往悲不自勝，甚至徬徨迷惑，不知如何安頓自己，這就如同中了第一支箭以後，又中了第二支箭一樣的痛苦難忍。

相反的，有佛法的人遭逢苦難的時候，他懂得從「因」上去探究、反省、改善，而不是只在「果」上怨天尤人、黯然神傷、自暴自棄，自然不會再受第二支箭的痛苦。乃至身處樂境時，也不會放縱自己，因為一旦陶醉在樂境之中而放逸身心，第二支箭便會帶來苦受。因此，有沒有信仰雖然最終都難免一死，但是沒有信仰的人，臨終的時候往往心生恐怖、迷惘、茫然，甚至死得很遺憾。反之，有信仰的人，就像天主教、基督教所說「蒙主寵召」，或者現在社會也慣用佛教的用語「往生佛國」，往生就如移民，是到另一個國度去住，自然不會感到痛苦、害怕。

所以，信仰不是讓我們不死，而是面對死亡時，能夠認識清楚，知道死亡不是結束，而是另外一期生命的開始。生與死，是一而二，二而一，生固未必喜，死又何足悲；能夠生死無懼，則自然會有力量面對死亡，自然會有不一樣的看法。

我自己出家至今六十幾年，不敢說自己有多大的修行，但是我深刻體會到信仰有許多好處。就拿生死來說，記得多年前有一次到榮民總醫院做健康檢查。醫生很仔細的檢查一天後，卻又不放心，叫我隔天再去檢查。我說：「明天不行，我要到宜蘭為一位比丘尼舉行告別式。」醫生說：「你自己的生命不重要嗎？」我說：「隨緣，重要不重要很難講。」

醫生又說：「你不怕死嗎？」這個問題在我感覺很難回答。假如我說「我怕死」，醫生會笑我是「沒用的出家人」；如果我回答「我不怕死」，似乎又太矯情了，因為連螞蟻都怕死，人怎麼會不怕死呢？因此我回答他：「死不怕，怕痛！」因為痛有個限度，超過了限度，本來自以為是個英雄，痛到最後連狗熊都不如。

多年後我因為心臟開刀而住進榮民總醫院。開刀當天，經過八個小時的手術，從恢復室到加護病房，醫生很關心問：「你痛不痛？」我想，要回答得藝術一點，就說：「好舒服哦！」結果醫生不以為然，說：「不痛就不痛，還好舒服？」我心裡想，你不知道啊！平常我的生活忙碌，每天要負擔許多責任，難得有時間這麼悠閒的躺在床上休息。再說這次開刀，你說痛吧？上了麻醉藥，不痛啊！你說有什麼苦嗎？一點也不苦，睡在病床上，平常都是要我跟人家講話，現在輪到別人來問我：「你好嗎？」「你要喝水嗎？」「你要這樣嗎？」「你要那樣嗎？」都是別人來關心我，真好，真是快樂啊！

我想這就是有信仰的人最大的不同，心裡有個信仰，至少對生死能看淡一點，看得自然一點；能夠無懼生死，人生就能活得更有意義。所以，信仰就有力量，就有信心；有信仰的人，即使受了委屈、冤枉，也不會失去信心，因為他覺得「我可以再來」。

有信心就有光明。佛經說：「信仰如手、信仰如杖、信仰如根、信仰如船、信仰如力、信仰如財。」有信仰，就好像手上抓個東西，很實在；不信，就什麼都沒有，很可憐。所以對於世間上有一些人常說：「我就是不相信宗教。」「我就是不相信輪迴。」「我就是不相信生命還會再來。」你不相信，就什麼都沒有，這不是在跟自己過不去嗎？所以我覺得有信仰的人，不管基督教也好，天主教也好，或是信仰民間的城隍、土地公，甚至是迷信也不要緊。有信仰，總比什麼都不信來得好；不信，就什麼都沒有，不信，生命就沒有目標，沒有未來。

不過，信仰最重要的，還是以正信最好。我們要信仰有道德的，要信仰真實的，要信仰清淨的，要信仰有歷史的，要信仰有能力幫助我們解脫的，不能信仰錯誤，信錯就很難回頭了。

現在台灣邪教橫行，但是佛教每次舉行皈依三寶典禮，都有幾千人、幾萬人參加，因為他們知道，趕快皈依正信的佛教，以免上錯了賊船、誤搭了別的車子。沒想到邪法也助長了正道的弘傳。

過去一般人學佛，都是希望能「了生脫死」。所謂「了生脫死」，能夠透視人生的真相，了解生命的意義與價值，當下活得自在，這就是「了生」；能夠認識死亡後的世界，對未來充滿信心與希望而無懼於生死、超越生死，這就是「脫死」。若能進一步幫助別人認清生死實相，同樣解脫自在，這就叫做「自覺覺他」，這就是大乘菩薩道的實踐，也是人道的完成。

所謂「人成即佛成」，我們要想圓滿人生，獲得解脫自在，就不能沒有佛法的信仰，不能沒有佛教的律儀來規範生活，不能沒有佛法的智慧來解決人生問題；有佛法的人生，才能了生脫死，才能圓滿自在。

輪迴就是生命的轉換，依不同的業報而有不同生命的形式。

七、佛教講「生死輪迴」，輪迴是什麼？怎麼樣才能知道生命真的有輪迴呢？請大師開示。

答：現在是二十一世紀科技進步的時代，也許有人並不相信生命輪迴的存在，認為輪迴是宗教信仰的範疇，是死亡之後靈魂取向的事情，和現實生活距離遙遠，因此毋須對輪迴賦予太大的關懷。

其實，世間一切的現象都離不開輪迴循環的道理。譬如，春夏秋冬四季的遞嬗，過去、現在、未來三世的流轉，晝夜六時的交替，這是時間的輪迴；東西南北方位的轉換，這裡、那裡、他方、此處的不同，這是空間的輪迴。

輪迴就像「種瓜得瓜，種豆得豆」，播了豆種，就長出豆子；種了瓜種，就長出西瓜，這不就是輪迴嗎？輪迴就如今晚睡下去，明早又醒來，這不就是輪迴嗎？太陽下山了，明天又從東方升起，這不就是輪迴嗎？秋冬樹葉落了、草木枯萎，到了春天，百花燦爛，草木再生，這不就是輪迴嗎？

輪迴就是生命的轉換，人有「生老病死」，死不是沒有，死了會再生。佛教講生命有所謂的「三世輪迴」，也就是說，眾生無始以來由於身口意造作的業力，形成了因果相續、無始無終的生命之流，而現起了天、人、鬼、畜等六種多樣性的生命現象，佛教稱之為「五趣流轉，六道輪迴」。

生命因為有輪迴，所以有來生；因為有來生，未來才有希望。有一些麻木的青少年，犯了重罪，將要被槍斃的時候，自豪地說：「老子二十年後，又是一條好漢！」他雖然壞，仍對未來抱有希望，何況我們這麼美好的人生，為什麼會對自己的未來感到沒有希望呢？為何以為人死後就什麼都沒有了呢？沒有希望的人生多麼可惜、多麼無聊、多麼沒有價值，所以我們要相信輪迴。

輪迴也不是定型的，現在的芒果和蘋果接枝，就能生出新的品種；現在的動物也可以改良基因，可以複製。從動植物都有辦法改良來看，因果也是可以改良的，故知造了重罪的人，只要懺悔、改過、發心、立願，就能將功折罪，就可以改變因果輪迴的果報。所以，信仰能改變我們的人生，改變我們的命運，改變我們的前途，改變我們的未來！

有的人不相信輪迴，然而不信並不表示自己的層次高超，反而顯示自己的思想膚淺。否定輪迴的存在，不是和別人為難，而是局限了自己生命的發展。美國汽車大王福特先生說：「輪迴是人生意義之所在，有了輪迴，前人的經驗智慧、歷史的文化遺產，可以傳遞給後代子孫。」他認為，假如我們不能將一生的經驗轉接到未來，工作只是徒勞無益；如果文化寶藏不能留傳給後代子孫，歷史的生命是有限的。

近代文學家蘇雪林教授在〈宇宙大輪迴〉一文中，介紹了一些古今中外輪迴的說法，值得參考。例如，今已絕種的南美洲馬雅人曾說，這個世界經過四十七萬年即完全毀滅，以後又重新來過。這就如佛教「成住壞空」的思想一樣。

印第安人曾說，他們是逃過三次世界末日的人類，第四次末日為期也不遠。但每次末日的情況都不一樣，第一次是火山爆發，大火蔓延各地將大地燒毀殆盡；第二次是大地震；第三次則是人類大戰事……這不就和佛教所說：世界末劫來臨時，

「火燒初禪，風吹二禪，水淹三禪」一樣嗎？

此外，從歷史上許多賢哲文人的記載，也可以證明五趣六道的輪迴是不容置疑的事實。

明儒王陽明先生有一次到金山寺朝拜，覺得寺中的景物非常熟悉，一草一木似曾相識。信步瀏覽，走到一間關房之前，只見房門口貼了一張封條，左右觀看，好像曾經住過。王陽明終於按捺不住心中的好奇，請知客師父打開關房瞧個究竟，知客師父連忙道歉說：

「對不起！這間關房是我們一位老祖師五十年前圓寂的地方，裡面供奉著他的全身舍利，他老人家遺囑交待不可以開啟，請您原諒，千萬開不得。」

「既然房子設有門窗，哪裡有永遠不能打開的道理？今天無論如何請您慈悲打開來看看！」

由於王陽明一再請求，知客師父礙於情面，只好萬分為難地打開房門，讓王陽明進去。昏黃的夕照裡，只見一位圓寂的老和尚亙古如昔地端坐在蒲團上，王陽明一看，咦！怎麼和自己的容貌如此的相像？舉頭看去，牆上還有一首詩，寫道：

五十年後王陽明，開門猶是閉門人；
精靈閉後還歸復，始信禪門不壞身。

原來王陽明的前生就是這位坐化的老和尚，昔日自閉門扉，今日還來自啟，為後世子孫留下一點證明。王陽明為了紀念這件事，曾經在金山寺留下詩句：

金山一點大如拳，打破維陽水底天；
閒依妙高台上月，玉簫吹徹洞龍眠。

有的人雖然學佛多年，但對「輪迴」仍存有疑惑。輪迴並不是一個信仰體系與理論，輪迴更不是死亡的心理安慰，它是一門解釋我們前世與來生的精確科學。生命如果沒有輪迴，冥冥過去從何而來？未來的希望更要趣向何方？如果沒有輪迴，生命是何其的短暫無奈，前途是多麼的渺茫無寄！知道有輪迴，人生才有迴轉的餘地，生命才有下一班車可搭，才能繼續駛向無限光明的世界！

因此，輪迴不是相信與否的問題，縱然有人不相信輪迴，但是放眼宇宙的現象，如自然界、人世間、物理界，乃至你我，都在輪迴圈裡流轉；如何理性的認識輪迴，跳出輪迴，超越三界，轉生死輪迴為諸佛菩薩的菩提解脫，才是智慧之舉。

八、現在的醫學科技發達，科學家不斷在研究、改造基因，請問大師，基因可以改造嗎？那些聖者與江洋大盜的基因是否有所不同呢？

答：「基因重組」、「基因改造」，是現代生物科技發展的一大成就。所謂「基因改造」，就是科學家利用遺傳基因工程及育種方法，把動植物、微生物等生物體的特性加以改良，而達成一種新的生命體。例如透過基因重組、轉殖技術，可以改變動植物的生長速度、增加抗病能力、提高營養價值、延長保存期限等。現在市面上所販售的「基因改造食品」，就是經過基因重組技術所衍生出來的食品。

談到基因改良，首先應該對基因有所了解。「基因」（Gene）就是決定生物特性的因子，它是由許多的DNA（去氧核醣核酸）所組成，諸如花的顏色、植物的高度、人的胖瘦等，都靠基因來決定。中國俗諺說：「龍生龍，鳳生鳳，老鼠的兒子會打洞。」就是傳達一種遺傳的觀念。

基因，有人說它是生命的密碼。我們每一個人的基因不同，因此長相不同，命

基因改造食品就是經過基因重組技術所衍生出來的食品

運也各有不同。有的人長得高大美貌，有的人長得瘦弱矮小；有的人幸福無比，有的人痛苦難堪，這都是基因不同所致。

基因在佛教來講，就是業力；但是很多基因無法解釋的問題，還必須透過業力才能解答。有一篇〈淺談基因與業力〉的文章就指出，「基因缺陷和疾病症狀經常是互為因果」，但是「醫學無法證明有基因缺陷的人就一定有相應的症狀，或是有同樣症狀的人就一定有同樣的基因缺陷」，因為「真正的病因是業力」。作者舉例說：「為什麼不同的人罹患同樣的疾病，但對同樣的治療反應卻完全不一樣？同一人在不同狀態下對同樣治療的反應也可以完全不一樣？」他的結論是：「因為治療效果和業力的大小有關。」

「業」在佛教裡被比喻為「種子」，播什麼種子，自然就開什麼花、結什麼果，所以我們要改變自己的命運，就應該為自己的生命播下好的種子，來生才能有好的收成。至於說聖者與江洋大盜的基因是否有所不同，根據佛教主張「人人皆有佛性，皆得成佛」的「佛性論」來看，每個人都有成佛的性能，先天本具的基「因」其實都是相同，只是後天的「緣」不一樣；相同的基「因」遇到不同的「緣」，就有不同的「果」。所以科學家講「基因改造」，從佛法的觀點來看，「行善不為惡」，就是基因改造。

科技上的基因改造，應用在現在的醫療上，肯定會對人類的未來造成很大的影響。根據報載，未來透過基因重組，只要把人的蛋白基因放入到某種生物體中進行複製，然後及時收集複製而成的蛋白，就能源源不斷地提供醫療所需的血液製品。此外，基因重組也可以用來改良人種。例如日本人在七、八十年前都很矮小，現在的日本人則個個長得高頭大馬。據說，過去日本進行人種改良，他們將幾千個、幾萬個婦女送到中國東北，經過與人高馬大的東北人結合，一旦懷孕以後就回到日本，如此生出來的兒女就比較高大。

另外，德國的日耳曼民族、英國「大英帝國」的紳士、淑女風範，乃至以科技成就而自豪為「優秀民族」的美國人，他們都有他們的文化和基因；中國人號稱「龍的傳人」，本來就是古老的四大文明古國之一，也有很好的文化與歷史，但是由於現在大家不再重視道德觀念，做人處世也不明理，自然我們的社會就是「麻布袋、草布袋，一袋（代）不如一袋（代）」。

父母生育兒女，先天的胎教固然重要，後天做人的慈悲、道德、品格、操守，父母當然也能影響下一代。所謂家庭、學校教育，甚至交朋友「近朱者赤，近墨者黑」，都會產生影響。

不過，每個人的生命本質、命運好壞，雖然父母、師長的緣分能產生一定程度的影響與幫助，但是自己的「因」才是主力，緣只是附帶的。就如一棵植物，如果種子很好，再加上有肥沃的土壤、和煦的陽光，以及空氣、水分等善緣幫助，當然會有好的結果；如果種子的因不好，即使風調雨順，後天的緣分再好，也不見得會有好的結果。

因此，每個人的人生，不管上帝也好、佛祖也好，都幫不了我們的忙；能幫助我們的是自己，唯有改變自己的基因，也就是改變自己的業力，才能改變自己的命

科學家們發現了生命的密碼——基因，未來希望能再發展出生命共同體的基因——相互的關係。

運。業是身口意的行為，有善業、惡業、無記業。所謂：「假使百千劫，所作業不亡，因緣會遇時，果報還自受。」只要是身口意造下了善惡業，都會像電腦一樣，儲存在業的倉庫裡，等到善惡業的因緣成熟了，一切還得自作自受，這是因果業報不變的定律。

「業力」實在是佛陀一項偉大的發現。人，從過去的生命延續到今生，從今生的生命可以延續到來世，主要就是「業力」的繩索，把生生世世的「分段生死」連繫起來，既不會散失，也不會缺少一點點，因此「生命不死」，就是因為有「業」的關係。

尤其現在基因的發現，雖然對人

類必定能造成一定程度的影響與貢獻，但是基因只能說明個己生命體的因素，而佛教的業力不但有個體的業，所謂「別業」，另外還有「共業」。例如，為什麼有的人同生在一個家庭裡、同生於一村、同生於一族？這都是「共業」；各方的人士同在一條船上，或同在一架飛機上失事了，有的人命喪黃泉，有的人大難不死，這就是「共業」中又有「別業」的不同。所以，科學家們發現了生命的密碼——基因，未來希望能再發展出生命共同體的基因——相互的關係。

佛教的「因緣業報」，是顛撲不破的真理，是必然、永恆、平等的真理；科學家「基因」的發現，只是更明確地解釋了「業」的內容與功用，如此而已！

九、剛才大師提到，生命在「中陰身」時不得不受生，已生則不得不變老。請問大師，中陰身是什麼，它跟我們的生命有什麼關係與影響？

答：人死至再次受生前的短暫識身，稱為「中陰身」，也就是一般俗稱的「靈魂」，但佛教不稱為「靈魂」，而稱做「中陰身」。

陰，就是色、受、想、行、識五蘊所和合的報身。當人一期壽命終了的時候，有質礙的「色身」不動了，「受、想、行」也失去了作用，這時只有「心識」會繚縹緲緲的要找一個未來的歸宿。但未來是上升天堂還是繼續投生人間，或是墮到地獄、餓鬼、畜生？都還沒有決定，這個階段就叫「中陰身」或「中有身」。

中陰身，可以說分開了前生與今世，但也連繫了今世與前生，它介乎生死之間，是此生與來生之間的一個過程，一個階段，所以叫「中有」。也就是說，人生百年以後，舊房子似的身體已毀，新房子似的軀體尚未遷入，中間這段過渡時期的生命主體，便是「中陰身」，或叫「中有身」。

中陰身非精血和合而成，非血肉相連之軀，它是一個約一尺大小的形體，像一股冥冥的光，在虛空中如蜉蝣一樣飄呀飄，飄到哪裡去，全憑業重，或憑過去的記憶與習慣而投胎。所以淨土宗說，「臨命終時」一念「阿彌陀佛」，即得往生極樂世界；臨終的一念，關乎往生的去處，因此很重要。

中陰身以識為依，以香為食，它的主要任務就是找到歸宿，亦即經云「善尋當生之處」。而其歸宿是否容易找到，還要看根器而定。

一般來說，上根者轉生，只在一念之間。中根者轉生，要十五天。下根者轉生，則要七七四十九天。民間習俗中，有為亡者做「超度」、「頭七」、「三七」、「七七」等儀式，就是這個道理。

關於「超度」佛事，有人質疑，人都死了，誦經真的有用嗎？根據《地藏經》說，誦經的功德，七分之六生者自利，亡者只能獲得七分之一，所以最好能趁著生前多做一些善事功德。因為我們每個人一生的所做所為，難免有一些過失。我們所造下的罪業，就像石頭，把石頭丟到水裡，必然會沉下去；透過誦經功德，就像搭乘法船，把石頭放在法船上就不致沉淪，而能度過生死彼岸。

誦經真能超度罪業？何以知道？舉個例子，幾十年前台灣白色恐怖時代，如果常喊「三民主義萬歲」、「蔣總統萬歲」，要辦護照出國比較容易，要找職業也比較容易；念「三民主義萬歲」、「蔣總統萬歲」都有用，念經為什麼沒有用呢？

有個笑話，有位法師在講經時，一再強調稱念「阿彌陀佛」的好處多多，諸如可以消災、延壽、吉祥如意……

有一位年輕人不以為然：「哼，講得太神奇了吧！一句『阿彌陀佛』就有這麼大的功用？我才不信。」法師心想，對這種人即使講再深的道理他也聽不進去，於是不客氣的對那位年輕人說：「你講什麼？混蛋。」年輕人一聽：「出家人怎麼可以罵人？」說著便捲起衣袖，作勢要打架的樣子。老法師這才緩緩的說道：「你看，『混蛋』才二個字，就有這麼大的力量，何況『阿彌陀佛』是四個字呢！」

中陰身雖然無形無相，肉眼看不到，但它六根具足，狀如一尺小兒，具有神通，能夠穿越銅牆鐵壁，去來迅速，無所障礙，只有母親的子宮以及佛陀的金剛座不能穿過。

中陰身見男女交合，對未來的母親生起強烈的愛念，出生後即為男孩；對父親生起需求的愛意，出生後即為女孩。生男生女，中陰身的入胎出胎，就此而形成。如果墮入地獄，中有身先感受風寒霜雪的逼迫，見到熱地獄的火燄，生起煖想愛觸，以身投去，即會墮入八熱地獄；若是為熱浪盛火所逼害，見到寒氣，欲想獲得清涼，以身投入，就會墮入八寒地獄。

人死之後，既然有輪迴的存在，為什麼我們對於前世過往的事卻沒有一點記憶呢？如古德說：「六道輪迴苦，孫子娶祖母；牛羊席上坐，六親鍋裡煮。」到底是什麼使我們忘卻過去，愚痴顛倒，甚至將過去世的祖母納娶為妻子呢？

根據中國民間流傳的《玉曆寶鈔》一書的記載，人在投胎之前，一旦喝了「孟婆湯」，就會忘掉過去的種種。西哲柏拉圖則認為靈魂投胎前要經過酷熱的沙漠，口渴難忍，飲用「莫愁河」的清涼河水，再去轉世降生，但是一喝了「莫愁河」的水，對於過去生中的點點滴滴將遺忘盡淨。羅馬人則相信人在投胎時所經過的河叫做「奈思河」，喝了「奈思河」的水，對於前生往事奈何再也思憶不起來了。

佛教主張，人之所以會忘掉過去的事，是因為有「隔陰之迷」。陰指的就是「中陰身」。由於這個「中陰身」的隔離，使我們忘記前生的種種造作，不知身為何道眾生？

也許有人會很遺憾的說：「多可惜，如果我們有宿命通，沒有隔陰之迷，能夠知道自己的過去未來，人生不是很愜意自在嗎？」人類果真有了神通就很快樂嗎？譬如我們能夠測知過去，當我們知道自己過去墮為豬馬牛羊的畜生道，那時將情何以堪？當我們預知自己只剩下三年的生命，還能悠遊度日、逍遙生活嗎？有了他心通，看到對方美麗的笑容裡面卻包藏禍心、口蜜腹劍，能不痛心疾首、觳觫憤恨嗎？沒有神通，日日是好日，處處是好處，多麼瀟脫自在！

因此，宇宙人生的發展，有它自然的軌則，各安其位，遵循它的變化秩序，才能得其所哉。眾生由於「隔陰之迷」，換了個好身體，忘記了不好的過去，何嘗不是很美好的事呢？

一〇、佛教把人死稱為「往生」，請問大師，人往生後去哪裡呢？一定是變成鬼嗎？

答：中國民間有一種習俗，人死後要燒金銀紙，這是源於中國人的傳統觀念，認為人死必到陰間做鬼，親友唯恐其在黃泉道上無資可用，所以才有燒冥紙的做法，為的是要讓祖先在陰間的日子好過一點。

但是，佛教認為，人死之後，隨著生前累世所造的業力而轉生於六道—天、人、阿修羅、畜生、餓鬼、地獄之間。所以，人死不一定是鬼；即使為鬼，其能享用的資具也要依他的福德而定。如果是沒有福德者，再多的冥紙對他也沒有用；如果是有福德者，就算沒有冥紙，也能得到供養。當然，若為表達生者的心意，燒一點冥紙也無可厚非，只是把祖先想當然爾地認為死後必然為鬼，實在是大不敬。

人的投胎轉世，根據剛才提到的「六道輪迴」，以及從佛教的「業力論」來說，人在這一期的生命終了以後，會依業重、習慣、憶念而投生轉世。也就是說，決定業報的先後，可分為隨重的業報、隨憶念的業報、隨習慣的業報三種：

㈠隨重的業報：就所造的善惡業中，何者為重，何者先報。

㈡隨憶念的業報：由憶念決定去向。譬如有人出門，茫然的來到十字路口，東西南北，不知去向何方，這時突然憶起西街有一位朋友，就朝西方走去。人在臨命終時，也會隨憶念而受報。

㈢隨習慣的業報：就各人日常的習慣而受報。譬如修淨土宗的人，一心稱念「阿彌陀佛」，目的就是要養成習慣，一旦臨命終時，一聲佛號就能與佛感應道交，而得往生極樂淨土。

說到往生西方極樂世界，西方極樂世界就像一個理想國，是一個清淨安樂的淨土，是很美好的安養院。極樂世界又叫安養國，阿彌陀佛把這個國家治理得沒有男女的糾紛，沒有經濟的困擾，沒有惡人的迫害，沒有惡道的恐懼，沒有交通的事故，沒有彼此勾心鬥角。不但「思衣得衣，思食得食」，而且「黃金鋪地」、「微風吹動」、「七寶行樹」、「八功德水」等，極盡富麗堂皇、美輪美奐。

有的人懷疑，真有這樣的世界嗎？其實說穿了，就如同在幾百年前，如果告訴你可以用柏油鋪地，你相信嗎？極樂世界「黃金鋪地」，就如同現代的柏油鋪地、地毯鋪地，有什麼不可行呢？

「微風吹動」，現代的冷氣不是微風吹動嗎？「八功德水」，現在幾十層的大樓上，一開水龍頭，熱水、冷水就源源而來，這不就是八功德水嗎？

極樂世界像公園一樣美麗，所種的樹，一棵一棵、一行一行的「七寶行樹」，環繞著「七重樓閣」的建築，所謂「廊腰縵迴，簷牙高啄」……多麼美好的都市

精勤念佛之人，一旦臨命終時，一聲佛號就能與佛感應道交，而得往生極樂淨土。

呀！

這麼美好的地方，有沒有？真的假的？這是佛經記載，是有聖言量為根據，自然不會假。其實，這樣的世界在哪裡？在極樂世界淨土的地方，也在我們心裡！所謂「心淨國土淨」，我的心胸光明磊落，心地善良敦厚，心中歡喜自在，當下就是極樂世界，就是西方淨土。所以，人不一定要等到死後才能往生極樂世界，現世就能建設人間淨土。

過去我看到很多信徒到寺院去添油香、做功德、做善事，寺裡的法師就告訴信徒說：「你這麼發心，阿彌陀佛一定會保佑你，將來一定會接引你到西方極樂世界去。」我覺得這種說法很不負責任，因為信徒供養我，跟我結緣，我卻跟他說「阿彌陀佛會保佑你，會接引你」，我自己不能回報信徒，卻叫阿彌陀佛來代替我報答，這是放棄責任，實在說不過去。

因此，我在民國五十六年（一九六七）創建佛光山，就著手推動養老、育幼、教育、文化等種種事業與設備，目的就是要讓信徒的一生都能在佛光山完成，我要讓他們生前就能「往生」佛光山，不一定要等將來才到極樂世界去，我覺得這樣才能報答信徒的護持與發心。

此外，現在有很多人念佛，我覺得也有一些問題。例如，問他：「你今天到哪裡去？」「我去道場念佛共修。」「你念佛為了什麼？」「念佛可以往生西方極樂世界，親近阿彌陀佛，能夠蓮花化生，入不退轉……」假如現在阿彌陀佛真的就要來接引他去，他一定說：「No，不行，我的兒子還沒有娶太太、我的女兒還沒有嫁人、我的孫子還沒有長大、我的先生還需要我的照顧……」

可見你在這裡求生極樂淨土是假的，不是真心的。不過沒有關係，你也可以坦白說：「我現在先訓練，先培養福德因緣。」就不必說得那麼冠冕堂皇，說得那麼好聽。學佛要真實，不能虛偽，你的道德，四兩可以充半斤，學佛，四兩就是四兩，半斤就是半斤。學佛的功力也是一樣，是多少就是多少，不必裝模作樣，也不必矇騙虛晃一招，實在、坦誠，直心就是道場。

總之，我們常想念死去的親人，不知道他們死後的情形如何，所以逢年過節就替他們誦經超度，祈求他們的安寧。這種超度、祭祀如果是表示慎終追遠的孝心，當然很好，可是一般人因為常有錯誤的觀念，以為親人去世後就會到地獄去，因此要請法師來替他誦經超度，給他念上幾聲「南無阿彌陀佛」，讓死者的神識可以安息。這種想法真是大錯特錯，對父母長輩也太不恭敬了。因為墮入餓鬼地獄的，都是作惡多端、罪孽深重的眾生，難道父母親人在我們心目中是個人間的大惡人嗎？為什麼我們不想：父母親人去世，是到天界去享樂，或者是往生西方極樂淨土呢？

所以，對於一般人的錯誤觀念，總以為親人死了一定會變成鬼，或下地獄。佛教雖然承認鬼的存在，但是佛教認為人死並不一定變成人見人怕的鬼。人離開了這個世界，前往的地方不僅僅是地獄而已，也許是往生淨土安養，也許是到天堂享樂，也許再降生為人。只要我們生前行善做好事，好人不但仍然可以做人，還可以做個更好的人，甚至還能成為聖賢，成為諸佛菩薩，乃至如願往生極樂世界。只是其結果如何，自然是看平時如何照顧自己的身口意三業而定了。

一一、請問大師，佛陀到底住在哪裡？他的身高多少？他吃什麼、用什麼、如何生活呢？

答：回答這個問題之前，先跟大家說一則公案。

唐順宗有一次問佛光如滿禪師道：「佛從何方來？滅向何方去？既言常住世，佛今在何處？」

如滿禪師答道：「佛從無為來，滅向無為去，法身等虛空，常住無心處；有念歸無念，有住歸無住，來為眾生來，去為眾生去；清淨真如海，湛然體常住，智者善思惟，更勿生疑慮！」

順宗皇帝不以為然再問：「佛向王宮生，滅向雙林滅，住世四十九，又言無法說；山河及大海，天地及日月，時至皆歸盡，誰言不生滅？疑情猶若斯，智者善分別。」

如滿禪師進一步解釋道：「佛體本無為，迷情妄分別，法身等虛空，未曾有生滅；有緣佛出世，無緣佛入滅，處處化眾生，猶如水中月；非常亦非斷，非生亦非滅，生亦未曾生，滅亦未曾滅，了見無心處，自然無法說。」

順宗皇帝聽到這裡，終於若有所悟，從此對禪師益加尊重。

常有人問，釋迦牟尼佛、藥師佛、阿彌陀佛……到底哪一尊佛最大？佛教講「佛佛道同」，佛、菩薩並沒有前後的名次及功德多寡的分別，也沒有誰大誰小，彼此「光光無礙」，都是一樣。甚至剛才提到孔子、耶穌、穆罕默德等，他們也都是信者自己心中所規劃出來的「本尊」，名稱雖有不同，意義卻是一樣。

此外也常有人問，阿彌陀佛在西方淨土，藥師佛在東方世界，那麼釋迦牟尼佛現在又在哪兒呢？釋迦牟尼佛現在住在常寂光土，那麼常寂光土又在哪裡呢？

這種問題，經禪者答來就非常活潑，因為有心，看到的是生滅的世界，那是佛的應身；無心，看到的是不生不滅的世界，那才是佛的法身。無心就是禪心，唯有用禪心，才知道佛陀真正在哪裡。

「有緣佛出世，無緣佛入滅」，滅不是生滅的滅，而是涅槃的境界。佛陀現在是進入了涅槃世界，涅槃世界在哪裡？涅槃世界無處不遍，無處不在。當一個人修行成道，生命完成了，就能進入到宇宙大化之中，就能與佛同在。

如何知道自己與佛同在？當我們吃飯時，他在我們的口邊；當我們睡覺時，他在我們的枕邊；一天二十四小時，行住坐臥，他都在我們的旁邊。如蘇東坡說：「溪

只要你肯承認「我是佛」，你的人生立刻就會不一樣。

聲盡是廣長舌，山色無非清淨身。」如果你懂得，潺潺的溪水，都是如來的化身；如果你懂得，鳥叫鶯啼，都是如來的說法。我們「朝朝共佛起，夜夜抱佛眠」。甚至諸佛在哪裡？他在我的心中，我心中有佛，眼睛看到的都是佛的世界；我心中有佛，耳朵聽到的都是佛的聲音；我心中有佛，口中所說的都是佛的語言；我心中有佛，手中所做的都是佛的事情；心中有佛，三世一切諸佛都與我同在，真是妙不可言。

其實，佛教並非要我們信佛，你信與不信，與佛有什麼關係？他要我們信仰做什麼？佛也不要我們拜，佛要我們拜他做什麼？求佛，可能也很難有求必應。佛要我們做的是「行佛」，行佛之所行。佛慈悲，我就待人慈悲；佛給人歡喜，我就給人歡喜；佛有大忍耐、大勇敢的力量，我也能有忍耐、勇敢的力量。我心中有佛，佛所有的一切，我都能奉行，如此即使不求，自有無量的恆沙妙德！

我經常在各地主持皈依典禮後，總要信徒說「我是佛！」你們敢講嗎？你們敢說「我是佛」嗎？（大眾回答：「我是佛！」）這下很好，你們回家去，夫妻不可以吵架，吵架的時候，想想，我現在是佛祖，怎麼可以吵架罵人？如此可能就不吵架了。假如你喜歡抽菸、喝酒，當菸癮起來，或是想要喝酒的時候，你就想，我已講過「我是佛」了，佛有抽菸、喝酒嗎？如此一想，自己可能就不抽菸、不喝酒了。所以，只要你肯承認「我是佛」，你的人生立刻就會不一樣。

佛在哪裡？佛在我們的心裡，二六時中，都跟我們同在，當我們與佛在一起，真是美妙無比。一個人即使擁有萬貫家財、顯赫家世、高深學問、崇高權勢……都不能長久，也不一定能安心；唯有佛在我們心中，人生的境界就不一樣了。

佛，不能從形相上來看，如《金剛經》說：「若以色見我，以音聲求我，是人行邪道，不能見如來。」《華嚴經》也說：「若有欲知佛境界，當淨其意如虛空。」你要認識佛的境界是什麼樣子嗎？那就先把你的心淨化得像虛空一樣，你就會知道佛的世界了。

一二、人生有很多的缺陷、不圓滿，請問大師，如何才能圓滿生命，而不會留有遺憾呢？

答：人生不一定要圓滿，殘缺也是一種美，所謂「缺陷美」，缺陷也滿好的。例如，月亮不一定要圓滿，殘缺也是一種美；人生要能不忌殘缺，懂得欣賞殘缺之美，就是圓滿。

平時我們追求人生的圓滿，什麼叫圓滿？紅顏薄命圓滿嗎？英雄戰死沙場圓滿嗎？打死會拳的，淹死會水的，圓滿嗎？有錢的人被人倒閉，能幹的人遭遇不幸，圓滿嗎？

世間上沒有十全十美的事情，人生往往只能擁有一半，不能擁有全部。比方說：有的人很有錢，但是他沒有健康；有的人擁有愛情，卻沒有金錢；有的人房屋田產很多，但是沒有兒女；有的人有智慧、學問，可是找不到職業，所以說「人生由來多缺陷」。

在充滿缺陷而不圓滿的人間，我們應該尋求精神世界的圓滿、悟道世界的圓滿、信仰世界的圓滿。例如，你認分就是圓滿，你知足就是圓滿，你接受就是圓滿，你包容就是圓滿。乃至現在講究同體共生、尊重包容、互助友愛、共享共榮，都能有助於人生的圓滿。甚至學習佛陀的「自覺覺他、自度度人、自他兩利」，就是圓滿。

圓滿的世界不是靠別人來為我們創造，圓滿的世界要從平時做人處事開始學習，一步一步去建設。例如，有的人做人非常偏激，左右兩邊，不是左就是右；有的人上下兩極化，對於高低、大小，階級分得非常清楚；有的人非常方正，多一點、少一點，一點也不肯含糊、苟且，這些都不夠圓融。反之，有的人做人很中道，只要正派，只要有公義，只要大家歡喜，多一點，少一點，他都能隨順，這就是圓融，就是圓滿。

宇宙間，太陽是圓形的，月亮是圓形的，地球也是圓形的！世間萬物，如果是方形的，不管是正方形、長方形，或是四角形、六角形，一樣都是有稜有角，有了稜角就容易產生摩擦。反之，只要是圓形的，即使是長形圓、橢形圓，都是「圓」，只要是圓，就容易為人所接受；不圓，就有殘缺，有了殘缺，就不容易被人接受。

人間什麼最好？真、善、美、淨！我們要達到至真、至善、至美的人生境界，就要從圓融開始。平時與父母、家人、朋友相處，要重視圓融和諧；做事能圓通，說話能圓融，做人才能圓滿。

追求圓滿，必得經過努力付出，才能享有。修道者，為什麼要苦苦修行？因為他感覺得到有一個圓滿的世界；禪者要參禪悟道，為什麼要悟道？悟了道又怎樣？因為他體證到一個清淨、自在、解脫、圓滿的世界。所以美滿世間處處求，重要的還是要求諸自己的心；心中開朗、通達、擴大、昇華，就是圓滿的世界。

現在舉世推崇自由民主，然而只有民主還是不夠，還要能幸福快樂，才算圓滿。面對現實的人生，我們不一定要追求榮華富貴，只要能「滿足」，就能圓滿。

其實，世間本來就很圓滿，但是因為我們不能悟道而有所缺陷。例如，有人問：「人從哪裡來？」答：「人從生來，生因死而來，死因生而有。」再問：「先有雞？先有蛋？」答：「蛋因雞有，雞因蛋生。」在不斷的循環中無始無終，即是圓滿。只不過世間上有很多人因為無知、無明，所以有痛苦、煩惱，因此沉淪在生死輪迴之中。

佛學，就是開展智慧之學；透過學佛，藉此把痛苦、煩惱等轉化為經驗、智慧，以提升自己、擴大自己，才能圓滿。因此，在有缺陷的時代中，信佛、學佛、行佛，心中有佛就是圓滿。

透過學佛，能夠提升自己。

佛教對「殺生問題」的看法

時間：二〇〇三年九月二十日
上午十時三十分至十二時
地點：日本本栖寺
記錄：滿義法師
對象：參加三皈五戒中日信眾二百餘人

生命的誕生是宇宙間最奧妙的事，每個生命從降誕開始，莫不為自己的生存而努力奮鬥，從而帶動世間的欣欣向榮，這是值得歌頌的好事；但有些生命為了自己的存在，不惜傷生害命，尤其自詡為「萬物之靈」的人類，往往視萬物為人類資生的糧食而肆無忌憚地獵殺各種生靈。尤有甚者，有的人因為自己的貪瞋愚痴、愛恨情仇而傷害他人，乃至自己的抗壓性不夠，當遭受外力衝擊而無法突破逆境時，就以自殺了斷，這些都是最醜陋，也是最該譴責的行為。

殺生，就是殺害生命，包括自殺與殺他。宇宙間不只人或動物有生命，舉凡山河大地，一花一木，一沙一石，它們的存在就有生命，只要破壞其功能，就是殺生。如星雲大師經常舉例說，一張沙發原本可以用十年，因任由兒童蹦跳破壞，而縮短它的使用年限，這就是殺生；說話斷人希望，也是殺生，甚至浪費時間，都是殺生。

殺生造成的悲劇，是無可彌補的，因為世間最寶貴者，就是生命，凡一切眾生莫不惜生愛命，所以《法句經》說：「一切皆懼死，莫不畏杖痛，恕己可為譬，勿殺勿行杖。」明朝蓮池大師的〈放生文〉更有深刻的描述：「蓋聞世間至重者生命，天下最慘者殺傷，是故逢擒則奔，蟣蝨猶知避死，將雨而徙，螻蟻尚且貪生，何乃網於山，罟於淵，多方掩取；曲而鉤，直而矢，百計搜羅？使其膽落魂飛，母離子散，或囚籠檻，則如處囹圄，或被刀砧，則同臨剮戮。憐兒之鹿，舐瘡痕而寸斷柔腸；畏死之猿，望弓影而雙垂悲淚。恃我強而陵彼弱，理恐非宜；食他肉而補己身，心將安忍？」

慈悲是佛法的根本，不殺生就是慈悲。但有一些肉食主義者認為，殺生才能平衡生態；甚至他們質疑，佛教戒殺生，難道所吃的蔬菜水果就沒有生命嗎？乃至一些從事農漁行業的人，他們捕魚、以農藥撲滅蟲蟻等，算不算殺生？關於佛教對殺生問題的看法，二〇〇三年九月二十日星雲大師在日本本栖寺與參加三皈五戒的二百多名中日信徒座談中，對此有多層面的探討。以下就是當天的座談紀實。

一、佛教是個戒殺的宗教，五戒的第一條就是不殺生，也就是不侵犯他人的生命。請問大師，生命的定義為何？在什麼樣的情況下傷害生命，才名之曰殺生？

答：殺生，有廣義的殺生與狹義的殺生。狹義的殺生指殺人，廣義的殺生則凡是世間上生存的萬物，讓它毀滅，都是廣義的殺生。因為不但人有生命，動植物也有生命，乃至山河大地都有生命，甚至時間就是生命，因為生命是時間的累積，所

山河大地都有生命

以浪費時間如同殺生；相同的，隨便浪費物品也是殺生，因為物品是大眾的資源，是聚集大眾的因緣而成，所以浪費時間，破壞物質，都是廣義的殺生。

人間最寶貴者，就是生命，如果沒有生命，世間的一切將不再具有意義。談到生命，如剛才所說，不光是人有生命，動物、樹木花草等植物也有生命，甚至山河大地、日月星辰，整個地球都有生命。有時候我們會聽到哪個地方發生火山爆發，說明火山有生命，乃至流水都有生命；甚至花兒在開、鳥兒在叫、日月星辰、山河大地充滿盎然生機，所以大自然跟我們同樣都有生命。佛教有一句話：「溪聲盡是廣長舌，山色無非清淨身。」流水潺潺，那是佛陀在對我們說法；山巒疊翠、樹木花草，都是諸佛如來的法身妙用。我們每一個人都有生命，而且無分貴賤，生命都是一樣的寶貴，可是一般人對生命的探討與知識卻普遍缺乏。

所謂生命，就是有生長的機能，它是活的、是動的、是有用的。依此定義來看，我們身上所穿的衣服必定也有生命，我愛惜它，能穿七年、八年；不愛惜它，只穿三、五個月就壞了。同樣，桌子、椅子、車子，我愛惜它，可以用幾十年；不愛惜它，不到幾年就朽壞、腐爛了。

因此，不只人有生命，凡是有用的、活動的、成長的，可以說宇宙萬有都有生命。就以人來說，生命也不僅止於活著的時候吃飯、穿衣等一切活動，即使死亡也是生命的一個階段。死亡並不代表什麼都沒有了，死亡只是這一期生命轉換成另一期的生命，就像時辰鐘，一、二、三、四……走到十二，還要再回過頭來；好比將一顆種子播種下去，它會生長、開花、結果，而後有了種子，再播種下去，又是另一個新生的開始。一般人容易知道、感受活著的生命，但是死亡也是生命的一個延續。生死只是一個循環，在佛教認為生命是不死的，死亡只是一個環節，死亡只是一個蛻變，死亡是另外一期生命的開始，生命的本體並沒有改變。

生死雖然都是生命的一部分，不過人要活動才有生命力，有生命，才能活動。就拿人體的眼、耳、鼻、舌、身、心來說，眼睛瞎了，眼睛就沒有生命；耳朵聾了，耳朵就沒有生命；同樣的，我們的身體如果沒有觸覺、心靈不能有感受，也就不知道要怎麼表現生命了。當我們能感受生命的活用是無限的時候，那麼在家庭裡，看家中的每一分子都會有活躍的生命；在社會上，看到每一個人也都有旺盛的生命；在世界上走動，會發現所有的生命都跟著我跳動，所以有生命，人生才有意義。

世間上罪業最重的無過殺生，世間上最有功勞的無過護生。生命，是一種欣欣向榮，生生不息的延續；生命的存在應該活出真善美的品質。平時我們給予他人道德上的成長，信仰上的增加，事業上的方便，前途上的順利，都是護生；反之，假使一言破壞他人的信仰、慧命，一事使他遭遇困難、阻礙，一行讓人失去所有，一念瞋嫉讓人受到傷害，都名之曰殺生。

所謂殺生，顧名思義，就是使對方沒有辦法生存，斷絕生路，包括自殺、教殺、讚殺。殺生的方式，有的是用有形的刀槍殺害對方，有的是用無形的語言傷害對方，例如說話斷人希望，使他無以生存，或是造謠生事，使他無以立足，都是殺生。殺生有行為上的殺生，有語言上的殺生，乃至有意念上的殺生，甚至「我不殺伯仁，伯仁因我而死」，這種無心之殺雖有殺生之「行」，但無殺生之「心」，罪業比較輕。

世間上，每個生命雖然都是「個體」的存在，但生命不是分裂的，生命是「同體共生」的關係。話說有個將軍奉命攻城，他鼓勵士兵殺敵，殺得愈多的人獎賞愈大。於是大家開始比賽殺人，很快就把城內所有人民殺光。將軍依言要犒賞士兵，當大家想要喝酒，沒有人溫酒；想要吃肉，沒有人煮食；想要女人，也沒有女人，這時大家才發現，讓別人無法活命，自己也不能生存，所以殺人就是殺己。因為生命是要靠眾緣所共同成就，佛教講的「緣起」，「此生故彼生，此滅故彼滅」，就是對生命存在的最好定義。

生命的定義就是用我們這一期的生命，創造繼起生命的因緣。例如國家、社會、父母、師長、朋友給了我們很多因緣，才得以讓我活著，我也應該結緣，給大家一些因緣。因此，生命的意義就是為未來的生命創造一個更好的因緣，或者說，這一期的生命，是為了給全人類的生命、給大我的生命更多的貢獻。反之，破壞因緣，讓一切美好的事物無法成就，讓世間宇宙萬有無法生存下去，都是廣義的殺生。

二、現在醫學發達，大大延長了人類的壽命，但是在醫學的研究、實驗過程中，經常要犧牲許多小動物。請問大師，醫學上利用小動物做實驗，也是殺生嗎？

答：這就是剛才談到的，有殺生的行為，但沒有殺生的心念。一般說，醫生利用小動物做實驗時，心裡所想的只是如何突破醫學，以期救護更多的人，雖然行為上或許有爭議，但用心是可以諒解的。

記得前年（二〇〇一）我應邀到新加坡，與新加坡國立大學醫學院畢業執牌醫生及在學的準醫生舉行座談時，他們也很關心這個問題。當時我告訴他們，醫學上以動物做實驗，目的是為了救天下的蒼生，所謂「死有重於泰山，或輕於鴻毛」，死的價值不一樣。醫生從事醫學研究，目標遠大，因此實在可以不必拘泥於小節。

我的意思是，只要不是濫殺，不是心存恨意，不是以殺之而後快的心殺生，雖然功過還是存在，但是這種行為是為了救普世人類，也是功不唐捐。

再說，以人為本的佛教，對於殺生的諸多問題，只有功過上的輕重比較，但也不是絕對的。過去佛陀「殺一救百」，殺一個強盜而救了成千上萬的百姓，表面看起來是不慈悲的，可是為了救更多的人，其實是在行大慈悲。此即說明佛教戒律不但是消極的行善，更重視積極的救人。尤其佛法有「世間法」與「出世間法」，既有世間法，就不能不顧及社會人生的實際生活，否則與生活脫節的佛教，如何為人所需要？

所以醫療上以動物做實驗，只能說功過如何，或有過失，但可用懺悔發願等來補救。例如利用動物進行實驗時，不要讓牠痛苦，甚至為牠祈願，讓牠早生善處，也能減輕自己的罪業。

其實，從事醫療工作的醫生，平時隨便替病人打一針，都會殺死很多的細菌。但他們的本意是為了救人，是大慈大悲的行為，不是殺生。所以在世間法上，戒律應該從多方面考量。

三、平時居家環境裡難免會滋生一些蚊蠅、蟲蟻，造成生活上的困擾。請問大師，使用殺蟲劑撲殺蚊蠅、蟲蟻、蟑螂、老鼠等，算不算殺生？乃至用動物的羽毛、皮革做服飾，也是殺生嗎？

答：世間上任何事都有因果，但因果很複雜，因中具有善惡，果報也有善惡，就看孰重孰輕。例如，同一塊田地裡，有的種子發育不良，有的雖然沒有好的外緣，一樣茁壯，可見因中的成分不同，所招感的果報當然也有不等的結果。就等於一場戰爭，某人對救國救民的理念強，就能勇敢殺敵，如琉璃王率兵攻打迦毗羅衛國時，摩訶男為了拯救族人，寧可犧牲自己的生命，這樣的行為看起來雖是殺生，但功勞更偉大。

佛教主張不殺生，就是不侵犯他人的生命。大至殺人，小至殺死蟑螂、老鼠、蚊蟻等，都是殺生。不過，佛教是以人為本的宗教，所以不殺生，主要是指不殺人。

從佛教的戒律來講，殺生有兩種，一叫突吉羅（輕垢罪），一是波羅夷（極重罪）。波羅夷是不可救的意思，也就是棄罪，殺人才會構成「波羅夷」罪，這是戒律中的根本大戒，是不通懺悔的；殺害蟑螂、蟲蟻，是犯突吉羅，屬於惡作，雖然一樣有罪，但跟殺人不一樣。這種殺生雖有過失，但可通懺悔，可以補救，可以將功折罪，例如有的人以放生、護生來滅罪，有的人用懺悔、發願來消業。

也就是說，根據佛教戒律的根本精神，驅除蚊蟲等行為並不是很嚴重的大問題，因為佛法所說的不殺生，主要以「人」為對象，以殺人為嚴重，殺人是佛法所不許，如果為了去除蟲害，能夠事先預防當然要比事後殺害來得好，但以人為本的佛法，為了生存，雖用殺蟲劑驅蟲，並不是很大的罪惡。

事實上，我們平時在無意中難免犯下殺害生靈的行為，這種無心之過，縱使有罪也很輕微，有些甚至無罪，最主要的是不能懷著瞋恨心而殺生，以瞋心而故意殺生，必然要墮地獄受苦。因為在佛教來講，罪業有「性罪」、「心罪」，有的人歡喜殺生，以殺害生命為玩樂，有的人因報復心而殺生，罪業比較重，有的人為了自衛而殺生，有的人為了求得自己的生存而殺生，等於刑法上有故意殺人、蓄意殺人、臨時起意殺人、一時情結殺人，或誤殺、錯殺、酒醉殺人等，罪刑都有輕重不同。所以不要把佛法的規範視為畏途，認為是束縛我們自由行動的繩索，或以為佛法的戒律要求太嚴，難以守持。其實，佛法的戒律有很寬容、自由的精神，只有在不侵犯他人自由的情況下，才能享受更大的自由。

至於使用動物的羽毛、皮革做服飾，是否也是殺生？一般人穿著皮鞋、皮襖，使用皮帶、皮包，甚至寺院晨昏所用來警醒昏沉的鼓，雖然是動物的皮製成，但對使用者而言，它只是一個物品，因為沒有生命，所以從直接的因果上來講，構不上殺生罪，不能用殺生來論。

但是從另一個角度看，因為有人喜歡購買動物皮毛製成的用品、服飾等，所以間接促成一些人以獵殺動物為業，因此使用者難辭「我不殺伯仁，伯仁因我而死」的責任，所以一些文明國家的生權主義者曾發起抵制穿皮衣的運動，荷蘭就是其一。荷蘭的畜牧業非常發達，牛奶、奶油、乳酪舉世聞名，荷蘭人吃乳酪就像吃豆腐一樣自然，其產量占荷蘭國際貿易額的百分之二十五。但是在荷蘭，即使天氣再冷，也看不到一個人穿皮衣，他們為了護生發起的抵制穿皮衣運動非常成功。

值得一提的是，荷蘭有百分之四十的人信奉基督教，百分之三十五的人信奉天主教；荷蘭人雖然不信佛教，卻在實踐慈悲，實在值得一些信佛教卻常在殺生的國家人民反思與效法。

總之，人的行為，自己的身口意都有善惡的因緣。善與不善、幸與不幸，都有因果關係。所以，不要為了自己需要保暖，甚至只是為了一時的虛榮、享受，而剝奪其他動物生存的權利。乃至對於蟑螂、老鼠、蚊蠅、蟲蟻等，其實也不一定要用殺生的方法來解決，可以事前預防，例如家中保持清潔，就不易滋生蟲蟻；裝設紗窗紗門，蚊蠅就不會飛入家中；即使有了蚊蠅、蟲蟻，也可以用驅除的方法把牠們趕走，免得與殺生沾邊。不預先設防，不從根本上解決，只用殺生對付，難免造業。

四、人生在世，必須工作以賺取生活所需。佛教的八正道裡，「正業」與「正命」都是強調佛教徒要有正當的職業與經濟生活，但是社會上有一些從事捕魚、屠宰、販賣釣具等殺生職業的人，他們可以學佛受戒嗎？戒的主要精神是什麼？請大師開示。

答：佛教有所謂「八正道」，當中「正業」就是正當的行為，「正命」就是正

發心學佛後，需在生活中廣修善業，並以八正道為生活準繩。

當的經濟生活和謀生方式。據《瑜伽師地論》卷二十九：「如法追求衣服、飲食，乃至什物，遠離一切起邪命法，是名正命。」正常的經濟生活對個人、家庭、社會而言都非常的重要，因為世間大部分的罪惡，都是從經濟生活的不正常而來。譬如開設賭場、酒家、地下錢莊、屠宰場，經營販賣殺生用的釣魚具、獵槍等商店，都不是正命。

從事不正業、不正命的人，能否學佛受戒？這個問題讓我想起在台灣有個小島叫小琉球，上面住了一萬多人。在十幾年前佛光會成立之初，島上就有個佛光分會。有一次我應邀前去跟他們座談，會長提出一個問題，他說：「我們這個島上的居民，大部分是以捕魚為業，這與佛教的『不殺生』是相牴觸的，但是如果要大家不殺生，我們會連飯都沒得吃，所以在這裡要推動佛教很難。」

我說：「佛教雖然講不殺生，但還是有輕重之分。尤其殺生有『殺行』與『殺心』的分別。你們捕魚，是為了維持生活，並沒有殺的意念，就如同人死後舉行火葬；一把火，不但把屍體上的寄生蟲都燒死了，甚至連木材裡的寄生蟲也無法倖免。但是我們沒有殺的意思，也就是沒有殺心，如此縱有罪過也會比較輕，而且只要誠心懺悔，還是可以得救。」

我的意思是，佛教是以人為本的宗教，雖然主張對任何微弱細小的生命都要尊重，但是如剛剛所說，其實我們每天在無意之間傷害很多生命而不自知，例如呼吸時空氣裡沒有微生物嗎？茶食之間沒有微小的生物嗎？甚至打針、吃藥、開刀、火葬、土葬，難道沒有傷害寄附吾人身上的生命嗎？只是當下我們並沒有「殺心」，因此吾人的修養，縱有殺生的行為，也不要有殺生的「心業」；既有傷害物命的行為，便要對不慎殺害之生命生起慚愧之心，為之深深懺悔，這就是佛教戒律的根本精神。

佛教主張持戒，戒的根本精神是不侵犯，也就是尊重。例如五戒的不殺生，就是不侵犯別人的生命；不偷盜就是不侵犯別人的財產；不邪淫就是不侵犯別人的貞節；不妄語就是不侵犯別人的信譽；不飲酒就是不侵犯自他的智慧。

佛教是一個倡導平等的宗教，例如「人人皆可成佛」、「我不敢輕視汝等，汝等皆當成佛」，都是對於人格的尊重。這種特質經過持守戒律來實踐、昇華，最終達到不僅尊重「人權」，也能尊重「生權」。

不過在現實生活中，有的人因為工作的關係，無法持守五戒，因此不敢學佛受戒。例如，曾有一位開布店的老闆娘說，經常有顧客上門買布，在看過布料後總會問道：「你賣的布會褪色嗎？」這時候如果照實說會褪色，生意必然做不成，因此有時候不得不打方便妄語。也有農夫說：我們種田栽水果，為了收成好，不得不噴灑農藥，驅殺害蟲，如此怎敢受戒呢？

其實五戒可以全部受持，也可以隨分受持。如《法苑珠林》卷八十八引《大智度論》說：「戒有五種，始從不殺，乃至不飲酒。若受一戒是一分行，若受二戒、三戒是名少分行，若受四戒是名多分行，若受五戒是名滿分行。」

由此可知，在家居士人人可就自己的情況，選擇自己容易受持的一戒、二戒，乃至三戒、四戒，精進受持，漸漸達到五戒圓滿。也就是說，即使從事不正業的人，一旦發心學佛，還是可以就自己的方便，先從少分戒受起，然後慢慢待機轉業，只要有心，世間的職業千百種，這行不做可以做那行，不一定要以殺生為業，也不一定以傷害人體的業務做為自己的職業，換個工作，還是可以生存。

甚至，工作除了提供生活所需之外，也是奉獻、服務、廣結善緣的最好修行，因此不但要從事正當的職業，而且應該具備正確的觀念，亦即所謂的職業道德。例如：

㈠要有因果的觀念：不藉公務之便而貪汙詐欺、假公濟私、收受賄賂、強取豪奪、威脅利誘等；凡有所得，悉數歸公，一絲不苟。

㈡要有忍耐的力量：受責不抱怨，遇難不推諉，要任勞任怨，一切想當然爾。有了忍耐的力量，才能擔當，才能負責。

㈢要有敬業的精神：在工作中，要認真負責，要樂在其中，遇事不推託，不以磨人為樂，要給人方便，給人服務，此即是敬業。

㈣要有感恩的美德：凡事感恩，感謝老闆提供工作機會，感謝同事、部屬協助我們工作等，有了感恩的心，不論多忙、多累，都會歡喜的去做。

因此，發心學佛後，除受持淨戒外，更須進一步在日常生活中廣修善業，並以

「八正道」為生活的準繩。所謂「八正道」，即正當的見解、正當的思惟、正當的語言、正當的職業、正當的生活、正當的禪定、正當的憶念、正當的努力。能將佛法糅合在生活中，才堪稱為一個正信的佛弟子。

五、我們知道大師對政治主張「問政不干治」，那麼請問大師，佛教徒可以參政，甚至參戰嗎？乃至戰爭時可以殺敵嗎？

答：過去一般人談到宗教與政治，總認為彼此應該各自獨立、互不相干，所謂「宗教的歸宗教，政治的歸政治」。實際上，「政教分離」雖是舉世都能認同的思想，然而政治與宗教彼此又能相輔相成，互補互需，這也是不爭的事實。例如，佛教能影響帝王的施政理念，輔助帝王修身、治國、平天下；相對的，佛教的弘揚，也要靠帝王的護持，才能普遍推廣。所以歷朝以來，僧團的沙門和政治的君王常有密切的合作來往，其中或有輔弼朝政被尊為國師者，如唐太宗向明瞻法師請教古來明君安邦定國之道，明瞻法師為太宗陳述以慈救為宗的方法，太宗大悅，尊為帝相；或有出家轉而出仕朝中貴為宰相者，如南朝宋的慧琳法師，宋文帝禮請他為宰相來治理萬機，南朝宋因此政治清明，國運強盛於一時，時人都稱他為「黑衣宰相」、「紫衣宰相」；或有一度出家為僧再為人君者，如明太祖朱元璋，十七歲時曾在皇覺寺出家為沙彌；更有捨棄九五之尊剃度出家者，如清朝的順治皇帝，從小就對佛教有一分孺慕之情，當了帝王之後，對佛教的嚮往之思更是有增無減，最後毅然決然拋下皇位，追求他心儀已久的出家生活。而對於國家政治有深遠影響的出家人更是不計其數。

尤其佛教在烽火漫連的亂世，更經常扮演攘敵安邦的角色。例如：佛陀對摩揭陀國雨舍大臣昭示健全國家的「七不退法」，巧妙地化解了一場血腥戰爭。唐朝的安祿山舉兵造反，軍需短絀，佛教徒於是發起販賣度牒以增加軍費，為平定安史之亂盡了最大的力量。南宋高宗偏安江南，禮請法道禪師入朝共謀國事，在禪師的極力奔走之下，為國家勸募了豐足的軍糧，並且參戰軍旅，貢獻計策，穩定了軍機。曾經一度為禪僧的耶律楚材，元帝入主中原時仰慕他的賢能，特別徵召他出仕為相，耶律楚材為了保全漢人的生命財產，免受無辜的殺戮，於是挺身而出，立朝儀，訂制度，輔佐元太祖（成吉思汗）、元太宗（窩闊台）推行漢化，延續了漢民族的命脈。元代至溫禪師，由於贊助王化有功，感動世祖而敕封為佛國普安大禪師。可以說，自古以來，佛教輔佐、教化政治的史例，多不勝舉。

由於佛教的教義與僧侶的行儀可以影響帝王的政治理念，建立祥和社會，帝王的權勢則能幫助佛教普遍弘傳，淨化世道人心，因此晉代道安大師說：「不依國主，則法事難立。」佛陀在《仁王護國般若波羅蜜多經》中，也將護法之責交付國王，以收「上行下效，風行草偃」之功。此可證之於佛世時，因為有頻婆娑羅王、波斯匿王的護持，佛教才能傳遍五印度；佛陀滅度後，阿育王修建八萬四千座佛舍利塔，並派遣布教師到錫蘭等地弘法，使得佛教得以向外弘傳，廣宣流布。中國因有東漢明帝派遣郎中蔡愔西赴天竺迎請迦葉摩騰、竺法蘭等高僧來華弘法，佛教因此得以傳入中國。至於中國佛教的譯經事業，大多是由於歷朝帝王保護，設置譯經院，因而得以完成，如鳩摩羅什大師受後秦姚興的護持，在西明閣從事譯經，而有《法華經》、《中論》等七十四部三八四卷經論流傳後世；玄奘大師在唐太宗的支持下，譯出《大般若經》、《成唯識論》等七十五部一三三五卷經論，使法寶聖教的光輝普照於中國。

佛教與政治的關係，可以說有如唇齒相依，關係密切，因此若問佛教徒可以從事政治嗎？答案是肯定的。觀世音菩薩以三十二應化身遊諸國土，度脫眾生，其中即有國王、宰官、大將軍身，以其政治背景，為眾生創造富足安樂、無有怖畏的人間淨土。佛陀為國王們講說轉輪聖王的理想政治，乃至歷代國師以佛法的智慧輔佐帝王治理國家，在在證明佛教徒可以參政，但不必直接干治的中道思想。

也就是說，我們應該保有「問政不干治」的態度，但是如果有佛教徒參與政治，其實也沒有不對，現代社會應該要有雅量接受，不能剝奪佛教徒乃至僧侶關心國家社會的權利，因為出家是信仰，參政是人權。

至於佛教徒能否參戰？佛教本來就有在家與出家二眾，即使是出家的比丘，既是國家的一分子，當然也有服兵役的義務；既然服兵役，國家是大我的生命，是眾人所依，為國捐軀，為國犧牲，為國殺敵，為國而戰，不管在法律或輿論共識上，都會有公論的。

就是在佛教，也有所謂的「三聚淨戒」，包括了攝律儀戒、攝善法戒、饒益有情戒，其中饒益有情戒是屬大乘菩薩戒，所以佛陀在因地時為救五百個商人曾殺一個盜匪，這種為慈悲救人而殺，為饒益有情眾生而殺，不是為瞋而殺，好殺而殺，非一念之仁、片面之仁所能比擬的。同樣的，佛教徒參戰殺敵，他不是為瞋恨而殺人，而是為盡忠報國，為了救生民於水深火熱之中，如此救國救民之舉，絕非婦人之仁可喻。

曾有人要入籍美國，但表示不願上戰場捍衛美國，移民官便不發給他美國公民證。所謂「捨生取義」，是聖賢的行為，這時的參戰也未嘗不可。不保護自己的國家，對國家社會沒有幫助，不顧及世間之所需，是會被國家社會遺棄的。

再說，國家戰爭也不全然是殘殺無辜，有的王師之軍是為了懲罰壞人、暴徒，有的救人於水深火熱，有的保家衛國，在戰爭中也能表達仁愛、慈悲，在戰爭中更能發菩提心，行菩薩道，救濟傷亡。

當然，戰爭是不得已的手段，非到必要時最好能用其他的方法，例如：和平、道德、感動的力量都遠勝刀槍。在中國的三國時代，諸葛亮「七擒孟獲」，他知道殺一個孟獲容易，但還會有無數個孟獲起來反抗，所以用感動的力量才可以讓人心服。

其實，佛教徒在修行的過程中要降魔，降魔就如戰爭，每個人內心裡也有八萬四千個煩惱魔軍，也要降魔，也要戰爭。至於現實生活中能否參戰？這就要看自己的人生觀，如果是小乘修道者，小乘人要求消極的慈悲，在任何情況下都不殺生，這當然是好事；但大乘佛教主張在必要時，也能以力量折服敵人。所以參政、乃至參戰與否？就看自己是發小乘的自了心，還是行大乘的菩薩道而定了。

總之，人本來就是政治動物，關懷社會則不能不關心政治，政治是管理眾人的事，人是群眾動物，無法離群索居，勢必與大眾有密切關係；既然無法離開群眾，自然不能遠離政治而生活。所以，佛教對於社會的關懷、人權的維護、民眾的福祉，自是不能置身事外，當然也不能以遠離政治為清高，所謂「問政不干治」，個人可以不熱衷名位權勢，但不能放棄關懷社會、服務眾生的責任。也就是說，今日佛教徒為了弘法利生，對政治不但不應抱持消極迴避的態度，相反的，應該積極關心，直下承擔，這正是人間佛教菩薩道的實踐。

六、過去有人主張「亂世用重典」，尤其對重刑犯處以死刑，以收警戒之效。但現在是個講求人權的時代，有些國家立法廢除死刑，有些國家則持保留態度。請問大師對死刑存廢的看法，以及執行死刑是殺生嗎？人有權利剝奪另外一個人的生命嗎？

答：在《論語．為政》裡，孔子講：「道之以政，齊之以刑，民免而無恥；道之以德，齊之以禮，有恥且格。」意思是說，以政令教導，以刑罰管束，百姓雖會為求免於刑罰而服從，但不知羞恥；唯有以德行來教化，以禮制來約束，百姓才會知道羞恥而走上善的正途。

現在的社會由於功利主義掛帥，導致價值觀念嚴重偏差，造成種種脫序的現象。

孔子云：「道之以德，齊之以禮，有恥且格。」

有人主張「亂世用重典」，希望透過嚴刑重罰來遏止犯罪。但是法律的制裁雖能恫嚇於一時，往往只能收一時治標之效，卻不能杜絕犯罪於永遠，因此佛教認為，正本清源之道應是宣揚因緣果報的觀念，人人持守佛教的戒律，體現慈心不犯、以法攝眾、以律自制、因果不爽、懺悔清淨等教義，才能確實改善社會風氣。是以佛光山與佛光會多年來不斷發起舉辦各種淨化人心的活動，諸如「七誡運動」、「慈悲愛心列車」，乃至「三好運動」，即：做好事，說好話，存好心，無非是希望用「三好」來去「三毒」，讓我們的社會能化暴戾為祥和，化嫉妒為讚美，化貪欲為喜捨，化濁惡為清淨。

不過，佛法雖能防範罪行於未然，對於

一些未受佛法化導而已然違法犯紀的人，還是需要法律給予適度的制裁，才能維持社會的秩序。例如小自拘禁、易科罰金，大至對叛國、販毒、殺人等重刑犯處以死刑等。但是現在有一些國家以維護人權的立場，主張廢除死刑，也有的主張「除惡務本，莫過於死」，因此對死刑的廢除採保留態度。

死刑的存廢爭議由來已久，死刑對遏止犯罪到底能發揮多大的成效？記得幾十年前台灣在蔣經國總統的時代，凡是犯下搶劫案的人，不問理由，一律槍斃，倒也發揮一時的嚇阻作用。但現在搶劫案很多，不因槍斃就沒有，反而更多。

究其原因，除了時代、環境、人性等種種因緣不同以外，古代的死刑執行手段千奇百怪，諸如斬、梟首、戮、戮屍、棄市、肢解、剖心、炮烙、凌遲、射殺、醢（搗成肉泥）、活埋、車裂、磔（分裂人體）、具五刑（五種極刑並用）等等，任何一種方法都足以令人痛徹心扉，聞之喪膽；現在的死刑則愈來愈人道，坐電椅、打麻醉針，甚至一槍斃命，其所帶來的痛苦是短暫的，似乎已不足以產生嚇阻之效，因此有很多暴徒不斷向法律挑戰，如此也就更加不得不有制裁的手段。

至於執行死刑是否殺生？記得二十多年前，台灣的台南市有個殺人犯，在連續殺了七個人後被法院判處死刑。當要被槍斃的時候，因台灣多年沒有實行死刑，所以監獄裡無人敢受命，只好從台北國防部請了四位憲兵執行。這些執行槍斃的憲兵有罪過嗎？沒有罪過，因為他們是在替國家執法，而不是殺生；執著不殺生，反成了法執。所以執行死刑的人構不上殺生罪，因為他不是主動殺人，而是替國家執行法律，對他而言，只是一種任務，並沒有殺心。只是社會上一般人對劊子手必然也會有不好的看法。

凡事都離不開因果，對於有些國家主張廢止死刑，如果死刑廢止了，完全沒有因果也不行。試想，一個人殺了多少條人命，自己卻不受因果，總是說不通，所以有時候要「亂世用重典」。但是判處死刑太多也不合人道，完全廢止也不是辦法，唯有號召全民的力量和覺性，從「心靈淨化，道德重整，找回良知」，才能改善社會風氣。此中提倡受持「五戒」最能發揮成效，因為如果一個人受持五戒，自己的人格道德就能健全；一家都能受持五戒，一家的人格道德都能健全；一個團體、一個社會、一個國家，乃至全人類都能奉持五戒，那麼國家的安和樂利，世界的和平，人間淨土的完成，也就指日可待了。

七、世間的法律，因過失殺人或自衛殺人，一般都會從輕量刑。請問大師，從佛法的觀點來看，自衛殺人有罪過嗎？

唯有號召全民的力量和覺性，從心靈淨化，道德重整，找回良知，才能改善社會。

答：自衛殺人，有沒有罪過？這要看自衛的程度，有時候可以用另外的方法自衛，不必一定要殺人。等於一個小偷，因主人防備嚴密，把他嚇走，最為上策；小偷上門了，把他嚇走，也不失為中策；遭了小偷，造成財物損失，或與之打鬥，此乃下策。

現在美國槍枝氾濫，就是因為讓人民擁有槍枝自衛；中國人過去一般家庭中都備有棍棒，也是為了保護一家安全。現在有的人僱請保鑣、侍衛，也都是為了自衛。

多年前在台灣的北投曾發生一樁案件，一名台灣民眾劉自然被美國士兵用槍打死，結果美國判決士兵無罪，理由是自衛殺人。此事在台灣引起軒然大波，由此可見美國對自衛的重視。

另外，在美國也發生過兩個小孩到鄰居家的院子玩，結果被屋主打死，殺人者同樣被判無罪。美國人對個人的隱私權極為保護，所以每個國家對自衛殺人的定義、看法、判刑程度，都沒有一定的標準。有的人認為自衛殺人，理由正當；也有的人覺得因自衛而殺人，太過分了。

其實自衛可以用很多的方法，最好不要讓殺人事件發生。例如家中裝設警鈴、紅外線、攝影機。尤其財勿露白，不要引起別人的覬覦，自能減少危機。

在佛教來講，自衛殺人也是殺生，殺生當然有嚴重的罪過，不過視其殺時的動機、心態，也有程度上的不同。例如有的人是過失殺生，有的是奉命殺生（如劊子手），有的為保護國家而殺害敵人，有的為了生活而捕魚打獵，有的為了生存而殺生，像肉食動物，包括人類。但也有人雖有殺生之行，但沒有殺心，其罪較輕；具有殺心之人，罪無可逭。總之，不管如何，自衛殺人總是有罪，只是輕重不同而已。

八、佛教提倡吃素不殺生，但是吃蔬菜水果可以嗎？蔬菜水果有生命嗎？甚至素食者能吃雞蛋嗎？請大師開示。

答：戒殺生，主要是長養我們的慈悲心，《大般涅槃經》說：「食肉者，斷大慈種……若行、若住、若坐、若臥，一切眾生聞其肉氣悉生恐怖。」所以佛教徒提倡吃素，主要是不忍心殺害雞、鴨、豬、羊等動物的生命，也就是不忍眾生苦。因為動物有心識，你傷牠的命，吃牠的肉，牠會害怕、恐懼、痛苦。所謂：「我肉眾生肉，名殊體不殊，原同一種性，只是別形軀。苦惱從他受，肥甘為我須。莫教閻老斷，自揣看何如。」儒家也有「見其生，不忍見其死；聞其聲，不忍食其肉」。所以佛教主張不殺生，主要是指有生命的動物；至於蔬菜水果等植物只有生機，沒有心識，因此它沒有痛苦，所以吃蔬菜水果是為佛制所許可。

但是也有人質疑，佛教講「花草樹木皆能成佛」，植物既能成佛，難道沒有生命？佛教徒吃蔬菜水果難道不算殺生？這個問題就像常有人問：地藏王菩薩到地獄度眾生，他發願「地獄不空，誓不成佛」。地獄會空嗎？如果地獄永遠沒有空的一天，地藏王菩薩是否永遠成不了佛？其實，地藏王菩薩心中的地獄早就空了。意思是說：「樹木花草能成佛嗎？」人能成佛，樹木花草當然也能成佛。人是有生命的有情，而樹木花草一般說只有生長的機能現象，並沒有心識，它怎麼能成佛呢？只要我成佛，我心裡的法界、我心中的宇宙萬有都會跟著我成佛。也就是說，不是樹木花草成佛，而是我成佛了，它們是我生命之流所流出，所以因為我成佛而能成佛，這就是佛教所謂的「情與無情，同圓種智」。

吃蔬菜水果算不算殺生？由於植物與動物不一樣，植物只有「生機」（生長的機能），沒有「心識」，所以青菜蘿蔔只有物理上的反應，沒有心識的反應；有「心」，佛教才承認他是生命，因此吃素不算殺生。

至於素食者能否吃蛋的問題，見仁見智。好吃者，自有很多理由；不好吃者，也有很多說法。重要的是，佛教主張吃素，不是「吃」的問題，而是為了淨化心靈、清淨行為。有一些人雖然口說不吃雞蛋，但是平時所吃的蛋糕、餅乾，其實都摻有雞蛋。再說，西藏佛教喇嘛吃牛肉、羊肉，南傳、日本僧人也吃魚肉，對某些人而言，吃未受精的雞蛋並不是個嚴重問題。只不過佛教戒律中有一條譏嫌戒，也就是要避人譏嫌。例如佛教徒為了吸引葷食者吃素，特意將素菜做成葷菜的樣子，或取葷菜的名稱，雖說「先以欲鉤牽，後令入佛智」，但不宜太過分，形象、味道弄得太像，難免讓人譏嫌。

因此佛教徒能否吃雞蛋？有的人為了避免吃雞蛋時逢人便要解釋：這是飼料雞產的蛋，未受精，不能孵小雞。為了避譏嫌，於是乾脆不吃；但有的人吃蛋素，也不是嚴重的問題。

九、物競天擇，這是自然發展的定律；弱肉強食，這是萬物維生之道，甚至有人認為獵殺飛禽野獸，才能維持生態平衡，請問大師，佛教對素食與肉食的看法如何？

答：素食是中國佛教特有的飲食習慣之一，其他國家的佛教徒很少吃素。中國佛教所以提倡吃素的原因有二：一是儒家所謂「見其聲，不忍見其死；聞其聲，不忍食其肉。是以君子遠庖廚」；二是佛教經典中也提到「不斷大悲種」，要慈悲而不殺害動物生命。

素食有很多好處，例如可培養仁慈的心，養成柔和的性格及耐力。西方國家的醫學界早已極力提倡減少肉食，主要是因為肉食容易造成血管內積聚太多的脂肪與膽固醇，導致血管硬化與阻塞的病症，而素食則有益清除體內毒素。

站在佛教的立場，其實不一定要佛教徒全然吃素，吃不吃素是一個形式，心地的清淨最為重要。平時我們也常聽到不信宗教的人說：只要心地善良，不做壞事，何必要吃素呢？乍聽之下，好像很有道理，若仔細去想，便發現此中有矛盾。因為如果是一個心地善良的人，怎忍心把自己的歡喜建築在眾生的痛苦上呢？只管自己的口腹之欲，卻無視於被殺者的慘痛，這還能說是心地善良嗎？佛教勸人素食，主要是為了長養慈悲心，連儒家對食肉都有「見其生，不忍見其死；聞其聲，不忍食其肉，是以君子遠庖廚」之言，可見素食對長養慈悲心有其重要意義。

不過素食者也不能矯枉過正，不要為了一人吃素影響大家，反而容易造成他人對佛教反感，所以能夠素食當然很好，如果無法全素，有條件的吃三淨肉、肉邊菜也可以。只不過現代人喜歡「活吃」實在太殘忍了，平時我們在日常生活中，偶一不小心割傷或燙傷手指，即感痛楚，然而當我們為了一己口腹之慾，殺雞拔毛，宰豬殺牛，活魚生吃時，可曾體會牠們垂死之痛？所謂：「一指納沸湯，渾身驚欲裂；一針刺己肉，遍體如刀割。魚死向人哀，雞死臨刀泣；哀泣各分明，聽者自不識。」

我肉眾生肉，名殊體不殊，原同一種性，只是別形軀。

另外，有一些肉食主義者認為，肉食才能生態平衡。然而根據最新的研究報告指出，現代社會為了大量供應肉食的需要，以一貫作業大量生產的方式養殖牲畜魚蝦，不僅耗費大量的土地、水源、電能、人力、糧食，而且砍伐大量的天然森林。肉食文化造成森林消失、土地貧瘠、溫室效應、環境汙染，將會招來地球反撲的惡果。其實世界上所有的生物，彼此相互依存，必須均衡發展，但由於人類長久以來的濫殺、濫捕，已經導致生物鏈的破壞，乃至許多動物瀕臨絕種的危機。試想魚在水中悠游戲水，這是多美好的生態現象，但是在台灣有些貪婪的漁民過去用竿釣，用網捕魚，現在用炸、用毒、用電，水裡的魚蝦不分大小，不是被炸昏、電昏，就是被毒死、電死，真正是趕盡殺絕。甚至每年灰面鷲和伯勞鳥都會從台灣的屏東恆春過境，也總是有一些人會想盡方法去獵捕殘殺。人類這樣破壞生態，大自然的資源慢慢枯竭，實乃自絕生路，終將自食惡果。因此在加拿大有一條法律，只要釣到的魚不滿一尺，一定要再放回水中，不然就會受到法律的制裁。他們對於維護自然資源，實在很有遠見。

談到生態平衡，自從一八七二年美國成立世界第一座國家公園——黃石公園，一百多年來，經由不斷的研究，自然與人間的關係逐漸為世人所了解。地球上的生物及無生物環境，因為物質、能量的相互交換而造成自然界的平衡，這種平衡關係稱之為「生態系」，而人只是整個能量循環中的一個環節，人只是自然界的一分子，而非主宰。如果人們不節制和善用自然資源，一旦資源耗盡，環境就會嚴重汙染，而破壞生態平衡。

因此，我們對生命要護其生存，凡是有生命的東西，不要說一個人，就是一隻小麻雀、一條魚、一隻蜻蜓、一隻蝴蝶，甚至山河大地、一花一木，只要是有生命的東西，我們都要保護他的生存，因為人與自然萬物是「同體共生」的關係，唯有彼此尊重，才能共存共榮。

一〇、常見一些佛教徒喜歡在法會中「放生」，藉此功德祈福消災，但往往因為「放生」不當反而造成「殺生」。請問大師，佛教對「放生」的看法如何？

答：佛教徒的慈悲，充分表現在對生命的尊重上，而且不僅尊重人權，同時尊重生權，所以主張不殺生，進而倡導放生。

放生的立意很好，本來應該值得嘉許，但是常見許多不當的放生最後反成「放死」，所以值得商榷。例如，有人為了慶生、祝壽，讓人抓鳥、捕魚再來放生；飛鳥、魚蝦禁不起折騰，「生」未放得，早已「死」去許多，有些豢養的鳥類則因沒有野外求生的能力，放出去沒多久就餓死了。甚至還有一些不當的放生，如：買毒蛇放生，危害到人的安全；把烏龜放到放生池吃魚；把食人魚放生到鯉魚潭、日月潭吃人；把淡水魚放到海裡，把海水魚放到淡水中等等，凡此刻意的放生、不當的放生，雖美其名曰放生，實際上是不如法、不道德的，所以佛教提倡隨緣放生，不要刻意放生，進而要護生。

佛教的護生思想，如《梵網經》菩薩戒云：「若佛子以慈心故，行放生業，應作是念：『一切男子是我父，一切女人是我母，我生生無不從之受生，故六道眾生皆是我父母，而殺而食者，即殺我父母，亦殺我故身。』……若見世人殺畜生時，應方便救護，解其苦難，常教化講說菩薩戒救度眾生。」

佛教提倡不殺生而積極護生，是對一切有情生命的尊重，從一些偈語可以得到印證。諸如：「我肉眾生肉，名殊體不殊，原同一種性，只是別形軀。苦惱從他受，肥甘為我須。莫教閻王斷，自揣看何如。」

「誰道群生性命微，一般骨肉一般皮；勸君莫打枝頭鳥，子在巢中望母歸。」所以佛教戒律對於動物的保護，有著積極的慈悲思想。根據《六度集經》記載，佛陀在過去世為鹿王時曾代替母鹿捨身，感動國王制定動物保護區，禁止獵殺。佛世時阿育王廣植樹林，庇蔭眾生，設立動物醫院，規定御廚不得殺生等，凡此都是佛教對於護生的最好示範。

到了中國，常以佛教徒自居的梁武帝，著有〈斷酒肉文〉，並曾頒行禁屠詔令；以佛教精神統治天下的隋文帝，在開皇三年詔示天下：「正、五、九三月為長齋月，以及每月六齋日禁殺一切生命。」唐高祖在武德二年也曾詔示：「庶民須習佛制，今後每年之正、五、九月及月十齋日，一切人等不許執行刑戮，殺害動物，捕殺魚貝，此禁令即為國制。」由於帝王崇佛，使體現慈悲精神的戒殺運動能普及於全國。

此外，天台四祖智者大師，曾居住在南方沿海一帶，每日見漁民們羅網相連，橫截數百餘里，濫捕無數的魚蝦生靈，心中不忍，於是經常購買海曲之地，闢為放生池，共遍及全國八十一個地方。開皇十四年，他應請開講《金光明經》，闡揚物我一體的慈悲精神，感化以漁、獵為業者，共有一郡五縣一千多處，全部止殺而轉業。

宋初天台的義寂法師，常應村人邀請，浮舟江上，一面放生，一面講《金光明經．流水長者品》；唐代譯經僧法成法師，曾在長安城西市疏鑿一大坑，號曰「海

不殺生而護生，進而倡導生權平等，最合乎生態保育，也就是保護自然生態。

池」，引永安渠的水注入池中，作為放生之處。唐初杭州天竺寺的玄鑑法師，常以愛物為己任，將寺前通往平水湖的河流作為放生池，並得到太守的批准，禁止人們在六里內捕魚。

明朝蓮池大師撰〈戒殺放生文〉以誡害物，並在雲棲寺設置放生場，寺裡的僧眾則自減口糧節約兩百石，用來贖換鳥類，將其放入放生場中。唐末五代永明延壽禪師，未出家前，曾任華亭鎮將，督納軍需。因私用官錢買魚蝦等生禽放生，事後被判處死刑，在押赴市曹行刑時，面無戚容，典刑者追問其詳，他坦然地回答：「動用庫錢是為了護生，自己並沒有私用一文。」後來，被無罪釋放。

由於佛教僧侶們「以愛物為己任」，廣行放生，不但拯救無數生靈，且蔚成社會善良的風氣。甚至過去祖師大德因慈及六道眾生，尤其是畜生道，感得與虎豹共處而無阻擾的事例很多。例如隋代慧日道場的慧越法師，於群獸前來時，為其說法，老虎的兇性不但不發，更以法師的雙膝為枕，時人傳為美談。新羅慈藏法師，日常以慈救為先，隱居山林，絕糧數日，感得異鳥銜果供養。《雜寶藏經》載，一位即將命終的沙彌因為搶救落水的螞蟻而得延長壽命。這種種的例證無非啟示後人，「護生」是做人的基本道德，也是化暴戾為祥和的利器。

然而現代的人，不論是天上的飛禽、地上的走獸或海裡的生物，無一不食，恣逞口腹之欲，任意殺生，不但增加內在心靈的汙染，也影響到外在自然界的生態平衡，增加暴戾之氣。

有一次我到佛光山北海道場上課，車行經過淡金公路，看到沿路都是露天的海鮮餐館、釣蝦場，內心忍不住湧起「為什麼要用殺生來娛樂」的感嘆。

豢養寵物是現代人的時尚，然而所謂：「人在牢獄，終日愁欷；鳥在樊籠，終日悲啼。聆此哀音，淒入心脾；何如放捨，任彼高飛。」把鳥雀關在籠裡形同囚犯；如此虐待動物，亦不合護生之道。因此不虐待動物也是護生，例如：不倒提雞鴨、不鞭笞牛馬、不彈射鳥雀、不垂釣魚蝦等。只是現代社會，釣魚、釣蝦場到處林立，有的人雖然醉翁之意不在酒，純粹以垂釣為樂，儘管釣上來之後又再放生，但當下已對魚蝦造成傷害；如此欺負弱小，何樂之有？

佛教的慈悲心是普及一切眾生的，所以殺生被列為佛教的根本大戒；放生更是佛教「無緣大慈、同體大悲」的慈悲心體現。不殺生而護生進而倡導生權平等，最合乎現代舉世關心的生態保育，所以護生就是保護自然生態。所謂「情與無情，同圓種智」，對無情而言，哪怕是一花一木、一沙一石，乃至一枝筆、一張紙、一條毛巾、一塊地毯，任何物品都有生命，都應好好維護它的功能，延長它的使用年限，創造它的效用價值，這是佛教對放生的廣義詮釋。

總之，放生要隨緣行之，更重要的是能護生，護生最大的意義是放人一條生路；給人方便、給人救濟、給人善因好緣、助成別人的好事等，這才是最好的放生之道。

一一、現在舉世各國，自殺人數都有節節攀升的趨勢。請問大師，自殺也是殺生嗎？從佛教的因果定律來說，殺生者會得到何種果報呢？

答：自殺也是殺生，是不道德的行為，佛法不允許人自殺。因為從佛教的因緣法來看，每一個人的生命並不是屬於個人所有，這具血肉之軀最初是由父母結合而生養，並且從社會接受種種所需以茁壯、成長。生命的完成既是社會大眾的眾緣所成就，當然也應該回報於社會大眾，因此每個人都有義務活出生命的意義，但是沒有權力毀滅任何生命，包括自殺。

自殺是對生命無知的表現，人之所以會自殺，推敲自殺者的動機，有時是心理問題，想不開；有的是情場失意，失去人生動力；有的是經濟困難，失業無助；有的人是身體不好，久病纏身；也有一些人是無法達成所求，以死抗爭。

其實，一個人既有勇氣自殺，死都不怕，還怕什麼呢？再說，自殺並不能解決問題，只有留下問題增添別人的負擔，造成別人的困難，加深別人的痛苦，所以自殺也是殺生，不但有罪，而且比殺人更嚴重，更要加重其罪業。

至於殺生者會得到何種果報？根據《大智度論》卷十三說：「若人殺生者，為善人所訶，怨家所嫉；負他命故，常有怖畏，為彼所憎。死時心悔，當墮地獄，若畜生中，若出為人，常當短命。」又說：「若人種種修諸福德，而無不殺生戒，則無所益。何以故？雖在富貴處生，勢力豪強而無壽命，誰受此樂？以是故知，諸餘罪中，殺罪最重；諸功德中，不殺第一。」

世間之罪，無過殺生；反之，世間最大的功德，就是慈心不殺。佛陀曾說：「第一施就是不殺生，如果有眾生持不殺戒，就能以慈心對待一切眾生，必然不會

長壽者，慈悲中來。

有所恐懼。」另外，《佛說分別善惡所起經》說，人於世間，慈心不殺生，可得五福：一者壽命增長，二者身安隱，三者不為兵刃虎狼毒蟲所傷害，四者得生天，天上壽無極，五者從天上來下生世間則長壽。甚至在《賢愚經》卷五的〈重姓品〉裡記載，一位重姓比丘過去世持不殺生戒，感得雖遭墮水魚吞諸難卻能不死的果報。

世間最寶貴者，即為尊重生命；最惡劣者，就是殘殺生靈。所謂：「愛自命者，則不殺生；愛自財者，不盜他物；愛自妻者，不侵他妻。」（《無字寶篋經》）這種同理心就是一種慈悲。慈悲不殺才能得到長壽的果報，殺害生靈而祈求長命百歲，猶如把油倒到水中，卻要油沉下去，如此不合因果之道，自然無法如願。

佛教講「因果」，「因果」是宇宙人生的實相，佛教所說的因果不僅僅是勸人行善的說辭，也不能只是當成一門理論學問來研究，舉凡日常生活中的衣食住行，乃至人我相處、信仰、道德、健康、經濟等，都各有其因果關係。譬如肚子餓了，吃飯就能解飢，吃飯是因，腹飽就是果；又如一個人勤勉不懈的工作，因此賺了很多錢，努力是因，賺錢就是果。

只是一般人往往錯解因果，因此對信仰就有很多不正當的要求，比如吃素為求延年高壽，拜佛為求佛祖保佑他升官發財，這都是錯亂因果的謬見。其實，信仰有信仰的因果，道德有道德的因果，健康有健康的因果，財富有財富的因果。因此，若要身體健康，就必須調心行善，多作運動，注意保健，心安自然體泰；若要財源廣進，就必須多結善緣，勤苦耐勞，信守承諾，有智慧能力，自助而後天助。

因果，是事實，是人間的實相，也是很高深的哲學；有因必然有果，它的準確性即使現代的電腦科技也比不上。因果報應不但為人間所不能勉強，蒼天所不能更易，即使鬼神也不能違抗，它支配了宇宙人生的一切，也種下了橫亙過去、現在、未來的三世因緣。《大般涅槃經．遺教品》就鄭重指出：「善惡之報如影隨形，三世因果循環不失，此生空過，後悔無追。」

世間的一切，都在因緣果報中輪迴；一個人的幸與不幸、貧富貴賤，乃至生命的長壽夭亡、容貌的端正醜陋，都是其來有自，各有其因果關係，並非憑空而來。〈因果十來偈〉中說得最是深入淺出：

端正者忍辱中來，貧窮者慳貪中來；
高位者禮拜中來，下賤者驕慢中來；
瘖啞者誹謗中來，盲聾者不信中來；
長壽者慈悲中來，短命者殺生中來；
諸根不具者破戒中來，六根具足者持戒中來。

三世因果，俱由業識所成，因此世人欲求長壽富貴、子孫滿堂、家庭和諧、平安吉祥、智慧莊嚴等福報，唯有持戒行善、慈心不殺；而且不但愛惜自己的生命，更莫為了祝壽、喜慶、親友聚會而殺生，如此不但不能長壽，反而減損壽命。如果人人都能正確認識因果，必能惜生愛命，繼而推己及人。

一二、現在舉世天災人禍不斷，有人說這是人類殺業太重的果報。請問大師，佛教慈悲戒殺的教義可以改善社會風氣，甚至轉變人類的共業嗎？

答：佛教講因果業報，每個人投生到世間為人，除了依個人的三業善惡好壞，感得的正報有智愚、美醜、高矮、胖瘦等差別以外，眾生共通的業因則能招感自他共同受用的山河、大地等器世間，這是依報的業，稱為共業。

業，就是行為；行為的善惡可以招感各種禍福。一個人在生活中因「別業」與「共業」而遭遇的災難，大致有自己招感而成的「自災」，如疾病、殘障、失業等；因人製造出來的「人災」，如綁票、貪官、殺戮、中傷、毀謗等；由大眾共業所成的「共災」，有大自然的風、火、水、旱、震災，乃至戰爭、蟲害、瘟疫等天災人禍，這些大家共同感受到的災難，就是眾人的業報所招感，稱為共業。

今年（二〇〇三）五月 SARS 流行，世界各地都同受威脅，一時引起舉世的恐慌，這就是大眾的共業所成。甚至翻開歷史的扉頁，幾乎每隔一段時期必會有一些傳染病的流行，對人類的生存造成極大的危機，這些共災必須透過大眾的覺醒，共同行善止惡，才能消業。所以今年 SARS 流行時，我立即手擬〈為 SARS 疫情祈願文〉，

大師應邀前往廈門南普陀寺，為「兩岸降伏『非典』國泰民安世界和平祈福大法會」開示。2003.07.10

在第一時間發表，並為大眾祝禱，以撫慰當時惶恐的人心。在文中，我呼籲大家：如果僅止於某一人、某一行政機構的應變、努力，都緩不濟急；只有喚起全體人民的覺醒，大家共體時艱，人人修德淨心，改善社會風氣，淨化全民人心，才能轉化共業。

甚至我在七月應邀到大陸南普陀寺參加「海峽兩岸暨港澳佛教界為降伏『非典』國泰民安世界和平祈福大法會」中也說，非典肆虐乃眾生業力所致，所以降伏非典的重要武器是淨化身心，人人做好事、說好話、存好心，內心有了善的力量，即能消除惡業，所以消災、消業比祈福更重要。而消災的方法可以透過懺悔發願、廣結善緣、給人歡喜，乃至修五戒十善、行四攝法、八種正道、六波羅蜜、四無量心、三無漏學等，所謂「有光明就能去除黑暗，有佛法就能求得平安」，只要人人奉行佛法，不但可以消災，而且可以改善社會風氣，淨化人心，自然能夠轉化大眾的共業。

記得有一次我應邀到軍校講演，校長希望我具體說明佛教對於國家、社會能提出什麼貢獻？當時我說，舉凡三藏十二部的聖典，都可以有益於國家社會。簡單地說，只要一個五戒，就可以治國平天下。

五戒就是不殺生、不偷盜、不邪淫、不妄語、不飲酒。現在社會上許多作奸犯科、身繫囹圄的人，無不是違反五戒之故。譬如殺人、傷害、毀容，就是犯了殺生戒；貪汙、侵占、搶劫，就是犯了偷盜戒；妨害風化、破壞家庭、重婚、強姦、拐騙，乃至販賣人口，都是犯了邪淫戒；詐欺、恐嚇、倒會，就是犯了妄語戒。而所謂飲酒戒，除了飲酒外，包括吃鴉片煙、嗎啡、吸食強力膠等毒品，不但傷害自己的智慧，還會做出傷天害理的事。

如果人人都能受持五戒，則不殺生，對於他人的生命能夠尊重而不侵犯，生命就能自由；不偷盜，對於他人的財產不侵犯，財富就能自由；不邪淫，對於他人的身體、名節不侵犯，身體、名節就能自由；不說謊，他人的名譽、信用就不會受到傷害；不飲酒，甚至不吃毒品等刺激的東西，對自己的健康、智慧不傷害，同時也不會侵犯他人。如此不但牢獄裡沒有犯人，尤其如前所說，個人能持五戒，個人的人格道德就健全；一家都持五戒，一家的人格道德都健全；一個團體、一個社會、一個國家都能奉持五戒，則國家社會必定和諧安定。因此，只要弘揚佛教慈悲戒殺的教義，只要人人奉行五戒，自然可以改善社會風氣，甚至轉變人類的共業，這是不容置疑的事實。

一個團體、一個社會、一個國家都能奉持三好，則國家社會必定和諧安定。

佛教對「人生命運」的看法

時間：二〇〇三年十一月十五日
上午九時至十一時
地點：上海普門經舍
記錄：滿義法師
對象：北大、川大、蘭大、京大之學生及一般信眾。

「世間上，不論是富商巨賈，或是販夫走卒，每個人對自我都有一些期許和信仰。一般人除了信仰宗教以外，有的人相信金錢萬能，有的人相信權勢有力，有的人相信情愛美好，有的人相信友誼關懷勝過一切。當然，也有的人相信因緣果報，但是，芸芸眾生中絕大多數的人還是喜歡相信命運。」

以上是佛光山開山星雲大師於二〇〇三年十一月十五日在上海普門經舍主持「當代問題座談會」時，針對「佛教對命運的看法」所做的開場白。大師認為，生活裡，每個人最關心的問題，莫過於「自己」；而自己的問題之中，又以「命運」最為重大。因為一般人對於自己的明日不能預知，對於自己的前途無法掌握，便想探索命運，甚至把一切歸咎於命運。例如，有的人從小到大，學業順利、事業成功、愛情得意、家庭美滿，一切都很順心如願，他就慶幸自己有好的命運；有的人一生坎坷，挫折不斷，他就感嘆造化弄人，時運不濟。究竟人有沒有命運呢？大師肯定的說：所謂「命運」，其實就是「因緣」。

大師引述佛言「諸法因緣生」，以及六祖大師說：「心好命又好，富貴直到老；命好心不好，福變為禍兆；心好命不好，禍轉為福報；心命俱不好，遭殃且貧夭。心可挽乎命，最要存仁道；命實造於心，吉凶唯人召；信命不修心，陰陽恐虛矯；修心一聽命，天地自相保。」最後結論出「命運與我們的口言身行，尤其存心善惡，有很大的關係」。

大師不諱言：「一個人的一生，有時候因為一句話，或是一個人、一件事、一塊錢、一本書、一個環境、一個觀念、一個思想，都會產生關鍵性的影響。」不過，大師強調：「我們生命周遭的人、事、物，雖然有時可以影響我們的禍福、有無，但那只是一時的，究竟最終的命運，還是操之在我；命運絕對不是天神可以左右，也不是像算命先生所說，能夠預知。如《了凡四訓》的作者袁了凡，其一生的際遇不就說明命運是可以改變的嗎？再如佛教裡的『沙彌救蟻』、『烏龜報恩』，不都是命運可以改變的最好明證嗎？所以自己才是決定自己命運的主人。」

大師對命運的詮釋，精闢獨到，尤其對「命運操之在我」之說，給了與會人士極大的鼓舞與信心。以下是當天問題座談的實況紀錄。

一、同樣是人，為什麼有的人天生聰明，家世顯赫，富貴到老；有的人則是終其一生努力奮鬥，到頭來還是潦倒以終？請問大師，人的貧富貴賤、窮通有無，到底是由誰來主宰的呢？

答：世間為何有貧富、貴賤、智愚、美醜的不同？這些問題常常使人誤解世間不平等，甚至怨怪老天作弄人，因而憤世嫉俗或偏激行惡。其實，同樣是人，為什麼有的人出身豪門，家世顯赫；有的人門第寒微，卑賤低下？有的人天賦異稟，端莊美麗；有的人資質平庸，其貌不揚？有的人一生坐享祖上餘蔭，福祿雙全，凡事順遂；有的人即使再怎麼努力奮鬥，結果還是顛沛困頓，潦倒以終？這是什麼原因呢？一言以蔽之，都是由於個人宿世善惡業所招感的果報，而一般人則將這一切不同的人生際遇歸之為「命運」。

命運的產生，其實就是三世因果的現象。就佛教來講，生命是通於三世的，我們每個人都有過去、現在、未來三世流轉的生命，而生命流轉的經過就是「十二因緣」。「十二因緣」說明：有情眾生由於無始以來的一念「無明」，造作了各種「行」為，因此產生業「識」，隨著業識投胎而有「名色」，繼而「六入」（六根）成形，藉著六根接「觸」外境而產生感「受」，而後生起「愛」染欲望，進而有了執「取」的行動，結果造下業「有」，「生」命的個體就此形成；有了「生」，終將難免「老死」，死後又是另一期生命的開始。

因為生命是三世循環不已，而三世循環的生命就是靠著累世所造作的「業」來貫穿，所以我們今生的命運好與壞，不是現世因緣才決定的結果，而是過去久遠以來多生多世所累積的善惡業力，到了此生都能現前，都能發芽，都能生長，因此今生的幸與不幸，除了今生的行為因素以外，也與過去世的因緣有關。

同樣的，我們今生所做的善惡好壞，也可以在未來開花結果，成為來世的命運。此即佛經所說：「欲知前世因，今生受者是；欲知未來果，今生作者是。」

三世的生命，好好壞壞，互為因果，所以今生的幸福、富有、榮華富貴，都與前世的好因好緣有關，這就如同我們讚美資質優秀的兒童為「天才」、「天賦異稟」；「天」就是因果，因為他有過去所做所為的「基因」，到了現世因緣成熟，自能顯現他的聰明才智。反之，有的人今生窮途潦倒，挫折不斷，也不要怨天尤人，怪你怪他，這也是由於前世的作為——業力所招感的結果。

從佛教的因果觀來看，每件事都有其因緣，而主要的原因，就是業力。在《正法念處經．地獄品》說：「火刀怨毒等，雖害猶可忍，若自造惡業，後苦過於是。親眷皆分離，唯業不相捨，善惡未來世，一切時隨逐。隨花何處去，其香亦隨逐，若作善惡業，隨逐亦如是。眾鳥依樹林，旦去暮還集，眾生亦如是，後時還合會。」業，維繫著我們三世的生命，從過去到現在，從現在到未來，生生世世永無休止的在六道裡輪迴不已。

所以，人生要想改變命運，必定要從自我身、口、意的行為改造做起。也就是要從「因」上去探究，如果凡事只在「果」報上計較、追求，那是無濟於事的。例如，有的人天生聰明，就是過去世勤勞、用心，得遇善知識，信受奉行的結果；家境富有的人，因為他節儉、有預算、勤生產。

多生累積的善惡業，此生能現前，就像種子能發芽。

由於我們每個人的貧賤顯達，是依行為而決定；行為有因果的關係，行為是因，業報是果。業左右了人生的窮通禍福，因此我們的每一個舉心動念，可以說都是在創造自己的命運，我們不必依賴算命、看相、卜卦、求籤、擲筊來決定自己的前途與未來，自己的身心行為就能改變自己的命運。例如，心思改變，態度會隨之而變；態度改變，習慣會隨之而變；習慣改變，人格會隨之而變；人格改變，命運會隨之而變。因此，改心換性是改變命運的藥劑；回頭轉身是開創命運的良方。

命運就如世間事，都是有因有

算命、求籤無法決定未來，命運操之在我。

果；種什麼因，就收什麼果。因果報應，毫釐不差，而果報的好壞，都是取決於自己的業力，不由天神所賜。如果我們所做正直，即使閻羅王也不敢隨便裁判、處罰我們，正如世間上的法官，一旦判了冤獄，自己也會受到制裁。假如我們的行為不好，即使閻羅王受到賄賂而判決不公，他也會受到報應。所以，人人有佛性，人人也都是上帝，自己可以決定自己的未來。

總之，佛教不講主宰，而講因緣，如果勉強要說有個主宰，自己就是主宰。因為世間無常，在無常裡，只要自己改變因緣，就可以主宰未來的結果；因為人生沒有定型，只要我們修正、改善、改良自己的行為，自然就能改造自己的前途、命運。

因此，個人的貧富貴賤，雖然也會受到後天社會的政治、經濟、教育、文化等因素所影響；乃至朋友的資助或拖累，也會影響一個人的前途。一個家庭的幸福平安與否，除了家長主宰著一家的經濟生活之有無以外，家中每個成員也都具有舉足輕重的影響力；甚至一個國家的經濟好壞，也會受到國際局勢，以及國內的地理、氣候、民風等因素所影響，所以一切都是因緣在主宰。但是，如何培養好因好緣，主權卻掌握在自己手裡，所謂「善緣好運」，只要我們平時廣結善緣，自然就會有好運。因此，想要有光明的前途與美好的未來，積聚善業是很重要的不二法門。

二、佛教講「善有善報，惡有惡報」，但是為什麼很多人行善，卻不得善終，原因何在？

答：「善有善報，惡有惡報；不是不報，時辰未到。」因果報應的原理就如「種瓜得瓜，種豆得豆」，因果循環，明明白白。偏偏有人對因果生出許多誤解，理由是：有的人作惡多端，但他一生榮華富貴；有的人善良有德，偏偏窮途潦倒。「善無善報，惡無惡報」，如此何來「因果」之有？如此「因果」，怎能叫人信服？

其實，因果是通於三世的，不能只看一時。有的人雖然今生作惡多端，但是由於過去世行善，累積了許多功德資糧，就如一個人過去在銀行裡儲蓄了很多存款，現在雖然作奸犯科，你能不准他提用存款嗎？反之，有的人今生行善，但過去作惡的業報現前，就如有人往昔負債過多，雖然現在做人善良，然而欠債還錢是必然的道理，你能因為他現在很有道德修養，就不用還錢了嗎？

所以，善惡因果不能單看一時、一世，因為因果報應依其受報的時間，有現報、生報、後報。正如植物，有的春天種，秋天收成；有的今年種，明年收成；有的今年種，多年以後才能結果。而業報之所以有現生成熟、來生成熟、後生成熟等不同的差異，其原因有二：

㈠因的力量有遲早：譬如一粒瓜種和一粒桃種同時下種，瓜種當年即可生長結果，而桃種須待三、四年後方能結果。

㈡緣的力量有強弱：譬如相同的二粒豆種，一粒種在空氣流通、日照充足、土壤肥沃的地方；一粒種在潮濕陰暗、土壤貧瘠的角落裡，結果二粒豆種發芽成長的速度一定不一樣。因為諸緣具足，成長自然早些；助緣不夠，自然業果成熟較慢。

由此理論得知，好人今生所以受苦報，是因為過去所種的惡因今已緣熟，須先受苦報；而今生雖然行善做好事，但是因為善因薄弱，善緣未熟，所以須等待來生後世再受善報。惡人作惡，反得好報的道理亦然。

因果報應依受報時間有現報、生報、後報，就如同植物也有一年生跟多年生的不同。

善惡因果，不是不報，只是時辰未到，道理是很簡單易懂的，只是一般人並不容易有正確的認識。

話說有一位老和尚想在山裡建一座寺院，於是下山來到村子裡化緣。他把化緣的目的寫成告示牌，豎立在路口，自己就在地上坐下來靜靜的念佛、誦經。但是幾個月過去，每日來往的行人都視若無睹，沒有任何人主動樂捐，只有一個賣燒餅的小孩看了過意不去，就把當天賣燒餅的錢全部捐給老和尚。老和尚深受感動，對小孩子說：「日後如果你生活上發生任何困難，可以到某某山的某某寺院來找我。」說完摸摸小孩的頭就離開了。

賣燒餅的小孩起初並沒有把老和尚的話放在心裡，但是他回去後因為交不出錢給老闆，結果就被開除了。失去工作的小孩，從此流落街頭當乞丐，不但三餐無著，而且居無定所，生活環境的衛生也不好，不久便眼睛全瞎，從此連討飯維生都發生困難。這時他忽然想起當初老和尚交待的話，因此依言到山裡找老和尚。

老和尚是一位有神通的得道高僧，早已預知小孩子要來，因此昭告全寺大眾，說：「明天有一位功德主要來，他是我們的大護法，大家要準備迎接。」隔天，當家師、知客師都沒有見到什麼大護法、大施主來。直到晚上，老和尚問道：「我們的大護法來了沒有？」「沒有。」奇怪！應該要來的。這時知客師說：「老和尚，大護法、大施主沒來，倒是有一個瞎了眼的小孩子來過。」「哎呀！那就是我們的大護法、大施主啦！趕快迎回來，待為上賓，好好的照顧他。」

於是在老和尚的指示下，小孩子被安排在寺院裡住了下來。有一天晚上，小孩半夜起來上廁所，因為過去大寺院的廁所不但大，而且很深，小孩一個不小心，跌到廁所裡淹死了。

消息傳開，一時閒話滿天飛，大家認為小孩子不做好事倒還好，做了好事不但失業，眼睛也瞎了，現在又掉到廁所裡淹死，這哪裡是好心有好報呢？

老和尚知道以後，就集合大眾，告訴大家不可以如此看待這件事，不要以為沒有因果，其實這正是因果。老和尚說：「這個小孩子由於前世造下的罪業，本來今生應該出生為癩痢頭的窮苦小孩，下一世則是一個瞎子，再下一世又會受到掉進廁所淹死的果報，這本來應該是三世的罪業，但由於他今生布施建寺的功德，結果三世的罪業都集中一次受報，現在已經苦報受盡，升天享樂去了。」

「因果報應」就像一個人欠了債就一定要償還；吾人只要造了業，就一定要受果報。所以，三世因果一世報，看似不好，其實是消業，當業報受盡，自然無債一身輕，這其實是好事。只是因果業報的關係複雜而繁瑣，實非凡夫之智所能認識清楚，因此一般人很容易錯亂因果。

有一個年輕人自己創業，開了一家工廠，他一心想要多賺一些錢，因此每天早上都會到王爺廟裡去拜拜，求王爺賜福給他，讓他發財。

有一天，年輕人照例到王爺廟燒過香之後，騎著野狼一五〇的摩托車趕著要去上班。因為車速太快，一頭撞上橋梁，結果車毀人亡。

年輕人的父親無法接受這個事實，怨怪王爺沒有保佑他的兒子，因此怒氣沖沖的到了王爺廟，準備打壞王爺的像。

這時廟裡的廟祝上前對老先生說：「老先生，你千萬不要怪我們的王爺不靈感，不肯保佑你的兒子，你要知道，你兒子騎的是野狼一五〇的摩托車，我們王爺騎的是白馬。當王爺看到你兒子即將撞上橋梁時，也想上前救他，但是你兒子的摩托車太快了，王爺的白馬趕不上，結果『砰』一聲，就出車禍了。」

從這故事可以知道，車子開得太快，快有快的因果，不能怪王爺不保佑。就像我們平時做人處世，常常很容易怨天尤人，很容易錯怪別人，不知道一切都是自己的因果關係。比方說，我常聽一些人抱怨：「我每天燒香拜佛，為什麼身體多病

寺廟不是保險公司，不能錯亂因果。

呢？」「我信佛如此虔誠，為什麼錢財被人倒了呢？」「我吃齋念佛，為什麼生活總是不順利呢？」「我每天打坐參禪，為什麼命運多舛呢？」我聽了不禁感到奇怪，佛門又不是保險公司，你只知道一味祈求佛菩薩加被，自己的言行卻違背「因果」，怎麼能得到好報呢？

再說，所謂「種如是因，得如是果」，信仰有信仰的因果，道德有道德的因果，健康有健康的因果，經濟有經濟的因果，我們不能錯亂「因果」。想要身強體健，必須注重飲食、運動，培養良好的生活習慣；想要事業成功，必須精進勤奮、把握機會、分析市場趨勢；被人欺騙，應該先檢討自己是否貪小便宜，傷害別人；遭到扒竊，應該先反省自己是否太過招搖，讓錢財露白，或許也可能是自己前世有欠於他，今生藉此還債也不一定。

由於我們遇事往往不去探究因果關係，不懂凡事都不離因果，因此無明煩惱，甚至對因果產生懷疑，如剛才說的，「某甲布施行善，為什麼如此貧窮？某乙為非作歹，為什麼這麼富有？」其實因果業報有現報、生報、後報，好比植物有春種秋收，有一年生，有多年生。因果業網比植物的生長因素更為錯綜複雜，之所以遲速不一，輕重有別，其間的「緣」也很重要，好比一顆種子，即使再好，也需要沃土、陽光、空氣、水分、剪枝、施肥，才能茁壯成長，開花結果。

世間之事亦然，一個人具有才華固然是一個好「因」，但也要加上好「緣」，才能得到好的結「果」；一個人素行不良固然是一個惡「因」，但如果能加上一些好「緣」，也可以改變因與果之間的關係，或許會減輕將來的惡「果」。所以，平日裡每當我看到一個人才，總會在心裡思想著如何給他一些好的因緣，讓他能夠早日成就；每當我看到冥頑的眾生，也常思忖著如何循循善誘，給他改過向上的機會。

不過，話又說回來，一個人最重要的，還是要靠自己平時勤修善根、常做善事，多培養一些福德因緣，如《阿彌陀經》云：「不可以少善根福德因緣，得生彼國。」往生極樂，不可以少善根福德因緣；縱使有方便法門，可以帶業往生，但畢竟不是完成；就如讀書考試，沒有考取學校，儘管給你隨班附讀，但是離畢業還有很長的過程，還是要靠自己的真才實學，才能達成目標。

平時要勤修善根、常做善事，多培養一些福德因緣。

所以，因果不能只看一時，要看三世；吾人的生命，推之往昔，可謂「無始」而來；望之未來，可說無窮無盡。面對謎樣的人生，有的人回想過去生中，自己做了什麼？也有人妄想來生不知道會如何？更有人怨嘆此生種種的不如意。其實迷時不解，悟時始明，正如《三世因果經》云：「欲知前世因，今生受者是；欲知來世果，今生作者是。」鑑古知今，從現知未，這不是「三世生命，一偈可明」了嗎？

三、佛教講，人的窮通禍福，都是自業自受的結果，那麼一個人信不信佛，對我們的前途會有什麼影響嗎？請大師開示。

答：過去釋迦牟尼佛有一位弟子名叫大迦葉，他曾經自豪的說：「如果我不能遇到釋迦牟尼佛，我也能成為獨覺的聖者。」可見佛教不是講「唯我獨尊」的神權，而是主張「人人皆有佛性，皆得成佛」。

我們每一個人，佛性本具，本性裡都具足了三千大千恆河沙功德，只是金銀寶礦在山中，如果沒有開採，也如黃土一堆。人的內心世界縱有無盡的寶藏，但是如果沒有開發，就如聚寶盆沒有打開；又如一間倉庫被關閉，裡面的寶物永遠不能呈現。

正如世間上有不少的有錢人，他把黃金埋在地下，每天仍然過著窮苦的日子；

有的人本來可以開智慧，變聰明，但因執著，聞善言不著意，所以仍然愚痴。學佛，就是要開發我們本具的佛性、發掘我們內心的寶藏；信佛，透過對佛法真理的信仰，讓我們找到一條可資遵循的人生道路，讓我們的行為、思想不致有了偏差，就像車輛行駛在道路上，有了路標的指引，才不會迷失方向，又如火車行駛在鐵軌上，就不致發生意外。

說到信仰，有一點大家必須認識清楚的是，信佛與信神是不一樣的。過去在科學未發達之際，人們受著神權的控制，看到打雷就以為有雷神，颳風就想像有風神，下雨就認為有雨神，甚至樹有樹神、石頭有石頭神、山有山神、海有海神，乃至太陽神、月亮神、天神、地神……有了這些神祇，人們出門做生意，遠行談事都要求神問卜，久而久之，人的生活起居都受到神的控制而不得自由。

佛教主張凡事不問神，要問自己，因為人的業力和行為可以改變人的一生，可以決定自己的未來。所以，信仰神明的人，把神當成權威，當作賞善罰惡的主宰，但是佛教認為，最權威的人，最能賞善罰惡的，是自己的行為。佛祖只是像老師一樣的教導我們，但是教導出來的人，有的以師志為己志，有的與師道相悖離，這就不是老師的責任了。如《佛遺教經》說：「我如良醫，知病說藥，服與不服，非醫咎也；又如善導，導人善道，聞之不行，非導過也。」可見佛陀只是一個導師，一個先知先覺者，一個導航者，至於我們信他，固然有好處；不信他，他也不致降災給你，但是後果還是要自己負責。

談到信仰宗教，在佛教裡講究信仰要具備三個條件：一、歷史上真實的，二、能力上可靠的，三、道德上清淨的。譬如我們所信仰的佛教，教主釋迦牟尼佛是歷史上明確記載，是確實存在的；他的道德是圓滿清淨，具足智德、斷德、恩德等三德；他具有自度度人、自覺覺人的大力量。所以，佛是值得我們信仰的對象。

信仰是發乎自然、出乎本性的精神力。正確的信仰，可以讓我們獲得無比的利益。在佛經中列舉諸多的譬喻，例如：信仰如手、信仰如杖、信仰如根、信仰如力、信仰如財。尤其，佛教和其他宗教不同，佛教並不是一味的叫人信仰，佛教的信仰是要我們建立在理智上、慧解上，甚至可以建立在疑情上，所謂「大疑大悟、小疑小悟、不疑不悟」，佛教的緣起、中道、因果等教義，可以究竟解答人生的迷惑。所以，過去我曾經說過，一個人可以什麼都不信，但不能不信因果，因為一個人有了因果觀念，才能慎行於始，才能防非止惡，才能眾善奉行，才會有光明的前途。

此外，平時我們內心的貪欲、瞋恨、邪見、嫉妒，就像繩索一樣的控制著我們的身心，使我們不得自在。學佛最大的目的，就是教我們如何從束縛中解脫出來，而獲得自由，就像歷代的高僧大德在功名富貴之前，生死欲海之中，毫無畏懼，解脫自在一樣。

所謂信佛，信的是什麼佛？佛教我們要有慈悲、有智慧。有慈悲，就能人我一如、同體共生；有智慧，自能看清世間的得失，自能明白因緣果報的道理。甚至佛是大雄大力大無畏，佛有力量，你對世間一切境界能有力量應付嗎？佛代表道德，你有健全自己的人格嗎？信佛，不是求佛、拜佛而已，行佛才能獲益；信佛，不是佛能給我們什麼，而是透過信佛因緣，自己能行佛，就能圓滿人生。

佛，代表真善美，所謂「有佛法就有辦法」，相信真善美，自然擁有真善美。不信佛的人，心中沒有善念、沒有中心、沒有主宰；不信佛的人，就如沒有家、沒有朋友、沒有錢財、沒有老師，又如無祀孤魂，什麼都沒有，人生還有什麼好得意的呢？

信仰的好處，就是讓我們的人生有目標，有目標就有向前、向上的力量。平常我們白天出門，夜晚都懂得要回家；信仰能為我們的人生找到一個安身立命的家。只是，一般人都是不到黃河心不死，不遇苦難生不起信心，所以一切要待因緣、要

有善根，善根成熟了，自然會信。

在世間上，我們要找一個好的老師並不容易，假如能找到佛陀做為我們的老師，他是歷史上實實在在有的，他確實有能力可以解除我們的苦難，他確實有慈悲、有道德、有願力，是值得信仰的對象，但是信與不信，就全憑個人的看法與福德因緣而定了。

四、佛教講，一個人的幸與不幸，都是自己造「業」的結果。請問大師，業到底是什麼？如何讓凡事講究證據的西方人士相信，人生真的有業報的存在呢？

答：「業」，梵語karman，音譯作「羯磨」，是指「行為」、「行動」或「造作」的意思。也就是指行為、意志等身心的活動。

信佛，不是求佛、拜佛而已，行佛才能獲益。這群在英國出生的孩子們發願要做接引大佛！

社會上，由於士、農、工、商各行各業的經營運作，世間才得以運轉不息；人類，因為身、口、意三業造作各種善惡行為，所以生死輪迴不已。佛法將此主宰輪迴的動力，稱之為「業」，而造業的主人翁就是身、口、意三者。

由身口意所造的業，有善業、惡業、無記業。造善、惡之業，必定招感相應的苦樂果報，可以決定人生的成敗禍福。也就是所謂的「善有善報，惡有惡報」，這種道理幾乎是人人耳熟能詳，並且深植在一般人的心裡，即使是篤信基督教的蔣宋美齡都曾說過，「自己的行為，決定未來的一切」，這就是業力思想。所以，業的真正意思就是「自己的行為自己負責」。

業，維繫了吾人三世的生命，因為有「業」這條生命線，三世的生命才能永恆不失，甚至好與不好，在無限的時空裡循環不息，牽連不斷，於是產生了三世因果的「輪迴」說，而這個輪迴的主宰者，便是我們所造的業力。

「業」有驅使造作的力量，故稱「業力」。也就是說，我們的行為無論善惡，都會產生一種力量，驅使我們去造作新的行為，新的行為又會產生新的力量。如此行為生力量，力量又生行為，輾轉相生，就形成了循環式的業力推動圈。而這些善惡業平時就像種子般埋藏在我們的第八識——阿賴耶識中，一旦種子遇緣，便起現行，起了現行，自然果報分明。

根據佛經說，因惡業而受罪者，稱為罪業，罪業報生三惡趣；因善業而得福者，稱為福業，福業報生人天。這就好像一個人犯了重罪，就得入監獄受刑罰，想不去都不

眾生由於共通的業因，能招感自他共同受用的山河大地。

行；做了善事功德，就會獲得善名美譽，即使想推辭都推不掉。業力就是有「不願生，強迫生；不願死，強迫死」的力量，不但到人間來受生是行為業力的影響，就是到了業緣終了要死的時候，即使不想死，也由不得自己。

由於吾人一生的果報，完全由業來引導，此即所謂的「引業」，它具有強烈的作用力，能牽引吾人生於人、天、鬼、畜各道。甚至雖然同在人道裡，又有貧、富、貴、賤、美、醜、強、弱、苦、樂差別的果報，此即「滿業」牽引的結果。

滿業是次要的，例如同樣是人，可是長相不同；引業是重要的，例如應該投胎為人或是畜生，他強烈的牽引你非來不可。引業的果報叫「總報」，滿業的果報叫「別報」，例如：畫師先以一顏色圖繪其形狀，此為引業的總報；然後再填以眾多色彩，此為滿業的別報。據《俱舍論》云：「一業引一生，多業能圓滿。」引業乃以一業引起一生；滿業則以眾業引起種種的果報使其圓滿。

此外，眾生由於共通的業因，能招感自他共同受用的山河、大地等器世界，這是依報的業，稱為「共業」。共業又分「共中共」的業、「共中不共」的業。譬如山河日月、風霜雨露，人人同霑共沐，有相同的感受，就是共中共的業。又如一車的人同遭車禍，有的人大難不死，有的人血肉模糊，這就是共中不共的業。

相對於「共業」，又有「不共業」，也就是個人的業因，能招感個人受用的五根等正報的業。不共業也有「不共中的共業」和「不共中的不共業」。譬如同一家人，不免憂戚與共，禍福同享，彼此有共業的關係，這就是不共中的共業。相反的，兩個陌生人，對於彼此的喜怒哀樂，很難感同身受，缺乏共鳴，這就是不共中的不共業。

中國有一句俗話說：「閻王叫人三更死，不敢留人到五更。」說的就是佛教所謂的「定業不可轉」。也就是說，善、惡之業所招感的果報，其受果、受時俱定，任憑山移水轉都無法改變，這就叫做「定業」。反之，善、惡之業所招感的果報和時間還不一定，暫時不受報，就叫做「不定業」。

在部派佛教的一切有部裡，業又分為「表業」和「無表業」，認為身業和語業中，能表現在外，並示予他人的，稱為表業；無法示予他人的，稱無表業。大乘佛教則認為意業於內心有其表示，所以也是表業。但是即使是「無表業」，還是有行為的餘勢，仍有其作用力。

剛才問到：「如何證明有因果業報的存在？」業，雖然是精神、肉體的感應現象，其實也是能用眼睛看，或用心感受的具體行為。例如從因果來講，有了因，一定會有果，果報就是業力；因成為果，果報現前，不就看到了嗎？

一顆皮球，使力一拍，它就跳得高；拍的力量小，它就跳得低。蹺蹺板，一頭使力大，另一頭就蹺得高；使的力輕，蹺的就低。世間凡所有物，只要你使力刺激，它就有反應，這就是業力。所以業力很合乎科學的定律與原理。

其實，世間上看不到的東西可多了。我愛你，「愛」在哪裡？看不到，但愛是不得了的力量，可以成就一個人，也可以毀滅一個人。再如電，把電線剝開，電在哪裡？也是看不到，但你用手一碰，就能感受得到。甚至，插頭一插，電燈就亮，你能說沒有電嗎？

因此，剛才問到西方人講究科學，凡事要能驗證，要能看得到才肯相信，對於因果報應，因為看不到，因此不願相信。其實業力不是信與不信的問題，西方人沒有業力觀念，但還是脫離不了因果業報的定律。業力論是世界上顛撲不破的真理，不管好或不好、幸與不幸，生命的關聯，生命的好壞，都與業力有關。

業是很複雜的東西，在善業裡，有的人雖然做善事，但是他有某種企圖，有自私、貪心，這種不清淨的善業，也有惡的成分。在惡業裡，有時他是為了替天行道，為了行俠仗義救人，當中也有善緣的存在，所以業是很複雜的，不是一般人所能了悟。學佛的人，最重要的，就是要正見善惡業力，如此才能謹言慎行，才能免受惡報。

五、佛教講「諸行無常」，世間萬法既是無常，必然不是常住不變，為什麼唯獨業力卻又能三世相續，輪迴不已呢？請大師開示。

答：有一則寓言說：一隻毒蠍想要過河，就央請烏龜幫個忙，載牠一程。烏龜怕毒蠍，毒蠍說：「你放心，你背著我，萬一我螫你，你死了，我又豈能獨生？」烏龜覺得有理，於是好心地揹著毒蠍過河。游到河的中央，毒蠍對著烏龜的頭上一螫，烏龜責怪毒蠍背信忘義，毒蠍滿臉歉疚地對烏龜說：「我並不想傷害你，怎奈我已螫人成習，實在對不起啦！」

所謂「煩惱易斷，習氣難改」。佛教裡有一位牛司尊者，雖然已是證果的羅漢，但平時嘴巴總是不停的呶來呶去，因為他在往昔曾經多世生為牛馬，反芻慣了，習氣仍在。另外，十大弟子之一的大迦葉尊者，雖然苦行第一，但只要一聽到音樂，仍會情不自禁地手之舞之，足之蹈之。甚至即使是等覺的菩薩，因為一分生相無明未斷，就如十四夜晚尚未圓滿的明月，此皆因為餘習未斷之故。

談到習氣，平時我們有很多的行為很容易習慣成自然，一旦變成根深柢固的習氣，則生生世世難以去除。習慣有好有壞，好的習慣，如勤勞、誠信、謙遜、有禮、忍辱等，都能增長我們的道德，廣結善緣，化險為夷，得貴人助。相對的，壞的習慣不但使我們終生禍患無窮，並且累劫遺害不盡。譬如一個人脾氣暴躁，惡口罵人，習以為常，則必定人緣不佳，阻力重重；有的人養成吃喝嫖賭的惡習，不久便傾家蕩產，妻離子散。其他如好吃懶做、阿諛奉承、欺騙違信等，都是自毀前程的陋習。

煩惱餘習，不但影響我們的一生，甚至和業力一樣，影響及於來生後世。因此佛陀曾經將「業」比喻為「如種」、「如習」，說明為什麼在無常的定律下，業力卻能三世相續，輪迴不已。

所謂「業力如種」，譬如一粒黃豆，經由種子、發芽、成長、開花、結果的過程，最後黃豆雖然凋謝、枯萎了，但是因為有種子保留下來，一旦遇緣，又會發芽、抽枝、開花而結果。眾生業力的感果，也是這種現象。

所謂「業力如習」，譬如一個裝過香水的瓶子，雖然香水用罄，但是瓶子裡仍留有香水味在。透過這種「習氣」說，可知業力確實有感果的功能。

業有如念珠的線，線把念珠一顆一顆貫穿起來，不會散失；業維繫著我們三世的生命，從過去到現在，從現在到未來，生生世世，永無休止的在六道裡輪迴不已。所以，雖然我們的色身有生滅，但是真正的生命是不死的，就如茶杯，不小心把茶杯打壞了，無法復原，但是茶水流到桌子上，流到地毯裡，用抹布抹，用拖把拖，茶水在抹布、拖把、地毯裡，它不會減少。由於業如茶水，是會流轉再生的，所以說「業力不失，通於三世」。

再舉一個例子，如果有人殺了人，殺人的行為雖在瞬息間消失，而殺人的起心動念，以及殺人的後果，卻會嚴重的影響到未來。這種可以導致未來善惡果報的影響力，就是佛教的種子思想。透過種子說的成立，建立了三世輪迴與因果循環的道理，告訴我們行為業力（身、口、意三業）的留存，不論歷經多少劫，都不會喪失其「生果」作用。此即所謂：「假使百千劫，所作業不亡；因緣會遇時，果報還自受。」

所以，眾生在生死海裡流轉，生命不斷，就是靠「業」。業力，有「潤生」及「發芽」兩種力量。譬如我們所播的種子，還要予以澆水、施肥才能生長，而「業力」就是生命的水分及肥料。所以，有了業力，生命才能繼續存在。

業，有善有惡，善惡果報，均由自己承擔，並非有神仙、上帝可以賞賜福禍，也沒有閻羅、鬼王司掌懲罰。因此，只要我們能夠確實體認：業是自己創造，不由神力；業是機會均等，絕無特殊；業是前途光明，希望無窮；業是善惡因果，決定有報。如此則能掌握自己的命運，開創自己的人生，成為自己生命的主人。

六、剛才說，人才是主宰自己的主人，但有的人雖然有心改變現狀，卻因為意志薄弱，無法堅持，這時可以求助神明來改變命運嗎？

答：一個人有心向上、向善、向好，總是善的因果，這時如果有求於朋友助他一臂之力，只要是好的朋友、有力量的朋友，都會不吝伸出援手。反之，即使親如父子，如果兒女所做非法，素行不良，為非作歹，卻不斷向父母需索無度，明理的父母也不會滿足他，否則愛之適足以害之。

同樣的，我們求助於神明的保佑，如果是如法而求，不做違背因果之想，就等於官員，不是用賄賂，不是私相授受，不是私自圖利他人，不是假公濟私，那麼在合情、合理、合法的情況下，都能獲得一些助緣。

不過，佛教是一個講究因果的宗教，所謂因果，就是種什麼因，就得什麼果；相對的，你想怎麼收穫，就必須先怎麼栽種。所以一個人只要自己培養的福德因緣具足，即使沒有神明幫助，只要緣分一到，什麼都能如願；如果沒有福德因緣，即使向神明求助，不說神明不能私自以祂的權力來決定一切，即使祂有神通威力，如果不依法行事，也不稱之為神明。

平時我們看到一些人對神明有所祈求時，總是備辦三牲四果到廟裡拜拜，或是承諾裝金塑像；人間的貪汙賄賂，都於理不合，何況人與神道交往，更該要以道德、信仰、慈悲來廣結善緣，才能得道多助。

在佛教裡，一般人總以為佛陀神通廣大，法力無邊，想要做什麼就能做什麼。其實，佛不度無緣之人，佛陀也有無奈的時候。

有一個壞人名叫乾達多，一生作惡多端，唯一做過的一件好事，就是有一次走路的時候，看到一隻蜘蛛，本來一腳就要踏到蜘蛛的身上，可是心念一轉：這一腳踏下去，蜘蛛就死了。由於當下生起一念的善心，趕緊收起將要跨出的一腳，於是救了蜘蛛一命。

後來乾達多死後墮入地獄，蜘蛛有心想要報恩，佛陀也想滿蜘蛛的願，於是把蜘蛛絲一直垂放到地獄裡去救乾達多。地獄裡受苦的眾生一見到蜘蛛絲，也都爭先恐後地蜂擁過來攀住它，想要離開地獄。這時，乾達多瞋心一起，用手狠狠的推開眾生，說道：「走開！這是我的蜘蛛絲，只有我可以攀上去，你們走開！走開！」

由於乾達多的猛然用力，蜘蛛絲斷了，乾達多和所有的人又再度落到地獄裡面去。佛陀這時十分感慨的說道：「由於眾生自私、瞋恨，一點利益都不肯給人，對人不夠慈悲，不與人結緣，縱使我有心想救他們，也是無可奈何啊！」

所以，佛教認為命運掌握在自己的手中，任何力量都不能主宰我們的命運，即使天神，也無法操縱我們的命運，我們才是決定自己命運的主人，我們是創造自己命運的天才。神明沒有能力把我們變成聖賢，上天也不能使我們成為販夫走卒。成聖希賢都要靠自己去完成，所謂「沒有天生的釋迦」，只要我們精進不懈，慧命的顯發是可期的。

因此，自己的命運要靠自己創造，不能把自己的幸福，依賴、寄託在別人身上。一個人的一生，並不是靠父母師長的愛護，就能立身處世，必須有自己的能量，才能成功立業，別人只是助緣，自己才是主因。所謂「天助自助者」，自己不去勤奮努力，卻一味地祈求神祇賜予，這是「緣木求魚」。就如同種田的人，自己不去開墾、耕耘、鋤草、施肥、引水灌溉等，如此即使向神明磕破了頭，也不會有金黃飽滿的稻穗可以收穫。

總之，命運是掌握在自己手中，自己才能主宰自己的命運。所謂「求神明，拜神明，不如自己做神明」。我們向神明求助，只是增加希望和力量，但終究要自己努力，神明不能給你財富。神明不是我們的經紀人，也不是我們的會計師；聘請一個經紀人、會計師，也要有利潤給他，簡單的幾根香蕉、幾顆蘋果，就要求神明賜給富貴、發財、平安，這是不可能的。再說，我們求神明，這是建立在貪念上，所求本身就不合法；沒有善因，哪能有善果呢？求神明，應該求其加被，讓自己有智慧、慈悲、勇氣、忍耐，讓自己從信仰中產生力量與智慧，如此才能究竟解決問題。

七、佛教講「欲知前世因，今生受者是」，今生的命運如果是前世命定的，那麼佛教是不是宿命論者呢？

答：佛教不是宿命論，宿命論認為：人生的成敗得失、禍福窮通、悲歡離合，都是前世已註定，是由命運之神所掌握，今生即使做再多的努力也於事無補，因此當他遭遇困境的時候，往往認為冥冥中上天早已如此安排，任何的努力都是枉然，於是消沉、沮喪，不知奮發振作，而把自己寶貴的前程委諸子虛烏有的唯一神祇去主宰，甘心做宿命的奴隸，實在可悲。

其實，從佛教的因果觀來看，吾人所受的果報，不管善惡，都是自己造作出來的，所謂「自作自受」，並非有一個神明可以主宰。譬如有人一出生就住在繁華的都市裡，享受文明的生活；有人終其一生，都在荒山野地、窮鄉僻壤營生，日月窮勞，這不是命運不公平，而是因緣果報不同。如經上說：「有衣有食為何因？前世茶飯施貧人；無食無穿為何因？前世未施半分文。穿綢穿緞為何因？前世施衣濟僧人；相貌端嚴為何因？前世採花供佛前。」

今生長相端正，皆因過去世採花供佛，修行忍辱。

〈因果十來偈〉也說：

端正者忍辱中來，貧窮者慳貪中來；
高位者禮拜中來，下賤者驕慢中來；
瘖啞者誹謗中來，盲聾者不信中來；
長壽者慈悲中來，短命者殺生中來；
諸根不具者破戒中來，六根具足者持戒中來。

從這些偈語可以知道，人間的貧富貴賤、生命的長壽夭亡、容貌的端正醜陋，都是有因有果，並非憑空碰運氣而來，也不是第三者所能操縱，而是取決於自己行為的結果，而其結果所造成的影響力是通於三世的。也就是說，佛教講過去、現在、未來三世因果，並不否定前世的善惡罪福可以影響今生的命運，今生的所作所為，也可能影響來世；但不管前世、今生、後世，都非定型，而是可以改變。例如，有人說錯一句話，招來麻煩，但即刻道歉，取得別人的原諒，事情就能化解；做壞事，必須接受法律的制裁，誠心懺悔、認錯，法律也能從輕發落。

因此，佛教的因果觀及業力論，說明了自己的行為可以決定自己的幸與不幸。尤其佛教主張諸法因緣生，空無自性，命運也是因緣所生法，沒有自性。壞的命運可以藉著種植善緣而加以改變，例如慈悲可以改變命運，修福也能轉壞命為好命。甚至有的人認為自己罪障滔天、惡貫滿盈，永遠無法扭轉命運，其實不然。佛教認為再深重的惡業也可以減輕，好比一把鹽，如果將它放入杯子之中，當然鹹得無法入口；但是如果把它撒在盆子裡或者大水缸中，鹹味自然變淡。罪業如鹽，無論如何鹹澀，只要福德因緣的清水放多了，仍然可以化鹹為淡，甚至甘美可口。又如一塊田地，雖然雜草與禾苗並生在一起，但是只要我們持以精進，慢慢除去蕪雜的蔓草，等到功德的佳禾長大了，即使有一些蔓草，也不會影響收成。

佛教強調三世因果，雖然重視過去的命運，但是更注重現在和未來的命運。因為過去的宿業已然如此，縱然再懊惱，也無法追悔；但是現在和未來的命運卻掌握在我們的手裡，只要我們妥善地利用當下的每一刻，前程仍然是燦爛的。

因此，佛教主張不應沉溺於過去命運的傷感之中，而要積極追求未來充滿無限希望的命運。因為佛教並非「宿命論」，而是「緣起論」，一切都取決於因緣條件而定。因緣本身空無自性，若從「諸行無常」、「緣起性空」的真理來看，我們的命運隨時都有很大的轉圜空間，所以我們不能聽天由命，沮喪消沉，空過歲月，應該要有洗心革面的魄力，無論在富貴順達裡，或是貧賤苦厄中，都應該正觀緣起，了解命運，改變命運，如此才能創造圓滿自在的人生。

八、一般人相信，祖先的墳墓乃至住家的地理風水，可以影響一個人的禍福成敗，請問大師，佛教相信地理風水的說法嗎？

答：中國人自古相信「地理風水可以影響一個人一生的禍福」，這種說法一直牢不可破的深植在多數人的心中，直到今天，不只買房子、搬新家要看地理風水，就連新官上任，也要改變一下大門方向，換個辦公桌角度，以圖個好風水，甚至家裡有人往生，築新墳更要請來地理師選個好地理，以致台灣到處都可以見到亂葬崗似的墓園景觀。

地理風水真能左右人的禍福嗎？地理風水有其原理可循嗎？佛教對地理風水的看法是，所謂天有天理，地有地理，人有人理，物有物理，情有情理，心有心理，世間上任何一件事都有它的理，當然地理風水也有它的道理存在。地理是依據地的形狀和天體的方位而決定它對於人的影響力，這是一種自然的常識。因此，順乎自然，可得天時之正，獲山川之利；若違背自然，則會產生相反的效果。

但是，地理風水雖然有它的原理，卻不是真理，所以佛教不但反對時辰地理的執著，而且主張不要迷信，要從神權控制中跳脫出來。因為從佛教的業力、因果等真理來說，人的吉凶禍福，都是由於過去世的善惡業因而感得今生的果報，並不是受到風水地理所左右的結果。如果它真有這般神奇的力量，每個人只要照著風水地理安置方位，每個人都應該有飛黃騰達的事業、幸福快樂的生活，為何世界上還有那麼多受苦受難的人？難道他們不希望過好日子嗎？

從佛教的時空觀來講，虛空並沒有方位，譬如兩個人對坐，你的右邊是我的左邊，我的前方是你的後方，到底哪邊才是左，哪邊才是右？哪邊才是前，哪邊才是後呢？因此，虛空沒有一成不變的方位，在無邊的時空中，我們真實的生命是無所不在的，你能夠覺悟體證到自己本來面目的時候，你的本心就遍滿虛空，充塞法界，橫遍十方，豎窮三際，與無限的時空是一體的，因此，方位不在虛空中，而是在我們心中。

依此，對於民間一些堪輿師所謂最佳的地理「前朱雀、後玄武，左龍蟠、右虎踞」，說穿了，其實就是「前有景觀，後有高山，左有河流，右有大道」。也就是：

第一、要有通風，前後左右，順暢不阻礙。
第二、要有陽光，採光自然，通風而衛生。
第三、要有視野，廣闊不滯，有靠並能固。
第四、要有道路，出入方便，自與他兩利。

只要能方便生活作息，心中愉悅舒服，那就是最好的地理。故知所謂「地理風水」，是在我們的感受裡。這個地方風光明媚，光線充足，空氣流通，我感受到很舒服，我心裡覺得這是一個好位置，這就是我的地理。我的居家環境，視野遼闊、景色宜人、通風設備良好，這就是好風水。地理風水在我們的生活裡，在我們的感受裡，而不在於那塊地對誰好、對誰不好，也不是什麼樣的風水對誰有利、對誰不利。一切都是「業力」，唯人招感，由於各人業力不同，際遇自然有別，所謂「福地福人居」，即使是龍穴，如果沒有福德因緣，也不見得能待得住。

地理風水不是相信、不相信的問題，它的有無、好壞，是在因緣。例如，同一條街的商店，都是同樣的方向，有的店家賺錢，有的商家賠錢，地理風水在哪裡？同樣一家人，兄弟姊妹接受同樣的教育，生自同樣的父母、同樣的家庭、同樣的成長環境，長大後，成就卻不一樣，所以，不能一味盲目的相信風水。

只要方便生活作息，心中愉悅舒服，就是最好的地理。

但是，一般社會人士對佛法、對自己沒有信心，自己不能做自己的主人，一有了不幸的遭遇，就懷疑是祖墳或陽宅的地理風水不好，於是到處看相算命，把一切付之於神明，讓自己的人生受神明、風水、命運所控制，可不悲哀。

有一個故事說：有一次，颱風吹倒了一道牆，把地理師壓在牆的下面，地理師驚慌地大叫兒子趕快來救命，兒子不慌不忙地說：「爸爸！你不要著急，讓我去找黃曆來看看今天能不能動土。」雖然這是一則笑話，卻說明迷信的愚痴可笑。

佛陀在《遺教經》裡告訴弟子：「占相吉凶、仰觀星宿、推步盈虛、曆數算計，皆所不應。」《大智度論》卷三也提到：「有出家人觀視星宿、日月、風雨、雷電、霹靂，不淨活命者，是名仰口食。」可見佛教不但不主張看風水地理、天象時辰，如果佛弟子以此維生，更為佛陀所禁止，因為這是不正業，也就是非正命的生活。

佛教不相信地理風水，因為地理風水不究竟；佛教主張「人人有佛性」，我們每一個人都有主權可以主宰自己的一切，黑暗的可以改變為光明，悲慘的可以化為幸福，崎嶇不平的可以成為坦蕩蕩的人生大道。所謂信佛，就是相信自己，凡事要靠自己的雙手去創造，這比依賴風水地理的支配更具有意義。

九、佛教講「自業自受」，但是中國人有所謂「父債子償」，這是否有違佛教的業報論呢？請大師開示。

答：佛教講「各人生死各人了，各人吃飯各人飽」，修行是別人無法代替的；因果業報更要自己承擔，別人代替不了。

話說有一位年輕人信佛十分虔誠，對因果業報深信不疑。但是他的母親沒有信仰，自然不相信什麼因果業報，所以總是告訴兒子：「你不必相信什麼因果報應，果真有因果，就讓我來代替你受報好了。」

有一天，兒子不小心被刀子割傷了手指，他就趁機對著母親說：「媽媽，請您趕快代替我痛一下吧！」這時媽媽終於知道，世間上有很多事不是別人能夠代勞的。

所謂：「父作不善，子不代受；子作不善，父亦不受。」在「自業自受」的定律下，一旦造了業，任何人都替代不了。如《地藏經》云：「莫輕小惡，以為無罪，死後有報，纖毫受之。父子至親，歧路各別，縱然相逢，無肯代受。」一語道破「善惡因果，決定有報」、「因果業報，自作自受」的至理。

因果報應，如影隨形，一個人除非不造業，否則造了業就一定要受報。《瑜伽師地論》卷三十八說：「已作不失，未作不得。」即使已經成道的佛陀，也有「馬麥之災」，也要償還。

不過，「自業自受」是指自己的「別業」而言，別業之外另有人我之間的「共業」關係。例如，為什麼一群人同生在一個國家，共享山河大地及國家的各種建設與資源，乃至承受一樣的天災人禍等苦難，這就是彼此的共業所招感。

在共業的招感下，有緣的人自然會有「患難與共，禍福同享」的情感。例如，父親偷盜搶劫，外人不會相助，但兒女看在父子親情的關係上，就會去幫忙。因此，父母的業力無論是善業、惡業，都會牽連子女，甚至影響到後代子孫，而且在同業相招的原理下，行善則招感有德者為後代，行惡者則招感敗德者為子孫。

現在社會上有許多有聲望的民代，不但本人獲得選民的擁護、信賴，一旦兒女出馬競選，也能獲得支持。人望，就是父母留給兒女無形的資產。反之，父母素行不良，兒女也會遭受恥辱。例如張自忠任北平市長時，奉命與日本人周旋，被指為漢奸、賣國賊，兒女在學校被人丟石頭、罵他們是漢奸，其實兒女何辜？但因為你是他的兒女，彼此不能沒有關聯。

甚至中國人講：「積善以遺子孫，其福必昌；積惡以貽家人，其禍必危。」乃至「父債子償」之說，都是一種共業的牽連關係。「父債子償」不是業力的轉移，而是共

信仰傳承是父母留于子女無形的資產

通業因的分擔，仍不離「因果」關係，自然也沒有違反業力論。

佛教的因果觀，源自「緣起性空」的道理，佛教講宇宙間的萬事萬物，都是仗因託緣，才有果的生起，而此果又成為因，待緣聚又生他果，如是輾轉相攝，乃成森羅萬象。所以，大至一個世界，小如一個微塵，都沒有實存的自性可言，而因緣不同，果報就會有所差異。

因緣，有外在和內在的不同，外在的因緣是一般因緣，內在的因緣是價值因緣。外在的因緣就如在同一塊田地上播下不同的種子，收成就不一樣，這個種子就是價值因緣。又如：一樣的父母，養出不一樣的兒女；一樣的老師，教出的學生程度也各有不同。外在的一般因緣，如父母、老師，可能相同，但內在的價值因緣，如資質、心力，卻是各有千秋。所以說：因緣有內外，外緣雖然具足，而內因不同，果報自然有異。

因果業報的關係極其複雜，所牽連的層面也很廣、很多，不是三言兩語就能解釋清楚。例如同樣是殺人，有心殺人、無心殺人、過失殺人，動機不同，罪業就有輕重。業力也是一樣，不能只看表相的殺盜淫妄，內中的背景、因緣關係都要去深究。

有人說打死蚊子變蚊子，打死人將來就能變人。這是邪見，因果不是欠人一元就還一元，不是看在錢的價值，有時可能是一條命，或是一生的榮辱。所以因果不是數量上的相等，而是有其另外的價值。

「父債子償」不違因果業報，因為彼此互為父子，本身就有業力的關係。再說，從法律上來講，父親的遺產是由兒女繼承，當然父親的債務也要由兒女償還，除非兒女放棄繼承，否則「父債子償」不但合情合理，而且合乎因果。所謂佛法不離世法，理是通達的，不能這裡這樣講，到那裡又那樣講。

佛教講因果業報，就是「做如是因，感如是果」，「因」到「果」之間，還有一個很重要的「緣」，緣分好壞，對結果會產生很大的影響。例如，淮南的橘子樹移植到淮北，就成為「枳」，所以品種之外，也不能忽視氣候、水土等其他因緣的培植。

現在的社會非常講究農產品改良，動植物都有專業人員從事研究，對品種的改良、取捨非常嚴格。其實，人也有品種的好壞，品種好的子孫，必然獲得父母的愛護、師長的讚美、國家的重用。如果品種不好，不但成為父母的麻煩，也是社會的負擔。所以每一個人都要檢討自己的種子，是優？是劣？

好的品種，從因緣果報上來說，種子本身是因，是主力，但還需要外緣的助力，才能有好的結果。所以，好的品種如果沒有得到好的因緣助力，可能也難以有好的發育；壞的品種如果得到好的因緣助力，可能也會有出人意外的成長。如民間台語有此一說，「歹竹出好筍」，這雖然未必是絕對的道理，但「因緣」對「果報」確實扮演著重要的支配作用。「因緣果報」的道理深奧而微妙，值得我們好好的深入探究！

一〇、在歷年的空難事件中，常見多人同乘一部飛機，但有人罹難，有人幸運逃過一劫，這是否意味著各人的業力不同，所以結果有別？

答：世間的各種力量當中，最大的力量不是槍炮、子彈或是無形的神通力，而是行為的力量，也就是業的力量。

在中國民間的故事演義中，描寫黃巢作亂殺人無數時，曾有一句諺語說：「黃巢殺人八百萬，在數在劫命難逃。」傳說黃巢興兵造反，要殺滿八百萬人，兵亂才能平定下來。在小說家的曲折描寫之下，黃巢果然殺了八百萬人，才被剿平。這件事的真實與否，留待歷史去考證，我們現在要談的是所謂「在數在劫」的問題。

什麼叫「在數在劫」？就是業報難逃的意思。如剛才所問，在歷次的空難事件中，常見有的人原已訂好機位，卻因路上塞車趕不上，因此幸運的逃過一劫；有的人則在飛機起飛前，臨時補位，於是趕上了死亡班機。甚至有的人一生不肯出門，經不起親友熱情邀約，第一次搭機出國，就此一去不返。更有的時候，同一班失事飛機中，全機的人都罹難了，只有一人生還。這是什麼原因呢？簡單的說，這就是各人的業報不同所致。

類似這樣的事例還有很多，可以說每天都在各地不斷的發生。例如，台灣九二一地震中，有一對從加拿大回國的夫妻，不早不晚正巧趕上這次的大災難而身亡。美國九一一恐怖攻擊事件發生時，飛機撞上世貿大樓的那一刻，大樓並非應聲倒塌，而是經過一個多小時後才因高溫融化結構體而坍塌。一個多小時使得大樓內許多照理說應該喪命的人得以逃生，但也因此造成許多前往救援的警察及消防人員本不該死卻殉難了。

在那次幸運逃生的人當中，有一位國際佛光會紐澤西協會會長魏建國先生，在事發當時，他正在該棟大樓的七十四層辦公室內準備上班。飛機撞樓時，一陣搖晃，經驗告訴他，大樓出事了，閃過腦海的第一個念頭就是趕快逃命！雖然過程歷經艱難辛苦，總算逃過一劫。此事件不但讓佛教的許多真理顯露無遺，也讓許多人對「無常」感受深刻。

此外，二〇〇三年十一月三日凌晨，大陸湖南衡陽珠暉區永興綜合樓發生火災，在救火過程中，這棟八層大樓突然坍塌，當場有不少警消人員因此殉職，而大樓的住戶卻安全逃生。

為什麼同樣身臨險境，有的人能夠有驚無險，逢凶化吉，有的人就沒有這麼幸運？背後到底有什麼力量在左右？其實這就是共業與不共業的關係，也就是際遇、感受相同與不相同的業。例如，那麼多來自不同國家、不同城市、不同方向、不同身分的人同搭一機而死，這就是「共中共」的業；當中有的人因為錯過班機，或是大難不死，這就是「共中不共」的業。

業，到底是什麼？業就是「行為」、「行動」或「造作」的意思。我們每天的行為造作，匯聚成一股極大的力量，決定一生的幸與不幸。業來自身行、口說、意想，業有善有惡，善惡業力，決定不失，所謂：「假使百千劫，所作業不亡；因緣會遇時，果報還自受。」也就是說，眾生除非不造業因，否則善惡種子永留八識田中，不管時間久暫，一旦遇緣，必起現行。因此《根本說一切有部毗奈耶》卷四十六說：「不思議業力，雖遠必相牽，果報成熟時，求避終難脫。」

不過前面說過，業的定義是「作如是因，感如是果」，一切都離不開因果關係。因果雖然不能改變，但是因和果之間還有一個「緣」，因為有「緣」的加入，其結果就不一樣了。例如一棵大樹的長成，本身的種子可以決定果實的酸甜、大小，但是成長過程中的土壤、水分、肥料、空氣、陽光等助「緣」的條件好壞，都可以影響結果的品質。

因此，佛教的業報說啟示我們，如果希望遇事都能逢凶化吉，都有貴人及時相助，平時就要種善因、結好緣，因為我們的行為決定我們的人生，造了什麼樣的行為，就會有什麼樣的果報。行為就是業，每個人的所作所為不同，自然會有不同的人生際遇以及截然不同的命運。所以，了解因緣果報的道理，讓我們更能掌握自己的未來，開創自己的前途，真正成為自己命運的建築師。

二一、在醫學上有基因遺傳的說法，所以兒女的長相、性格會受父母影響，不知命運是否也會遺傳？

答：近代科學家對基因工程的研究發現，基因（Gene）就是遺傳的主要因子，他是由許多的DNA（去氧核醣核酸）所組成，舉凡疾病的產生、壽命的長短、性別的決定、長相的美醜等，都與基因有關。此一發現不但解答了人類探索已久的遺傳奧祕，並且逐漸解開生命進程的神祕面紗。

基因工程與微生物工程、蛋白質工程、酶工程，合稱四大生物工程。基因工程的研究成果，目前已廣泛被應用在人類的生活中，包括醫療、環保、農畜牧、食品工業等方面，都受到基因學的影響而有重大的突破。例如，日本找到喚醒種子的基因、韓國通過基因差別鑑定野山蔘、美國開發出含DNA的防晒霜，可有效預防皮膚癌等，尤其英、美、中等各國成功的誕生出複製羊、複製牛，甚至複製人的出現，更寫下了人

以基因為本，加上社會環境外緣，會產生各種不同的結果。

類歷史的新紀元。

儘管基因科學昌明，對生命的改造工程起了極大的影響（其實應該說是身體改造，不是生命改造），但是基因的發現，更加說明世間上無論什麼事情，都與緣起、業報、因果脫離不了關係。

「基因」其實就是佛教所說的「業」（karman）。早在二千多年前佛陀就發現了「業」的奧祕，直到現代科學家才把「基因」使用在人類的社會裡，由此更見佛陀的智慧高人一等。

談到基因（業）遺傳，不但能影響自己的未來，甚至影響下一代，這是必然的。例如：兒女的長相、後裔的賢愚、族群的性格等等，都與基因遺傳有關。

基因號稱為「生命的密碼」，當然能影響生命未來的福德因緣、智愚好惡，因為人體裡有了「基因」的因子，以基因為本，再加上社會環境等外緣的影響，就會產生各種不同的結果。此中應該有共業、別業的關係，有的能夠影響或是遺傳給後代，有的則因自己的業因勢力強大，不受外力影響。因此，平凡的父母可能生出資優生；反之，傑出的父母也可能生出低能兒。或者有時候父母不好，卻是子孝孫賢，有時候賢人也會生出土匪強盜的兒子，也就是所謂的「不肖子」，一點也不像父母。

總之一句，佛教以自業為主，但是受到宇宙萬有的關係，也會受到他業的影響，所以最後總離不開緣起，經過因緣和合就會產生其他不同的結果。

至於說命運會不會遺傳？我們讀過中國歷史，看到古代帝王專制時代，臣下一人犯罪，往往「誅連九族」，不但「禍延子孫」，甚至及於「祖宗八代」，就知道所謂「不是一家人，不進一家門」，既是一家人，就得「患難與共」，彼此成為命運共同體。乃至過去美國的黑奴制度與印度的首陀羅階級，他們的子孫世代都逃脫不了當奴隸的命運，這就是共業的牽連。

此外，現代人愈來愈重視胎教，認為母親在懷孕時，如果性情慈悲、溫和、尊重，常行善事，所謂種善因，得善果，將來兒女出生，必定能受到母親性格遺傳的影響，這就是胎教。

先天的胎教好，加上後天有良好的家教，兒女往往比較優秀。不但本身所具備的條件優厚，加上有好的家世背景，將來在社會上比較有發展的機會，前途也能一帆風順。在一般人看來，認為這樣的命好是受父母、祖先庇蔭而有。

其實，不管今生投胎的家世如何、父母賢明與否，乃至自己的智愚美醜，與其說是父母命運遺傳的結果，不如說是自己的業因感得的果報。因為業有約束性，如天才的資賦並非人人能有，乃視父母的遺傳因子而定，受父母及祖父母、曾祖父母等一代又一代的影響而增減，這是先天的業。業，也有可變性，一個人的禍福休戚，不是命中註定，不是天生如此，也不是一成不變，一切得失成敗還要看個人日夜呼吸之間是行善或為惡，善得善報，惡得惡報，這是後天的業。所以，命運的軌跡其實是寫在自己行為的因果上，這才是佛教「因緣果報」的思想理論。

一二、佛教講「因果」，種了「因」，一定會受「果報」，那麼壞人一旦做了壞事，是不是就永遠沒有得救的機會了呢？

答：長久以來，隨著佛教在中國的傳播，「善有善報，惡有惡報」，善惡決定有報的「因果觀」，一直深植在中國人的心中，成為一股維繫社會道德的無形力量，並且發揮懲惡勸善的功能。

其實，佛教所說的因果，不僅僅是勸人行善的說辭，它是宇宙萬有生滅變化的普遍法則，它支配了宇宙人生的一切，所謂「作如是因，感如是果」，它不僅僅是一門理論學問，而是日常生活中處處可以印證的真理。如《十六大羅漢因果識見頌》有一首偈語說：「富貴貧窮各有由，宿緣分定莫剛求；不曾下得春時種，空守荒田望有秋。」世間上無論好壞、善惡、得失、有無，都有其因果關係，沒有任何一件事可以脫離因果法則。

然而一般人往往以世俗的觀點來解釋因果，致使一些不解佛法的人，一聽到因果便斥為迷信，或是感到畏懼。如剛才所問，壞人造了罪惡，是否就永遠沒有得救的機會了呢？答案是否定的：可以得救！因為佛教有一個偉大的「懺悔」法門。

在佛世時，中印度摩揭陀國的阿闍世王，因為弒父篡位，後來業報現前，身上長滿了很多的癰，心裡不時悔恨交加，後來經過耆婆指引，向佛陀求救。佛陀對阿闍世王說：「世界上有兩種人可以得到快樂和幸福的結果，一是修善不造罪的人，一是造罪知道懺悔的人。」

懺悔，是佛教很重要的思想、法門，平時我們的衣服髒了，身體有了汙垢，都要清洗、沐浴，才會舒服自在；茶杯汙穢了，也要洗淨，才能裝水飲用；家裡塵埃遍布，也要打掃清潔，住起來才會心曠神怡。這些外在的環境、器物和身體骯髒了，我們都知道要拂拭清洗，但是我們內心染汙時，又該如何處理呢？這時就要用懺悔的法水來洗滌，才能使心地清淨無垢，使人生有意義。

如何懺悔？佛經裡舉出戒律門懺悔、功德門懺悔、無生門懺悔等，教我們要對諸佛、父母、子女、師僧、良友等對象懺悔。另外，平時我們也可以透過說好話、捐善款、勤勞服務、成就他人等方法來懺悔。

懺悔是我們生活裡不可缺少的美德。懺悔像法水一樣，可以洗淨我們的罪業；懺悔像船筏一樣，可以載運我們到解脫的涅槃彼岸；懺悔像藥草一樣，可以醫治我們的煩惱百病；懺悔像明燈一樣，可以照破我們的無明黑暗；懺悔像城牆一樣，可以攝

「隨緣消舊業，更不造新殃」，若不慎造下惡業，只要懂得懺悔，就能洗滌業障。

護我們的身心六根；懺悔像橋梁一樣，可以導引我們通往成佛之道；懺悔像衣服一樣，可以莊嚴我們的菩提道果。《菜根譚》裡說：「蓋世功德，抵不了一個矜字；彌天罪過，當不得一個悔字。」犯了錯而知道懺悔，再重的罪業也能消除。

因此，一個人萬一不慎造下了惡業，只要懂得懺悔、發願，行善、積德，並且「隨緣消舊業，更不造新殃」，就能洗滌業障，離苦得樂。因為佛法講「緣起性空」、「諸行無常」，罪業也是無常變化，空無自性的。所謂：「罪業本空由心造，心若滅時罪亦亡；心亡罪滅兩俱空，是則名為真懺悔。」罪業是事相上的，本性上則是清淨無染；罪業是有為法，自性是無為法。在無生門的懺悔方法裡，只要一念不生，不起一切的妄念惡想，就是真正的懺悔。如果進一步證悟到真如不動的自性，一切罪過自然不懺自除了，所以「心若無作，就是成佛」。

佛光山的萬壽堂有一首對聯：

永念親恩今日有緣今日度，

本無地獄此心能造此心消。

說明罪業如霜雪，本無自性，不過是一時的沾染執縛而已，如果用般若智慧的陽光去觀照它，自然能夠融化。所以再多恆河沙的罪業，都是有始有終，唯有佛性真如的生命，才是無限的生命。

《法華經》裡有一種「性具」思想，說明凡夫一念具足無明與法性。同理，作為事物之理體、成佛之根據的法性，也同樣具足善惡染淨。雖然在我們的本性中，行為有善惡，善惡皆有報，但只要積極行善，善苗長大，雜草就起不了作用。

「性具」思想是天台宗的根本特色。「性」，指法界性、法性、真如，或稱本、理、體。所謂性具，就是真如理性本來具足世界一切迷悟因果之法，這稱作理具三千；此理具三千對每一個別眾生隨緣現起，則稱作事造三千。所以在世間法來說，無明煩惱是無始無終，但從出世法來講，成佛就沒有煩惱，所以是無始有終。

人的罪業，如田中雜草，會妨害禾苗的生長，但如果勤於除草（不犯過失，常行懺悔），有大願的功德禾苗，罪業的雜草自然就不會礙事。罪業如鹽，善業如水，一把鹽放在一缸水中，自然可以把鹽味稀釋淡化，因此，多行善因，多聚善緣，極為重要。

因為佛教有懺悔法門，只要自己懺悔發願、勇敢認錯、勤做功德，就可以將功贖罪。如大乘佛教裡，主張一闡提都能成佛，都能給予希望，乃至犯了五無間罪的眾生，都有得救的機會。一個做錯事的人，只要懺悔發願，願力的大水就能淡化業障，千萬不能一錯再錯，所謂「浪子回頭金不換」，佛教也倡導「回頭是岸」，只要我們懂得回頭、轉身，就有得救的機會，只要我們誠心懺悔、修福，就如同蛹破繭而成蝶，花開苞而綻香一樣，則人生的前途必然光明無限，希望無窮。

透過懺悔法門，以清淨法水滌除罪業。

佛教對「宗教之間」的看法

時間：二〇〇三年六月二十日
地點：佛光大學光雲館
記錄：滿義法師
對象：佛光大學宗教研究所
　　　全體師生一百餘人

星雲大師一生致力於「宗教融和」，祈以宗教的力量實現「世界和平」。二〇〇三年六月二十日應佛光大學宗教研究所全體師生之請，於該校光雲館暢談「佛教對『宗教之間』的看法」。

大師首先表示：「自古以來，有人類便離開不了宗教。宗教的重要，在於能領導生命的大方向，能將生命之流的過去、現在、未來銜接，所以人人都應該有宗教信仰，有信仰才有規範與目標。」

談到宗教之間未來如何發展？大師認為彼此應該建立「同體共生」的關係。大師說：現在科學發達，交通咫尺天涯，乃至電話、電視、電腦網際網路的發明，使得人際之間的關係真是天涯若比鄰。但是世間的智慧有利有弊，科學發達雖然帶給人類許多富樂，但相對的也造成人際疏離，甚至製造許多交通事故、電腦犯罪等問題。可以說，科學帶給人類福利，但也引生許多弊端，所以單純的發展科技，並不究竟。

大師進一步談到，比科學發明更重要、更偉大的事，就是現在人類的思想要相互交流、相互關懷；唯有人類彼此互相來往、互相聯誼、互相了解、互相幫助，世界才會和平、人民才能安樂。因此，「世界大同」不是關閉的，而是「同體共生」，彼此要互相尊重、互相來往，大家才能共存共榮。

大師舉喻說，人體的眼睛、眉毛、耳朵、鼻子、舌頭等五官，要相互共生，才能共存；絕不能說耳朵不是我，就讓你聾了；眼睛不是我，就讓你瞎了；鼻子不是我，就不讓你呼吸……這是不行的！五官同是我身上的一塊肉，宇宙也是一樣，與我都是息息相關，所以儘管世界上的民族、國家、宗教再怎麼多，彼此都應該建立「同體共生」的關係。

大師語重心長地表示，假如美國又再一次發生像九一一的事件，至少屆時旅行又再受到限制、航空飛機又不能飛、進出海關也很困難……總之最終受害的是全世界的人們，因為現在是地球村的時代，大家都有密切的關係，既然有關係，就應該讓彼此的關係保持良好、和善，大家才能歡喜融和的共同存在。

大師對宗教之間抱持崇高的理想與寄望，希望宗教之間要「同中存異、異中求同」的彼此包容、彼此尊重；大師認為「同體共生」的理念雖然一時難以普遍被理解，不過人類總要努力，因為實踐理想，未來的世界才會更美好。

大師獨到的見解與崇高的宗教情懷，令全體與會師生深受感動，不但當下有茅塞頓開之感，並且咸認這是一堂超越宗教之外的人生大課題，值得深思與品味。以下是當天的問題座談紀錄。

一、世界上的宗教很多，有的人信仰天主教，有的人信仰基督教，或是佛教、一貫道，甚至一般的民間信仰等。請問大師，人一定要信仰宗教嗎？

答：人是宗教的動物，有人的地方就有宗教。宗教信仰是發乎自然、出乎本性的精神力。過去在東西方國家的憲法裡都明文規定「信教自由」，你想信仰什麼宗教，可以自由選擇；如果你不願意信教，共產黨也有不信教的自由，可以說都已經說得非常明白。

至於說人一定要信仰宗教嗎？站在我是一個宗教人士的立場，毋庸置疑的，人一定要有宗教信仰；因為有信仰，人生才有目標，心中才有主。早期人類的宗教信仰，是出於對自身和大自然中不可解的現象和力量，所產生的畏懼和尊崇的心理；隨著人類文明的演進，對生命、真理信仰的崇拜，未來必是真理信仰時代的來臨。所以，社會愈發達，民智愈開化，人們就愈需要信仰宗教。

宗教如光明，人不能缺少光明；宗教如水，人不能離開水而生活；宗教如藝術，人在生活中離不開美感。因此，儘管有很多人平時不信仰宗教，但是一遇到急難的時候，脫口而出的第一句話便是「阿彌陀佛」或「觀世音菩薩」，可見宗教信仰的重要性。

在西方國家裡，他們認為沒有信仰是很可怕的事，如果你沒有宗教信仰，別人就不跟你做朋友；在日本，你沒有宗教信仰，女士也不願意嫁給你，他覺得你沒有信仰，就無法給人安全感。

信仰是道路，信仰是紀律，信仰是秩序；宗教代表真理、代表真善美。但是若說有宗教信仰的人就全都是好人？這也未必！人，總是賢愚不等。只是有個宗教信仰，就有目標，就有一種規範的力量，在自我的心中就有一個主。很多平時信仰天主教、基督教的中國人，很奇怪，當災難來臨的時候，遇到颱風、地震來的時候，他應該趕快稱念「上帝、上帝」才是，不過因為他是中國人，中國人的生活習慣，一到了危險的時候，還是很自然的就喃喃自唸：「阿彌陀佛，阿彌陀佛……」、「觀音菩薩，觀音菩薩……」。他稱念阿彌陀佛、祈求觀音菩薩，這就是習性。

文學家司馬中原先生說，儘管中國人信仰天主教、基督教，不過每一個人的身心裡，都流著佛教的血液。因為幾千年來，從祖父、祖母流傳下來，只要有了疾病的時候，或是面臨苦難的時刻，都找佛教。有名的哲學家方東美先生，到了人生的最後，也是找廣欽老和尚皈依。他表示，總要找個去處吧！平常又沒有信仰基督教，既不能上天堂，那麼要到哪裡去呢？就到極樂淨土去吧！

人到了苦難的時候，自然就會想要找一個宗教為依歸，所以我們常說，宗教是苦難的救星。問題是，有的人平時不覺得宗教的重要，都是「臨時抱佛腳」；但是不管怎麼樣，到了某一個時候，尤其是要緊的那麼一刻，人和宗教的關係就如同人和飲食、金錢、男女一樣，彼此是分不開的，很自然的就有這種密切的關係。

話又說回來，一般人因為把信仰建立在「有求」之上，所以使得中國人的宗教情操逐漸墮落。舉例說，佛光山在美國拉斯維加斯有一個別分院，原本是王永慶先生的機要祕書所有。他住了幾年後不想再住，由於房子必須分期付款，想賣也賣不出去，於是他說，算了，乾脆就送給佛光山西來寺吧。我們想到當地也有很多華人，就決定接受下來。剛開始時，派了一位法師去管理，兩年後他只度了一家信徒。我說這樣不行，就改派另一個會講廣東話的徒眾，才去了半年，就度了五千家的香港信徒。他跟我報告說，每次法會都是幾百人參加，連警察都來取締。我問他怎麼有這個功力？他說：「香港人和台灣人不一樣，台灣人到了國外，先問：『哪裡可以賺錢？』香港人每到一個地方，先問：『哪裡可以拜拜？』」香港人把拜拜看得比賺錢重要，他們對精神世界的追求，遠比外在的物質世界還要重要。

另外，我們到泰國的金三角、熱水塘去弘法救濟，當地有一些來自雲南、貴州等地，因抗戰期間跟隨共產黨打仗的第三軍、第五軍的軍人。我們到那裡弘法，他們虔誠地對我們說：「師父，我們寧可沒有飯吃，但不能沒有信仰！因為信仰是二十四小時，隱隱約約，即使在夢中，我也要有信仰。」

一個人一生一世，吃飽了還有餓的時候，餓了再吃就好。什麼困難都有法子解決，生活就算苦一點，也都還好；但是沒有宗教信仰，內心就會覺得苦悶、無助。

當時我聽了他們的那些話，心裡就有一個強烈的感覺，當民族需要宗教的時候，宗教就很重要。所以現在舉世發展各種宗教，不管天主教、基督教、佛教，甚至一貫道，這是人民的自然需要。有的人即使沒有信仰，這也只是一時的，是信仰的時候還沒有到；一旦因緣成熟，人必定還是離開不了宗教信仰，這是不容置疑的。

二、延續上一題所說，目前世界上的宗教已經夠多了，最近又有許多的「新興宗教」，宗教到底是多一點好呢？還是少一點比較好？大師您認為世界上的宗教當中，哪一個最大、哪一個最好呢？

答：世界上哪一個宗教最好？「老王賣瓜，自賣自誇」，這是自然的心態，哪一個人會說自己的宗教不好？但是哪一個宗教最好，也不是自己說好就好。信仰宗教，基本上所謂信仰「真理」，「真理」是要經過評鑑，真理是有條件的。在佛教裡講到真理的條件有四：

㈠**普遍性**：例如「花開，必然會謝」，這個道理不管你在佛光大學講，或是到輔仁大學、東海大學、中山大學去講，大家都能認同，這就是具有普遍性。

㈡**必然性**：必然性是指不能更改的，是必然如此的道理，例如一加一等於二，你就不能說等於三。

㈢**平等性**：平等性就是男人說了有理，女人說了也有理；中國人說了有理，美國人說了也有理，它是普遍通於各種人等，不能因為這個人權力大，他說了就有理；同樣的話，別人無權無勢，說了就無理，這就不合乎平等性。

㈣**永恆性**：一個道理，過去講、現在

「花開，必然會謝」，這是普遍性的真理。

講、未來講，都能讓人信服，他是放諸四海而皆準，是亙古而長新，是永遠不會更易的道理，這就是有永恆性。

譬如「人有生必然有死」，中國人如此，外國人也一樣；古人如是，現在、未來的人也無法跳脫這個生死的定律，這就是普遍如此、必然如此、本來如此、永恆如此的真理。任何人都不能推翻這句話，因為這是真理。

生死是必然的定律，不管你在台灣頭，或到台灣尾，生了就有死；你是中國人，即使在外國出生，最後也必定會死。古今中外，無論是男人、女人、貧富貴賤，一旦出生就會有死。所以，真理一定要經得起驗證，要由大家來評定。

至於說很多的宗教當中，哪一個最大？哪一個最好？我在澳洲曾經遇到一位國會議員菲利普．羅達（Philip Ruddock），他跟我共同主持一項儀式時問我：「世界上哪一個宗教最好？哪一位宗教大師最偉大？」我說：「你歡喜的就是最好、就是最偉大。」

「歡喜」很重要！佛陀降誕世間，目的就是為了「示教利喜」。不但信仰宗教是為了歡喜，甚至人到世間上來也是為了歡喜。我歡喜土地公，你歡喜城隍爺，他歡喜媽祖、耶穌、觀世音、釋迦牟尼佛，你歡喜哪一個，哪一個就是最好的，你對於他所講的每一句話，也一定都會「對、對、對」地加以肯定。如果你不喜歡，怎麼會相信他呢？你當然喜歡你所歡喜的，只要你喜歡的就是最好，只要你相信的就是最好。

所以，世間上沒有絕對的好與壞，我們所信仰的人，就是神、就是佛；我不信仰他，他就是魔、就是鬼。不過從善惡好壞的角度來看，究竟是佛、是魔，當然還是會有一個標準。

甚至我也曾經說過，在世界上的各種宗教當中，包括天主教、基督教、伊斯蘭教、佛教等，雖然彼此信仰的對象有別，但是不管是天主、上帝、阿拉、佛陀，乃至地方性的各種神祇等，其實都是信者自己心中所規劃出來的「本尊」，名稱雖有不同，意義卻是一樣。

由於各人心中各有本尊，所以不管耶穌、穆罕默德、孔子、上帝、關公，認定就好，不要互相排斥，也不要以自己心中的本尊去要求別人，宗教之間應該要融和，大家和平共存，才不會失去宗教追求真善美的本質。

至於現在的新興宗教那麼多，到底宗教是多一點比較好？還是少一點比較好？太少了，如同我們所穿的衣服，如果只有一個顏色，太單調了；有色彩變化一下，

宗教之間彼此要融和。大師於巴西聖保羅SE大教堂，與天主教樞機主教Dom Claudio宗教對話。2003.10.06

就會比較美麗。但是如果色彩太多，花花綠綠，就太複雜了，所以宗教太多，也不必然就好。

宗教太多，所產生的問題就和黨派太多一樣，造成民眾的分裂。你是天主教，他是基督教，我是伊斯蘭教或是本土宗教、佛教……這種種的分別，要想統合起來很難，如果能夠給予有限制的平衡，還是很重要的。

不過，現在新興的宗教太多，好不好？這不是站在宗教好不好的立場來探討，而是應該站在國家民族的立場來說。宗教不是個人的，應該是眾人的，所以不能因為一個人喜歡就成立一個宗教。再說，宗教也不是一下子就能產生，它要有時間、歷史。基本上，對於新興的宗教，我認為應該先從成立團體開始，有組織、有專職人員辦一些活動，慢慢醞釀成型，讓大家認識、接受後，大概經過一個世紀、二個世紀，自然形成宗教，我認為這樣比較好，而不是一下子想成立就成立。像現在的「法輪功」，其實可以定位為「體育協會」，而不必當成宗教來處理。

宗教太多，首先就會出現分裂的問題，以基督教來說，單國璽樞機主教告訴我，基督教有五千多個教派。光是一個基督教就有五千多個教派，你說怎麼能團結合作呢？因為「派」太多了，大家各自為政，各行其事，力量就分散了！

從宗教的歷史來看，每個宗教都有不少的教派，有的以「人」為派，有的以「教義」主張分派，這都很麻煩，無法團結合作。就是佛教，也有各種宗派，像大乘、小乘、空宗、有宗，它是以教義為主，這還容易溝通。現在社會倡導民主，每一個人都可以去作教主，但是宗教太多，對當代社會、國家、民族究竟有利、無利，這個問題倒是值得各宗教領袖來研究。

基本上我不排斥新興宗教的產生。例如，在幾十年前一貫道向政府申請登記，但是政府皆不同意。當時他們想藉佛教幫忙，但是佛教人士都反對，認為它是外道，怎麼可以稱為宗教？我說，沒有關係，一貫道其實也已流傳很久了，只要它有教主、教義、教史、教徒，不要跟佛教混雜在一起，不要念佛教的經書、穿佛教的衣服、拜佛教的佛祖就可以了，否則它就不要稱為「一貫道」，乾脆就叫佛教好了！

我們不是不贊成其他宗教的成立，只是既然成了一個宗教，必定有和其他宗教不同的教義、儀規和內容；就如同文學當中的散文、小說、詩歌，一定也有各自不同的內容。所以，宗教其實是可以多一點，但是還是須要規範。如同雨水很好，可以滋潤萬物，但是天天下雨，就會氾濫成災；和風讓人清涼，但狂風就會把大樹吹倒。所以，對於新興宗教，能夠加以有限度的節制，還是有其必要。

三、基督教常批評佛教拜觀音菩薩、拜佛祖，是拜偶像的宗教，大師您認為人有偶像的觀念到底好不好呢？

答：佛教一向被基督教譏評為拜偶像，其實拜偶像不光是佛教徒。每個人天生下來就有偶像的概念，例如：父母就是子女的偶像；讀書求學，聖賢就是我們的偶像；我們崇拜一些偉大的人物，這些偉大人物都是我們心目中的偶像！

人要有偶像的觀念，有偶像才能見賢思齊；如果沒有偶像觀念，則沒有學習、效法的對象，就如同沒有地標，前面的路不知道怎麼走。

其實，即使基督教本身也不能說他們不拜偶像。比方「十字架」，你叫他們教堂裡不要豎立十字架，他會說「不行」。這十字架不就是偶像嗎？天主教的耶穌、聖母瑪麗亞也是偶像啊！

偶像觀念，人皆有之。例如有人把你父母的照片撕下來，放在地下用腳去踩，你一定會上前給他一拳，質問他：「為什麼侮辱我的父母？」「咦？那只是一張紙、一個偶像，計較什麼？」他會說：「不行啊！他是我的爸爸、我的媽媽。」因為他具有一個代表性，有了另外的象徵意義。所以佛祖、觀世音，不管是木刻的、紙畫的、銅鐵雕塑的，在我心中的意義就不一樣了。

過去有人到佛光山參訪，走到大佛城，看到阿彌陀佛的像都是用水泥做的，便批評佛光山是「水泥文化」。其實，我們在佛光山幾十年，並沒有看到水泥，我們所看到的都是佛祖；怎麼你從那麼遠的地方來，只看到水泥，而沒有看到佛祖？這也太可惜了，真是枉費草鞋錢。所以，人要建立心中的價值；世間的事物無所謂貴賤，但是心目中的價值會有貴賤。因此，凡事不要只從相上去看，而要看他在我心中所顯現的價值，那才重要。

我常舉例，同樣一塊布，做成鞋子就穿在腳上，做成帽子就戴在頭上；如果有

佛光山大佛城的接引大佛

人反將鞋子頂在頭上，一定覺得很髒，這也是偶像的觀念。甚至一塊布，做成國旗，就有人願意為它犧牲生命，因為它代表的不再是一塊布，甚至不只是國旗，而是一個國家民族。這絕不是崇拜偶像，而是因為心中的價值不一樣了。好比一張紙、一塊木材，雕成佛像，它就是佛像；雕成桌子，它就是桌子，即使你把它拿來當柴火燒，它的價值還是不一樣。

唐朝的丹霞天然禪師，有一天在一座佛寺裡掛單，時值嚴冬，天氣寒冷，大雪紛紛，丹霞即將佛殿上木刻的佛像取下來烤火，寺中糾察師一見，大聲怒斥道：「該死！怎麼將佛像拿來烤火取暖？」

「我不是烤火，我是在燒取舍利子！」

丹霞禪師從容不迫地回答。

「胡說！木刻的佛像哪有舍利子？」糾察師仍是大聲斥責。

「既然是木頭，沒有舍利子，何妨多拿些來烤火！」丹霞禪師從容地去取佛像投入火中。

這意謂什麼？糾察師所認識的佛像，只是木刻的；而「丹霞燒佛」欲取舍利，他所認識的佛像才是有靈性的。在丹霞禪師的心目中，佛陀的法身遍於整個宇宙世界，那尊佛像早已超越了形質。宇宙真理才是佛陀法身的整個表徵！此與禪宗的「魔來魔斬，佛來佛斬」，雖然看似謗佛，實際上是讚佛，他們所看到的不是表相上的佛像，而是佛的法身。

所以，對於一些人常引用《金剛經》的「凡所有相，皆是虛妄」，來指責佛教徒不應該執著一尊佛像。對此我也引用一個譬喻：「一個人要渡河，不能沒有船；一旦過了河，當然不需要把船揹著走。」

「不著相」是指果位上，是菩薩悟道的境界，是要在得度以後才說的；沒有得度之前，這尊佛像是很重要的，就像渡船一樣，沒有它就到不了彼岸。所以不可以用「不著相」來要求因地修行的佛教徒，否則不著相，又何須上教堂，又何須佩戴十字架呢？

還有一則公案。唐朝宣宗皇帝尚未即位時，曾經因為避難而隱居在佛寺叢林裡，擔任鹽官禪師的書記。他對禪門所謂「不立文字」、「不著形象」、「不假外求」那種天真灑脫的禪道，頗為欣賞。

當時該寺的首座為黃檗禪師。有一天，這位天子書記看到黃檗禪師以七尺之軀，五體投地的禮拜佛像，便問道：「首座禪師！你過去一向教誡我們不著佛求、不著法求、不著僧求，現在你這麼虔誠地禮拜，你究竟所求為何？」

黃檗禪師聽後，立即呵斥道：「不著佛求、不著法求、不著僧求，應該要如是求，你懂嗎？」

宣宗聽後不服氣，用譏諷的口吻責問道：「既然如此，那禪師禮拜又有什麼用呢？」

黃檗禪師聽後毫不客氣地用力打了宣宗一個巴掌，這位天子書記愣了一下，便非常不高興地批評道：「還虧你是個修道人，怎麼這樣粗暴呢？」

黃檗禪師又是給他一個耳光，說道：「這是什麼地方，你居然敢在這裡說粗說細！」

宣宗不甘示弱地抗辯道：「你能拜佛、拜法、拜僧，我為什麼不能說粗說細？」

黃檗禪師聽後非常歡喜，笑道：「你說得不錯，我可以拜佛、拜法、拜僧，你也可以說粗說細。」

語言文字雖係工具，不是目標，但就剛才所說，河尚未渡，何能捨船？一旦到達彼岸，自當捨船而去。黃檗禪師說：「不著佛求，不著法求，不著僧求，當作如是求！」此一句「當作如是求」，實是著力之處。

總之，佛教徒拜佛，這不是盲目地崇拜偶像，而是與佛接心的過程與方便；當他藉著香與佛菩薩來往，「香」就如現代的電話，形式是表達情意的最好方式。因此，關於偶像觀念，對一個不懂得宗教與信仰意義的人，是不值得一談的啊！

四、道教曾經主張「三教一家」，甚至後來又有「五教同源」的言論。請問大師，您對宗教的分合有什麼看法？

答：禪宗有一則公案：有一天，傅大士身著和尚的袈裟，頭戴道士的帽子，腳穿儒家的鞋子去見梁武帝。

武帝見他一身奇異的打扮，問道：「你是和尚嗎？」大士指一指帽子。

武帝又問：「你是道士嘍？」大士指一指鞋子。

武帝再問：「那麼你是方內之士了？」大士又指一指袈裟。

武帝終於不耐的說：「你到底是哪一家之人？」

傅大士於是作詩曰：「道冠儒履佛袈裟，和會三家作一家。」

「三教一家」、「五教同源」的說法，由來已久。明末四大師之一的蓮池大師，曾在他的《竹窗隨筆》、《竹窗二筆》、《竹窗三筆》裡提到「佛儒相資」、「三教合一」的說法。之後憨山大師又把蓮池大師的「相資論」、「合一論」，進一步推演成儒、釋、道「三教同源論」。

所謂「三教」，釋教即指佛教，為釋迦牟尼佛的教法。儒教其實是指孔、孟重倫理、禮治等儒家的教化而言。道教則以貴生為主旨，含括以丹鼎、齋醮、符籙、積善、經戒為道法的各道派之教。儒、道屬於中國本土文化，佛教則傳自印度，因此，三教不論在教義思想或信仰儀禮方面，多有差異。

只是三教歷經時代文化的融會後，修行的立論、濟世的宗旨難免會有相互比附之處。比如：儒說「正心」，釋說「明心」，道說「煉心」；儒以「治世」，釋以「治心」，道以「養性」；儒近「人道」，釋近「佛道」，道近「天道」；儒曰

「獨善其身，兼濟天下」，佛曰「上求菩提，下化眾生」，道曰「清淨安然，無為而治」等。

如果仔細探本溯源，三教說理的淺深，陳義的歸趣，還是迥然不同。儒教說：「未知生，焉知死。」舉凡有關宇宙來源、神祕現象、生死問題皆置之不理，一切順天由命。道教則以「一氣化三清」的理念，將宇宙的生成與神仙思想結合，並認為天地萬物皆由三清尊神所化，這是唯物思想的體現。佛教則揭櫫「緣起性空」之理，以解答宇宙成、住、壞、空的因緣觀，並以善惡因果、三界輪迴的學說，打破人們對生死的迷惑。

所謂「五教同源」，則是延續「三教一家」之說而來。內容即指「佛教的慈悲，道教的無為，儒教的忠恕，耶教的博愛，伊斯蘭教的清真」。根據馬宗德先生的《台灣民間信仰論集》讀後感說：「五教原為一理所生，雖分門別戶，但皆以勸化人心為主宰，普唱仁風而立基，以正心、修性為悟道之本。從『心』『性』處多下功夫，以蓄養至大至剛的人格，雖然功夫不同，但是化殊而旨同，其理『一』也，即『真理』。」

其實，「五教」泛指世界各大宗教，都是以善為出發點，舉例說，儒家思想可綱維人倫，等於佛教的人乘思想；天主教、耶穌教主張生天，等於佛教的天乘思想；道家的清淨無為，任性逍遙，等於佛教的聲聞、緣覺乘思想。各宗教在多元化的人間，均扮演著導人向上、向善的角色，或為身教，或為家教，或為含容各門學科的心靈教育。而當代人間佛教的提倡，乃重視當下的淨土，致力於解決人間各種問題，所謂以「出世思想」，作「入世事業」，屬於菩薩乘的思想，主張「人成即佛成」，也就是以聲聞、緣覺出世的思想做人天乘入世的事業，進而實踐菩薩道的慧業。

以上是將各大宗教匯歸為五乘佛教，皆可引導眾生到達理想世界，其根本究竟乃覺行圓滿的大乘佛道，故曰「五教同源」。

談到宗教分合的問題，從古以來，經常有附佛外道「寄佛偷生」的現象，主要是佛教的發展並不是靠神通、靈異，佛教有組織、有教義，像「因果報應」的道理，便是顛撲不破的真理。舉凡世間任何事物，都離不開「因緣果報」的定律，所以很容易取得一般大眾的信仰。

然而，有些宗教因為本身教義不太俱全，所以很容易依附到佛教的身上，像剛才講的「三教一家」、「五教同源」。甚至豈是「三教一家」、「五教同源」的說法而已，現在還有不少的附佛外道，不下幾十種。

世界各大宗教都是以善為出發點，應彼此尊重。

這許多的宗教基本上可合可分，有些地方可以合，有些地方必須要分。記得有一次，天主教的羅光主教曾在台北天主教的公署舉辦一次「宗教聯誼會」，大家針對「三教一家」、「五教同源」進行討論。基本上我也是贊成宗教之間要和諧、尊重，彼此要包容、交流，但有時也不能一概而論。

那天，羅光主教擔任主席，我做主講人。當與會人士都講過以後，我問羅光主教：「如果現在把釋迦牟尼佛、耶穌、孔子、穆罕默德、老子，一排供在這個地方，您願意拜嗎？」他說：「我拜不下去！」可見宗教事實上是難以混合在一起的。

如果再問：「既然合不起來，那麼就彼此分裂、鬥爭嗎？」也不見得。凡是一個宗教的成立，必定有它應具備的條件，也就是要有教主、教義、教史，再發展到信徒。

例如一貫道，當初就是苦於沒有自己的教主，教義也是蒐羅、引用各家之說，如果別人不准它用，它就沒有內容可說了。加上他們本身的一些制度、儀禮也還未俱全，所以不容易被人接受。不過，現在他們慢慢有了人才，也做得相當進步。

我的意思是說，教主不能合，耶穌就是耶穌，佛祖就是佛祖；教義也不能合，就好比文學就是文學、科學就是科學、醫學就是醫學，天文、地理，性質也不一樣，根本就不必合！但是教徒可以互相來往，彼此可以做朋友，你信天主教、基督教，我信佛教、道教，我們可以在一起談話做朋友，彼此可以互相來往。

宗教應當同中存異，異中求同。

也就是說，你儘管信你的教主，但我不能信，因為那是你的爸爸，不是我的爸爸！我把你的爸爸當成是我的爸爸？這就不倫不類了，所以是行不通的。

因此，各人的爸爸，就歸各人去禮拜，不必一定要「同」，你讓它各自存在，各具特色，不是更好。甚至各家的教義就歸各家去信仰，你要相信、不相信，你要這個、要那個，你要空、要有，你要三論、要唯識……所以教義也不一定要合。

我的主張是「同中存異、異中求同」。在「同」的裡面，宗教都是勸人為善，目標一致；但是「同」中也有「不同」，各個宗教各有教義，彼此說法也有不同。正如交通，飛機、船筏、火車、汽車，都能當交通工具，但功能性不同；宗教也是一樣，所以佛教有五乘，大小乘、人天乘等，包容性強。

佛教的「五乘共法」，其特色就在於人乘、天乘、出世的聲聞、緣覺乘之間，還有一個「菩薩道」，它把出世與入世調合起來，當然人生就更加圓融了。

過去天台宗、華嚴宗都講究「判教」，現在我對各種宗教的看法，覺得不應該去分誰大、誰小、誰高、誰低，彼此各有所專。就像現在的兒童文學、青年文學、婦女文學，不要分哪一個好、哪一個不好，各有特色。所以，最好就是建立「能分能合」的宗教觀，這才合乎中道。

五、宗教有所謂「正邪」之別，請問大師，「正邪之間」到底要如何分辨？佛教對正信宗教與邪教有什麼樣的定義？

答：平時我們做事講求效率，有益處的事才做，無益之事自然不做。同樣的，有益處的宗教才去信仰，沒有益處的宗教絕對不去信仰。

談到信仰，有的人一開始信仰宗教就走錯了路，信了邪魔外道，這就是「邪信」。比邪信好一點的是「不信」，不信仰任何宗教固然不好，但是至少他沒有走錯路，沒有中毒，將來再選擇一種正確的信仰，還有得救的機會。

另外有一種信得很虔誠、不知分辨而「迷信」的人；迷信比不信又好一點，因為雖然迷信了，但總還有一種信仰。像老公公、老婆婆們，手裡拿著一炷香，虔誠的跪倒在神明面前，口中喃喃有詞，在我們看起來是迷信的行為，但是他們那一片純真的心，是非常可貴的。至少宗教勸善止惡的觀念，已深植在他們的心中，因此即使是迷信也比不信好。當然，比迷信更好的還是「正信」，能夠對佛法生起正確的信仰，才能獲得佛法的利益。

所謂「正信」宗教，「正」是正常、正當、正確；「正」就是對的、好的、善的。例如我們建一棟房子，要強調「正」，棟梁要正，門窗要正；寧可「正而不足」，也不可「斜而有餘」。「正」的重要，由此可見。

信仰宗教，尤其要選擇「正信」的宗教。所謂「正信」的宗教，必須：

㈠信仰具有歷史考據的。

㈡信仰世界公眾承認的。

㈢信仰能力威勢具備的。

㈣信仰人格道德完美的。

這是說，我們所信仰的對象，必須是歷史上經得起考據證明的，必須是經過舉世共同承認確實存在的，必須是具有高尚品德與聖潔人格的，必須是能夠自度度人、自覺覺人的大善知識，如此才能引導我們走向正道，才是值得我們信仰、皈依的對象。

例如，佛教教主釋迦牟尼佛，歷史上明確記載著他的父母、家族、出生地、誕生的日期，乃至他出家、修行、成道。他所成立的教團是舉世公認的四大宗教之一——佛教；他的道德是圓滿清淨的，他具足智德、斷德、恩德，是功行圓滿的覺者；他所宣說的三法印、四聖諦、八正道等教義，及因果、業力、緣起等，都是顛

信仰民間宗教，只要向善做好事，比不信或邪信好。

撲不破的真理，可以引導我們轉迷成悟，離苦得樂，所以值得信仰。

信仰宗教的層次有種種的不同，就如同學校的教育有小學、中學、大學等階次的分別。宗教的上等者，以正知正見指導我們的生活，以六度萬行開發我們的佛性；中等者，以教條儀規約束我們的行為；下等者則淪於神通、靈異的外道邪說，使人迷亂心智，產生恐懼的心理。因此，如何辨別正邪之道，不可不慎！

現在的宗教，好像多數都介入了貪心、詐欺、迷信，甚至「邪教」橫行。近幾年來發生的「邪教事件」，如美國的「大衛教派」，自稱上帝，能死後三天復活，造成八十多名的教徒被活活燒死；日本的「奧姆真理教」，教主麻原以基督自居，要求教徒膜拜他的肖像，花數十萬的日幣買他的洗澡水，謂之「神水」，藉此加強功力，由於麻原的心理扭曲，最後造成五千多人死傷的東京地鐵毒氣事件；台灣的一些神棍則或以放光分身、靈異相片，炫惑民眾；或以消災避祟，巧立名目讓人產生畏懼服從的心理而藉以斂財騙色，也造成一些社會亂象。

所謂「邪教」，就是怪力亂神，甚至假借宗教之名，意圖達到斂財、圖利、騙色、求名等目的。邪教所散播的異端邪說，都是違背正知正見的思想與見解，如撥無因果、談玄說異、賣弄神通、否定輪迴等四顛倒和六種邪見，使得我們光明的本性被障蔽，所以《華嚴經》說：「正見牢固，離諸妄見。」正見即八正道、三法印、四聖諦，使我們正見緣起法，了解宇宙萬法生、住、異、滅的實相。

一個人一旦錯信「邪教」，就像吃錯藥，不但病無法治癒，甚至有中毒斃命之虞；又像一個人要到遠方去，結果走錯了方向，永遠也達不到目的地，所以信仰要正信，「正」很重要。

我發覺現在皈依三寶的人很多，不管到哪裡舉辦皈依，都有幾千人報名參加，他們好像在卡位一樣，想要趕快找佛教卡一個位子，表明：「我是正信的。」

其實，在佛教裡還是有很多人「迷信」。只不過迷信也不要緊，迷信只是「我不懂！」因為不懂，我拜媽祖、拜城隍、拜土地公，我信仰民間宗教。雖然我不懂，至少求神拜佛，發心向善、做好事，所以也無傷大雅。

有個笑話，有一位地理堪輿師，一天不小心被倒塌的圍牆壓住，整個人動彈不得，只好大聲對著屋裡的兒子大叫：「趕快來救我啊！」只見兒子慢條斯理的拿出黃曆，對著爸爸說：「爸爸！請您忍耐一點，不要急，讓我查看一下黃曆，看看今天適不適合動土。」

基本上人是很迷信的，例如，過去有人喊：「我們為某某主義犧牲！」「我們為國家犧牲！」下面再問一句：「為什麼要為某某主義犧牲？」「為什麼要為國家犧牲？」國家為什麼要我去犧牲？國家為什麼不保護我呢？有時候是禁不起一問的。但是，人就是要有為國家、為民族、為主義犧牲的這種信仰。

迷信不要緊，怕的就是不信，不信則什麼都沒有。邪信更糟糕，信錯了就是「差之毫釐，謬以千里」，所以現在台灣的邪教橫行，政府也不管，任憑它們披著「信教自由」的外衣、打著這樣的旗幟，到處散播邪說歪理，這是很可怕的。所以今後佛教要「驅邪顯正」，正派最好，凡是具有教育性，能引導人向上、向善、向美、向解脫的目標邁進的，就是最好的信仰。

其實認真說來，佛教徒也很辛苦，一面要行正，一面還要驅邪；就如一個修行人，一面修行，一面要和煩惱魔軍戰鬥。你看，多少貪、瞋、痴等煩惱統御了我們的心，多少我慢、嫉妒在我們心裡蠢蠢欲動。做人不但很辛苦，而且很可憐，一不小心就會被煩惱擾亂、打敗，所以要修行，要行八正道、六波羅蜜、四攝法，要訓練很多的正規軍，才能壓制許多猖狂橫行的魔軍。

可以說，人生本來就是一場戰爭，心裡充滿矛盾、衝突，常常在天人交戰、正邪交戰。所以人要學會轉，心中要會轉，不要執著，不要自以為是；不要認為「我已經信了」、「我已經改不了」、「我已經認定了」，這是不行的，人要順從真理，真理才是人生的道路。

六、佛教經典常常提到「外道」，外道是什麼意思？佛教對友寺、異教、外道，乃至「附佛外道」，到底是如何分別？

答：「外道」不是罵人的話，也不是標榜自己，排斥別人；外道是表示「我的道之外」的其他宗教。因為佛教乃心內求法，佛陀在各經論中，都說佛法只在自己心中，不向外求；中國禪門也說：「不著佛求，不著法求，不著僧求。」可見佛法即自己的真心自性，若在此以外談法論教，都是心外求法，故被視為「外道」。

在佛陀千百萬弟子中，大多數是從外道轉投佛陀座下，如優樓頻螺迦葉、那提迦葉、伽耶迦葉等，都是外道；乃至佛陀在即將涅槃時，最後皈依三寶的須跋陀羅也是外道。其實，揆諸佛教歷史，初信外道的人，更容易進入佛教之門，而且一旦理解悟入佛教的真諦之後，就堅信不移。即使佛陀在證悟佛道之前精通科學的「五明」及哲學的「四吠陀」，也都是外道之學。

關於外道的種類，在佛教的經論中所舉甚多，有九十六種、九十五種外道的說法，但一般都以「六師外道」為代表，即富蘭那迦葉、末伽梨拘舍梨子、刪闍夜毗羅胝子、阿耆多翅舍欽婆羅、迦羅鳩馱迦旃延、尼乾陀若提子等六師。另外，在《摩訶止觀》裡提到有三種外道：一、佛法外外道；二、附佛法外道；三、學佛法成外道。

佛教崇尚和平與融洽，對於其他宗教一向採尊重的態度。不過現在有些宗教，以佛陀為教主，教義中也揉和了佛教色彩，卻別立其名，這就好比認他父為己父，當然會引起爭議；更有些宗教打著佛教的旗幟，卻另立邪說，自封尊號，「未得謂得」，無異「以盲引盲」，信者非但不能見到真理，反而誤入萬劫不復之地，豈不枉哉！

所以，原本「外道」只是一種說法，並無貶抑之意。外，指外人、外賓，從外面來的，也沒什麼不好。不過後來慢慢有了「附佛外道」，也就是依附到佛教裡、託佛教的名維生，這就不太正派了。因為如果你是正派宗教，為什麼不獨立呢？

什麼是外道？有的人自稱「活佛」，怎麼不是外道？因為人怎麼能稱活佛？佛是別人稱的，豈能自稱？自己稱「佛」，就是「未證謂證」，就是大妄語，就是貪求名聞利養，這就是外道。

另外，也有所謂的「真佛」，可見有假的成分，不假，何必強調真。還有許多人都是為了自己的貪心私欲，想在宗教裡擁有群眾，因此藉機哄抬自己，這就容易產生許多外道了。

在佛教裡也有外道，例如有的人講經說法和佛教的教理相違背，就是「內外道」。內外道包括附佛法外道、學佛法成外道等，如小乘之犢子部、大乘之方廣道人等，僅習得佛法之一見，即起執著不知精進，未識佛法之中道真髓，亦無法證得涅槃解脫。甚至有的人連「佛」都想要推翻，如提婆達多以神通惑眾，教唆阿闍世王弒父篡位，乃至提出頗多不合正道的主張，還對佛陀說：「你應該退位了，我來。」他就是大外道。

人很奇怪，也很迷信。我用一句台灣話形容：「有人講，就有人信。」無論是壞的或好的，你講我就信。

所以，對於這許多外道，基本上要靠社會的法律來規範。雖然說宗教是神聖的，不可以用世俗的法律來管理，不過因為這是世間，一些不正派的人，在俗世中行走，與俗世的人接觸，接受世人的供養，有的甚至以不正當的手段詐欺、騙人，還有神棍藉機斂財，像這許多問題，政府也沒有過問。政府問的只是打擊政黨的宗教，因為邪信、迷信會讓人民無知，政治人物就比較容易統治，但如此，反而讓迷信、邪信的宗教氾濫。

就如過去日本統治台灣的時代，就是推動拜拜，提倡神權的宗教；他讓群眾把錢花在

2014年世界神明聯誼會於佛陀紀念館舉行之盛況

拜神明上面，就沒有精神力氣來造反。用迷信來統治台灣，這是當時日本人的手段。

過去台灣的政府也是一樣，台灣的青年學子哪裡敢選讀政治系、哲學系、心理學系？政府不准人民有思想，怕引起反動，所以人民要信仰正當的宗教，他不准，因為正信宗教會讓人有思想、有懷疑。

尤其佛教，佛教主張從理性入門，從信心入門，從懷疑也可以進門。禪門主張「提起疑情」，要你疑惑，「為什麼？為什麼？」不斷地參究下去，所以佛教是智信的宗教。

俗語說：「寧在大廟裡睡覺，不在小廟裡辦道。」寧可在正教裡遊走，也不在邪教裡作領導。甚至寧可以不懂，但是不能邪信。

另外，關於佛教對異教的看法，所謂異

教，是表示跟我的信仰不同，例如天主教、基督教、伊斯蘭教、民間信仰、一貫道、天理教、軒轅教、統一教等。我認為不管任何宗教，只要迎合人心，適合大眾，就有人信仰；宗教彼此間應互相尊重而非反對，在弘揚佛法的前提下，對異教要有包容心，甚至必要時給予輔導、感化、攝受，而非排斥、對立。

至於談到「友寺」，就是友好之寺。我認為世間上，人都可以有朋友，寺院間也有同宗同派的師門關係。只是交朋友有所謂「近朱者赤，近墨者黑」，所以朋友還是要有所選擇。

過去叢林裡稱直系道場為「派下」、「下院」，在日本稱「本山」、「末寺」，是指分支出去的寺院；法系道場是指結過「法」的，並以宗派宗風為依止，繼承此法統。又「法系」是經由傳法而來，沒有經過正式接法的人則不能傳法。

有人說，佛光山的門風很高，別人不容易親近。其實在佛光山創建後不久，經常有許多神明要到佛光山拜佛，佛光山殿堂的香燈師認為神轎搖搖擺擺、敲敲打打，太不威儀，不許他們進入大殿。我說：「人都可以進來拜佛，為什麼神不可以進來？」所以有一段時期，到佛光山拜佛的神明很多。

現在，佛光山雖然是倡導「八宗兼弘」的道場，但有時一些藏傳、南傳，或是一些新興宗教想跟佛光山來往互動，有時候徒眾也會有「對不起！我不了解你」之慮。人同此心，不過我想只要彼此多交流，問題自然會改善。

七、佛教對於密教裡的「活佛」、「灌頂」，或者是「當生成就」、「即身成佛」這樣的儀式以及主張，有什麼看法？

答：宗教裡騙人的法術很多，我自己是一個出家人，看到宗教裡有好多異想天開的邪術、異術、騙術等，深感無奈。例如現在有些人自稱是密教的「活佛」，可以替信徒「灌頂」，或是透過「持咒」，就能「當生成就」、「即身成佛」。

其實，學佛沒有捷徑，修行沒有特效藥；凡事「一步一腳印」、「一分耕耘，一分收穫」。世間上的人想要求得一個大學畢業，尚且需要十幾年的寒窗苦讀；你想要成佛做祖、杜絕煩惱，哪裡能經由上師加持、誦咒，就能即身成佛、當生成就？這未免太討巧了吧！

所以，我對現在一般人把信仰建立在貪求上，覺得很不可思議。例如，有的人拿一包餅乾，帶幾個蘋果，到神明前面拜拜，「神明啊！請你賜給我平安、帶給我發財。」幾塊餅乾、幾個蘋果，就要求神明帶給你平安、幸福，這不是擺明了賄賂神明嗎？

基督教過去講「祈禱」，近來也有人在研究祈禱的影響力。在《阿含經》裡有個譬喻，說明石頭是應該沉到水裡面去，如果你祈求「神明啊！神明啊！讓石頭浮起來吧」，這是白費力氣；相反的，油是浮在水面上的，你也祈求「神明啊！神明啊！讓油沉下去吧」，這也不合因緣果報，所以祈求也不一定有用。

當然，有時祈求還是有力量的，但也要配合因緣條件。你說你的手痛，問我有什麼藥可以治療？我為你擦藥，再為你祈福，希望你趕快消腫，快點痊癒，這可能有用，因為它合於因緣果報。因此對於現代人講「信佛」，佛要你信他做什麼？「學佛」，佛也不要你學他；「求佛」，佛有什麼讓我們求的？「拜佛」，佛也不一定要你拜。總之你先要知道：佛要我們做什麼？「行佛！」大家要重視「行」字，你不播種，哪裡有收成？你不行佛，怎麼能成佛？

所以，我們倡導人間佛教，人間佛教就是行佛的慈悲，具有佛的智慧，跟佛一樣正見宇宙人生的真理，乃至廣行六度、四攝、四無量心，具備「無我」的風度、寬宏大量等。能夠行佛之所行，做佛之所做，如此信佛、學佛，才能有所受用！

再回到剛才談到「即身成佛」的問題，沒錯，佛教也不是沒有「頓超法門」

之說，如《摩訶止觀》有云：「利根者，圓教下一生頓超十地。」《宗鏡錄》說：「一念成佛。」《景德傳燈錄》說：「若悟道，現前身便解脫。」《楞嚴經》則說：「不歷僧祇獲法身。」這就如同世間上的學校，有的人才剛入大學，因為成績優異，就直接跳級升到研究所。但這畢竟不容易，縱使有，也不值得一談。世界上沒有一步登天的事，都要「一步一腳印」。念佛的人希望往生西方極樂世界，也有人以為當生可以成就；果真如此，佛教何以說成佛要三大阿僧祇劫，甚至光是一個信心就要修一大阿僧祇劫呢？

一花一世界，一葉一如來。

當然，佛門對時空的看法，所謂「一花一世界，一葉一如來」，有時候從一粒沙就可以看到三千大千世界；雖是一剎那，其實就是三大阿僧祇劫。但這是從理上說的，所謂「理上有頓悟，事上要漸修」，所以事、理要分清楚。

再說，修淨土法門的人雖然可以「帶業往生」，但是帶業往生只是靠近淨土；就如考試，考取不一定就是畢業。所以，密宗雖然有其次第嚴謹的修持法門，但仍必須以顯教為基礎，如果忽略顯教教法而盲目追求灌頂咒法，或迷信雙修法，而求即身成佛乃至神通，都將是空中樓閣、海市蜃樓，偏離佛陀教法的本懷。唯有顯密佛教共同發揚，才能為全世界人類的福祉帶來貢獻。

八、以整個佛教來講，全世界有南傳佛教、北傳佛教、藏傳佛教，乃至現在日本的佛教也有自己的形態。請問大師，佛教未來應該走哪一條路線來統一世界的佛教比較好？

答：宗教的意義，旨在宣揚教義，教人明理，導人向善。因此，世界上的宗教都希望傳教，莫不認為自己的教最好，哪一個人信了我的教就比較安全。甚至為了顯示自己的宗教很大、很有力量，因此都喊出「國際化」的口號。其實，佛教早已是國際化的宗教，不是等到今天才要國際化，歐美早在幾百年前就已經有了他們所信仰的佛教。而現在的南傳佛教、藏傳佛教、日本佛教、韓國佛教，甚至中國的佛教，在各個國家經過當地風俗、習慣、文化、氣候、土地等種種不同的環境塑造下，也產生了各自不同的內容。例如，過去日本自明治維新以後，都是抱著佛教的原典在研究；近半個世紀，大陸則以中國秦漢隋唐的哲學思想，以及社會主義來評論佛教；台灣不少學者則以現代科學來對佛教做比較研究。

甚至天主教的丁松筠神父曾經跟我說：「如果大師您生長在西方，一定是個出色的神父；如果我出生在東方，也一定是個和尚。」信仰往往受地理環境、風俗習慣而影響。這些現象本來就無可厚非，因為宗教到了某一個地方，為了求得生存，為了要在當地落地生根，必然會有一些配合的措施與政策，這是自然的發展。

至於談到未來的佛教應該要走哪一條路線好？如果要佛教走南傳的路線，南傳的佛教以供養為主，只要僧人住到這個地方來，信徒就要供養，所以南傳佛教建立了供養的制度，僧侶外出托缽，家家戶戶都會主動拿出東西來供養，這已經成為他們的風俗習慣。

但是這種供養制度在中國可行嗎？不能！如果僧人走到信仰基督教的人家門

口，他不但不給你供養，還可能把你打出來，因為中國的宗教很複雜，所以不能走泰國南傳的路線。

你說走藏傳的路線，藏傳的佛教因為地處荒涼偏遠的西藏，人民生活在冰天雪地裡，養成堅忍的精神。他們外在的物質很缺乏，只有往內心世界去追尋，所以他們的精神世界很豐富，信心也很強。但是，中國人到了西藏去，三餐生活都覺得困難，還談什麼宗教信仰？因此並不容易。

再說，藏傳的密教太過重視供養，現在密教能在全世界發展，都是華人的貢獻；沒有華人，藏傳佛教很難在世界生存。不過，華人也很歡喜好奇，總覺得我跟活佛在一起、我替活佛揹一個包包、我是活佛的侍者，就覺得是自己一個很大的安慰，很容易自我陶醉。

基本上，西藏因為過去受英語的教育，他們的英文程度，以及對佛教義理的鑽研，的確有很深的造詣，像格西就等於我們的博士學位。但是不可諱言的，專研佛學的人確實不少；到處招搖撞騙的，也不是沒有，只是一般信徒分不清楚。若說要走藏傳佛教的路線，也是行不通。

那麼，走日本佛教的路線吧！日本佛教雖然在歷史上經過了多少王朝、多少磨

日本佛教成了祖師的佛教

難，但現在日本佛教各大宗派，都凝聚了很深的勢力。現在日本和尚，尤其在明治維新的時候，他們可以跟在家人一樣，有宗教的福利，也有社會的自由，他們可以穿在家的衣服，可以當首相，像過去鳩三一郎就是個和尚；京都市、東京市的市長，也都曾經由和尚擔任，和尚具有精神的感召力，廟大，信徒也多。

不過，現在日本的政治已慢慢步上軌道，並不怕宗教亂政。像現在的創價學會、公民黨，過去被批評為附佛外道，但是現在他們的勢力很大。日本的新興宗教比台灣多，例如立正佼成會、靈友會等，所發揮的力量更大。日本人對宗教也是一種狂熱，日本人曾批評台灣人沒有宗教情操，不忠於宗教。他們的教性很強，我們常常看到日本人，身上掛一個袋子，上面都有一個記號，這個記號就表示我是這個宗派，當他看到你的袋子跟我不一樣，連話都不跟你講，他們對宗派就是如此的劃分界線，彼此涇渭分明。

現在日本的佛教，基本上寺廟已經不成為寺廟，而是成了祖師的宗廟。他們不再是信仰佛教，而是信仰祖師。有一次，我在日本的一個寺廟裡參觀，看到大佛殿裡怎麼把一個祖師的相掛得那麼大，卻把佛像做得那麼小？他們說，這不是比大小，等於我們在頸項上都會掛一個佛像當護身符！我們的祖師很大，而佛像只是我們的一個護身符，所以佛像不需要很大。

日本佛教從佛祖的佛教變成了祖師的佛教，基本上已經走了樣，所以日本佛教的各個教派，並不是由佛來統一。日本的和尚在日本很有地位，甚至日本的女性要嫁人，他選擇嫁給教授、嫁給醫生、嫁給和尚，為什麼？因為和尚有廟，和尚有財富，嫁給和尚，馬上就可以當幼稚園的園長，就可以當百貨公司的老闆娘，就可以跟上流社會接觸，像皇家的東本願寺、西本願寺，都是由王公大臣出家當和尚。

現在如果要中國的佛教走日本的路線，事實上也不行，因為基本上中國的佛教是靠戒律在維持形象。比丘、比丘尼不可以結婚，這一條日本人都認同，一般在家信徒之所以向出家人禮拜，就是覺得你們跟我們不一樣，你們沒有結婚，我們是有家庭的，不如你們。

所以，今後的中國佛教要走什麼路線？應該走「人間佛教」的路線！人間佛教就是：在家眾有在家眾的護教空間，出家眾有出家眾弘法的崇高地位，僧與信、出家和在家，如人之雙臂、如鳥之雙翼、如車之兩輪。所以佛光山提倡人間佛教，我創建的僧團以佛光山為主，教團以佛光會為主。但是未來的歷史不是某一個人說的，也不是某一個人做得了的，這要看後來的佛教僧信大眾有沒有這種理念，有沒有這種大菩薩、大發心的人，才能有所建樹，把這種宗風、規模建立起來。這不是用強迫，或用政治力量可以達成，這是信仰，是要經過時間和歷史慢慢形成的。我祝願佛光山的僧團與教團，未來在人間佛教的發展上，能真正帶給人間和平與福祉，帶給人類幸福和安樂，這一切還有待我們繼續努力！

九、一般人容易把民間信仰當成是佛教或道教，因此「佛道不分」。請問大師，民間信仰到底是佛教還是道教？乃至神鬼的觀念算不算也是宗教信仰呢？

答：民間信仰到底是佛教？還是道教？主要是看他們自己，他要認為自己是佛教，就是佛教；他要說自己是道教，就是道教。

其實，現在的民間信仰，說穿了是「寄佛而生」。例如，過去一般的台灣人，你問他：「你們是信什麼教？」沒有人會說他是信道教，都說是信佛教。實際上他拜的是媽祖、城隍，嚴格說來並不是佛教徒，但是佛教也沒有把他們排斥在外，硬說他不是佛教徒。不過他們也很肯定佛教，佛教建廟，他們樂意出錢；你是出家人，他們也歡喜供養；佛教的事業，他們也發心參與，所以佛教也沒有放棄這許多民間信仰的信徒大眾。

不過，到了現在百家爭鳴、萬花齊放的階段，民間宗教這塊大餅也不只是佛教能吃，有的道教徒也站出來說：這是我們的道教。其實台灣沒有道教，因為沒有道士，哪裡會有道教徒呢？不過近幾年有一些神廟的廟公，他們也說：「我們是道教。」其實，宗教須要提高水準，神職人員要有神職人員的風範。你看天主教的大主教站出來，那種氣派；反觀神道教，哪一個廟公走出來有這種氣度？

所以我一直鼓勵道教要辦道學院，要成立道教會，要成立道教教團，要培養人才，我們也很歡喜有道教出來和佛教良性競爭。不過恐怕不容易，必須要有好的人才，幸好道教是民間信仰，比較容易發展。

道教的行天宮，它的力量比佛祖還大，拜拜的人更多，因為基本上求神比較容易，行佛比較困難。信徒到神明面前禮拜，求福報、求平安、求升學、求婚姻等等，神明有沒有給他什麼答案？沒有。不過他心裡覺得我求過了，我已經擁有這個，至少他會得到一時的安慰。

佛教現在面臨的危機，一方面是人才很少，再方面是保守的力量很強，愚昧的人士很多，真正有知識、有理念、有思想之高層次的信徒也少。許多信徒並不是看你的專業，或是你有知識，乃至你是一個大法師他就來拜你，反而看你穿得破破爛爛，一副苦行僧的樣子，他就相信你。

所以，把佛教的信仰建築在這種無能、無知、無用的上面，這是很讓人憂心掛念的現象。如何把佛教的層次提升，把信徒的信

台灣的民間信仰，已到百家爭鳴，萬花齊放的階段。

信徒向神明求福報、求平安，求心靈的安慰。

仰昇華，把佛法義理加以深入研究，尤其要提倡為教殉道、為教犧牲的精神，而不是一味地祈求神明庇佑，那是低級的信仰，果能建立這種觀念，則佛教的前途才有希望。

現在佛光會一直鼓勵信徒要跟天主教、基督教徒一樣，能為教會奉獻。因為基本上，以我幾十年來對佛教出家人的認識，他們需要錢，但不貪汙；平時雖然接受信徒的布施，但也只是想到要在這裡建個大雄寶殿，要在哪裡建個藏經樓、建個寶塔，他不會拿回家用，因為他沒有妻子、兒女。即使偶爾拿一些回去孝敬爸爸媽媽，也只是當成行善救濟，多少給一點也不要緊！所以出家人在財務上，雖說還是難免有不肖分子，但多數的人還是很有因果觀念。

再來，談到神鬼觀念算不算也是一種宗教信仰？甚至信神到底是民間的宗教？還是佛教？或是道教？現在就看佛教的本意如何？如果能把他們轉化成為佛教徒，這一轉是很重要的！

基本上，佛教不是神，也不是鬼，而是人的宗教。我們提倡人間佛教，並不是不承認神，也不是否認鬼的存在，只是各有各的世界。

佛教是以人為本的宗教，過去基督教也曾批評佛教：「你們是人，不是神。」神是什麼？神是無形、無相的，似有似無；神是神話的、神奇的、神怪的、神通的。我們一般說，正者謂之神，下一級的就是鬼。神有正神、邪神之分，鬼也有好鬼、壞鬼之別。基本上，神和鬼跟人的世界不一樣，人間的邪人比神鬼更可怕。此話怎麼說？我們常說黑道、幫派不好，幫派是不好，不過有些朝代，到了求神、求官都求不到的時候，他只有求黑道幫忙。黑道人士胸口一拍：「沒有關係，有老子在，我來。」他有那種義氣，現在有些做官的人，連義氣都沒有了，把你的錢貪了就不睬你了，不是比黑道還不如嗎？

鬼有鬼的世界，神有神的世界，跟人沒有關係。就如虎豹很兇，但牠在山林裡；鯊魚、鱷魚很兇，但牠在海洋裡。所以真正的神鬼，跟人之間河水不犯井水，可是人間的邪人很可怕，我們常見許多人用些不正當的各種技倆，專門詐財騙色，害人不淺。乃至許多的菸鬼、賭鬼、酒鬼，不都是鬼嗎？可以說，邪人就是鬼。不過人也很矛盾，你說鬼不好嗎？酒鬼、賭鬼當然不好，但是你看，太太罵先生：「你這個死鬼！」小孩子很可愛：「小鬼，來。」把自己親愛的人當成鬼，可見鬼也很可愛。

其實，佛教講「一心十法界」，就是佛、菩薩、緣覺、聲聞、天、人、阿修羅、畜牲、餓鬼、地獄等十種。鬼在心中，佛也在心中，甚至我們的心忽而在天堂，一下子又到地獄去；一天在天堂、地獄裡，不知來去多少回。所以，信仰就是規劃自己，讓自己有力量，讓我們容易到達佛的世界，而不會落到地獄、餓鬼、畜生等惡道受苦，這才是信仰的最終目的。

酗酒的人，也可說是鬼——酒鬼。

一〇、世界上有許多戰亂都與宗教有關，例如有人說「美伊戰爭」實際上是「宗教之戰」，一般來講，宗教都是和善的，為什麼宗教也好戰呢？

答：宗教人士基本上有一個性格——排他性，你不同我，我就不和你來往。例如，穆斯林從小就被訓練出強烈的衛教性格，提倡戰鬥力量，對於不同的宗教不是共存，而是毀滅。他們所信奉的《可蘭經》規定「聖戰」是穆斯林應盡的義務，鼓勵信徒為阿拉而戰，相信為聖戰而死者，靈魂可以升天，反對伊斯蘭教者，阿拉必將懲罰。他們最初目的雖是為護教或反對異教徒迫害，但後來演變為穆斯林軍事制度，乃至為鞏固政權鎮壓異己、擴大疆土、反抗外敵入侵等行動，皆稱為聖戰。

歷史上有名的「十字軍東征」，就是伊斯蘭教與基督教之間的宗教戰爭，彼此為了聖地——耶路撒冷，而於一〇九五年開始，到一二七〇年，前後發動八次戰爭，最後於一二九一年穆斯林攻破十字軍所占領的最後一個城市，終於結束十字軍東征。

十字軍東征是典型的宗教戰爭，乃至最近的「美伊戰爭」，也是耶伊之戰。因為彼此信仰不同，基督教和伊斯蘭教一千多年來都在打仗，都在戰爭。名義上，都

十字軍東征是伊斯蘭教與基督教之間的宗教戰爭

不敢說是宗教，而用國家名義，實際上就是民族戰爭，就是宗教戰爭。

由於宗教信仰不同而演變成民族戰爭，這很可怕。就以美國攻打伊拉克來說，為什麼要打伊拉克？因為九一一事件，恐怖分子賓拉登藏在阿富汗，於是發兵攻打阿富汗，伊拉克支援阿富汗，轉而攻打伊拉克。

事實上，這是一場宗教戰爭，但名義上是打擊恐怖分子。然而誰是恐怖分子？你說恐怖分子駕駛飛機，把美國一百多層的雙子星大樓衝倒了，死了很多人。難道美國用飛機、航空母艦、大炮，公然地攻打伊拉克，就不是恐怖分子嗎？

甚至像當初大陸上的土匪打家劫舍，把人吊起來燒、烤，逼迫你拿出錢來，那不就是恐怖分子？到了台灣，貪官汙吏搞得人傾家蕩產，還有作奸犯科的歹徒綁票勒索，不也都是恐怖分子？二二八白色恐怖，一般平民百姓平凡過日子，但是主事者說抓就抓，因為遭別人檢舉為匪諜，不但坐牢，甚至槍斃，那不恐怖嗎？現在舉世公然發動戰爭，當然就更恐怖了。

有人問：世間有沒有和平的一天？看來世界是很難有和平的一天，除非佛教普及，大家實踐佛教的「無我」、「慈悲」，才能使世界趨向和平。因為除了佛教以外，世界上的戰爭皆與宗教有連帶關係。

宗教為什麼會互爭？其實就如政治人物，為了實現理想，當別人與我的目標、理念不同，尤其彼此利益衝突時，自然就會有政爭，這就是「我執」作崇。

宗教徒之間，雖然有的人「我執」已除，但「法執」未遣，就如佛教的阿羅漢，雖已證果，我執不再，但是那分對真理的執著仍然存在；因為執著，沒有包容性，所以爭執不斷，甚至不得不發動戰爭。

其實，宗教最大的意義，就是追求解脫；執著存在，如何解脫？所以宗教要有包容性。佛教的包容性最強，在佛教裡，不管藥師佛、彌陀佛、彌勒佛，都是「佛

佛道同」，甚至關公、媽祖，在佛教裡也能占有一席之地。

佛教容許異己的存在，在佛教二千多年的歷史裡，從未有過戰爭或衝突。佛教把儒家當成人乘的佛教，把基督教看成天乘的佛教，把道教的出世無為當成是聲聞、緣覺乘的佛教，彼此都是圓融無礙，互相尊重包容。

其實宗教本來就是大家的，佛教不是一神教，但佛教講真理是一個，所謂「原同一種性，只是別形軀」，每一個人信仰的對象，都是自己心中衍化出來的，實際上只是程度、內涵上的差異，站在信仰的立場來講，他們應有共同性。

「愛與和平宗教祈福大會」在佛陀紀念館舉行，各大宗教領袖代表出席，共同許下「人間有愛，世界和平」的心願。

因此，我現在倡導一個人可以信仰兩個宗教，就像過去一般民間信仰的人，多數也都是同時信仰媽祖與觀音。在佛教來講，一即一切，一切即一，所謂「方便有多門，歸源無二路」。不過信仰還是單純為好，也不能信得太複雜，好比研究文學，可以涉獵歷史；研究科學，也可以深入宗教，但不能複雜，否則就是「過猶不及」了。

宗教在世界上一向是最和平、最受人尊重，但是和平也不能沒有力量。例如過去羅馬教廷提倡世界和平，蘇聯的史達林就問：「你身為歐洲的教皇，有多少軍隊？」你要提倡和平，就要有力量；沒有力量，有什麼資格談和平？

佛教是和平的宗教，雖也主張修行要降魔，但降魔非指跟別人戰爭，而是跟自己的煩惱戰爭，修行就是要能降伏其心，用慈悲忍耐來莊嚴自己。但是如果碰到必須加以制裁的惡魔，有時也要殺一儆百，這也是佛教的降魔精神。

邪惡的力量應被制伏，正義應加以維護，若姑息養奸，不加以制裁，則世界永無安寧。現在我們宗教要和平，我們沒有力量；我們唯一的力量就是因果的力量、真理的力量。但是這個力量需要時間，所以說「善有善報，惡有惡報；不是不報，時辰未到」。

總之，戰爭是殘忍的，也是不得已的；戰爭的發生，是人類智慧的失敗。戰爭最後當以和平為歸宿，這才是積極的慈悲。

一一、一般人信仰宗教都是有所求，請問大師，信仰、祈禱，這就是宗教的生活嗎？

答：人在世間上生存，首先要有物質生活。因為每個人每天都要穿衣吃飯，要有房子住；物質生活是人生最基本的需求。當物質生活滿足了以後，就需要有精神生活。所謂精神生活，例如：讀書、旅遊、品茗、下棋、蒔花、運動、爬山、談情說愛等。當精神生活也能享有以後，還是覺得不夠，這時就需要追求藝術的生活。所謂藝術生活，諸如音樂、繪畫、雕刻、建築等，所以寺院、教堂都以「形相」之美，以及「音聲」讚頌來淨化人心。

當物質生活、精神生活、藝術生活都擁有以後，還是感到不滿足，這時就需要有宗教信仰的生活。

講到信仰的生活，過去一般的佛教徒「信佛」，信了以後就「求佛」，求佛要「拜佛」、「學佛」，我認為這是不夠的，重要的是要「行佛」。我們信仰宗教，不能像兒童一般，天天跟爸爸、媽媽要巧克力、要冰棒；真正的宗教信仰，是犧牲奉獻，是為眾生服務，所以我覺得「行」佛之慈悲，「行」佛之智慧，「行」佛之普度眾生，這才是信仰的真義。

至於「祈禱」是不是就是宗教生活？祈禱是宗教的修持儀式之一。世界上的各個宗教都有它專屬的宗教儀禮，例如：佛教的朝山、伊斯蘭教的齋戒、天主教的望彌撒等，唯有「祈禱」是一切宗教所遵行。

一般的祈禱多以求福祛禍為目的，將信仰的對象視為「有求必應」的萬能之神，人們相信用膜拜、獻祭、讚頌等，能夠得到神的恩惠和賜與。然而佛教的祈禱之道，不是表相的宗教儀禮，而是建立在「人有誠心，佛有感應」的基礎上，藉由祈禱的橋梁，與佛、菩薩親近往來，令人知過遷善，學習聖賢的願行。

所以，佛教的祈禱實際上含有「祈願祝禱」的另一層深刻意義，信徒透過和佛、菩薩的感應道交，與聖賢往來親近的宗教儀式，令人心生慚愧，改往修來，立下濟世的宏願。祈禱對佛教徒來講，是神聖純潔的宗教禮儀，是日常生活的密行修持。

談到宗教生活，全世界所有正派的宗教，對物質生活都講究節制，所以對物質生活都是求其樸素、求其簡單，對於精神生活則講究解脫、安然、自在、擴大。佛教在追求精神生活更昇華的方面，有另外一些方法，例如參禪、入定、念佛、輕安、歡喜、懺悔、淨化、放下等，這種精神上的昇華，就如同是枷鎖的解脫。

解脫，是學佛最終的目的，所以我們鼓勵信徒要從「名聞利養」中解脫出來、從「人我是非」中解脫出來、從「情愛執著」中解脫出來、從「無明煩惱」中解脫出來、從「生死輪迴」中解脫出來。

至於如何才能求得解脫，就是要過宗教的生活。宗教生活就是把修行生活化，例如每天早上起來念一篇「祈願文」，大概四分鐘，念得慢的話可能十分鐘。你不念也不要緊，每天晨起，不要忙著下床，可以在床上打坐一下，集中精神、統一意志，人生的境界會不一樣。如果不會打坐，也可以念佛，依自己的時間規劃，可長可短。

上班之後，中午如果沒有時間午睡，也可以盤腿打坐，效果比睡覺還好。晚上可以看一些佛書或是宗教的報章、雜誌，如《人間福報》、《普門學報》等等。臨睡前再做個晚課，也可以播放錄音帶，聽梵唄，躺在床上當作催眠曲來聽，聽到想睡就關起來，也能有助於安然入睡。

此外，在經濟生活方面，可以規劃一個月所賺的薪水當中，多少錢留給父母子女家用，多少錢儲蓄起來做為疾病醫療，或是旅行參訪之用。另外每月至少有十分之一，用來做善事、供養、布施等宗教用途。

我覺得，修行倒不一定要到佛前去拜願、誦經、念佛，能夠當然很

修行不一定要到佛前拜願、誦經，重要的是平時懂得反省、發道心，從服務奉獻中，擴大生命。

好；重要的是，平時要懂得反省、慚愧、知苦惱、發道心，從服務奉獻中，忘記自我，擴大生命。如《金剛經》說，胎、卵、濕、化，皆令入無餘涅槃，然實無一眾生可度。從利濟眾生中，發揮生命的價值，才是最大的修行！

總之，信仰宗教不是靠迷信的膜拜、裝飾的念珠或盲目的奉獻來建立，而是由深入義理經藏，從中覺悟出生命的真理，進而由理論而實踐，由自我而大眾，由煩惱而清淨，由生死而生活。能夠以宗教生活來充實心靈的內涵，繼而站在人道的立場去關懷一切眾生，必定能讓人性的光輝發出耀眼的色彩。

一二、「人能弘道，非道弘人」，宗教師（神職人員）的職責就是宣揚教義，傳布真理。對於負有教化社會、導人向善之責的宗教師，請問大師，他們應該具備什麼條件？

答：一個宗教的形成與發展，除了要有德行圓滿、於史可考的教主，以及有合乎真理的教義之外，弘傳教義者，也就是宗教師的培養，更是不可或缺。若無人才弘化，即使教義再好，也不能普及。

宗教師，一般稱為傳教士，意謂「負有使命的人」。所謂使命，即在於宣揚教義，傳布真理，其功能猶如老師一般，負有教化社會、導人向善之責。

身負弘法教化之責的宗教師，到底應該具備什麼條件？首先他對自己的信仰要堅定，要有度眾的悲切之心，以及學識的充實、應世的方便、道德的增長、威儀的涵養、物欲的澹泊、性格的平和等，都是不可或缺的條件。尤其要有「弘法為家務，利生為事業」的使命感，才能成為一個真正優秀而稱職的宗教師。

此外，把自己的生命融入群體大眾中，更是宗教家的本色。所以從事宗教事業者，必須要有「但願眾生得離苦，不為自己求安樂」的觀念，才能無愧於自己的身分。

我將宗教師應具備的條件，規劃成八條，姑且把它稱為「八正道」，就是：至誠的信仰、犧牲的精神、正當的道德、豐富的常識、樂說的性格、慈悲的胸懷、共生的性格、宗教的體證。不要說別人，就拿我來說，你們來評鑑我，看我合格不合格？（大眾：合格）

其實合格不合格，不是口頭說了就算，我們看西方國家，他們十分尊重專門機構，連美容業都設有政府認可的學院；在台灣，社會上的老師，乃至醫生、律師等，也都必須由師範學院、醫學院、法律系畢業，經政府考核通過，取得合法資格

各宗教融和共存，為和諧社會而努力。

者始能從事。但是政府對於身負萬千信徒教化之責的宗教師，一直沒有嚴格的資格認定；如此沒有經過專業培訓，任何人都可打著宗教的招牌，到處建寺、傳教，勢將產生層出不窮的異端邪說。

因此，我曾經建議政府，對於宗教團體的管理人或主持人，應該經由合法的宗教教育機構畢業；甚至宗教團體的負責人與主要成員，也應該有該宗教的教育單位或教會組織所頒發的資格證明文件，以避免不肖之徒假借宗教之名，行不法之實。

在此前提之下，政府則應該正式承認佛學院、神學院、基督書院等宗教研修機構的地位，使其能正常發展，並可公開招生，以培育出優秀的宗教師，進而提升宗教教化的功能，乃至對宗教法及教育法均應有明確的制定，以昇華宗教信仰的層次。

再者，過去政府一直鼓勵宗教從事社會慈善救濟，其實宗教的價值在於淨化人心，寺院有功於公益者，不僅只是捐款而已；政府一般只獎勵捐資慈善的團體，下焉者，會使宗教淪為紅十字會一般的慈善機構，不能發揮宗教淨化社會人心的功能；更有甚者，不肖者可藉受獎之匾額做為斂財工具。因此我曾建議對於文教有功者，應該納入獎勵對象。

宗教與社會、人生，都有密切的關係。根據普度大學醫學社會長肯尼斯．費拉所主持的一項研究顯示，有宗教信仰的人比沒有宗教信仰的人，其身體要來得健康，因為宗教大都勸人禁菸、禁酒，力促生活節制，故能減少情緒緊張或家庭糾紛，這些都有益於身心健康。

另外有一項報導更指出「宗教人口明顯增加，有助於社會祥和」。宗教對於社會的關懷、人權的維護、民眾的福祉等工作，不能置身事外，所以宗教師除了資格的認定之外，健全的思想見解、高尚的道德修養、廣博的學識才能、無私的悲心願力等，都是宗教師應具備的條件。

佛教對「族群問題」的看法

時間：二〇〇六年三月四日
晚間七時至九時三十分
地點：美國西來大學
記錄：滿義法師　英文翻譯：妙光法師
對象：西來大學校長、副校長、教務長，以及遠距教學位在世界各地幾十個地區的學員近千人。

「自有人類以來，『族群問題』一直存在於各個國家與民族之間，不但經常造成國與國之間的戰爭，有時一個國家內部因為族群對立，也會導致分裂，甚至發生內戰。」

有感於「族群問題」經常造成舉世動盪不安，二〇〇六年三月四日，星雲大師在西來大學主持的「遠距教學」中，特別從佛教的觀點分析族群問題產生的原因，以及如何消弭族群對立的方法。

大師表示，族群是從「家族」展衍開來成為「親族」，從親族發展到地區、文化、習慣、語言相同者群聚之「族群」。不同的族群之間，固然會因為思想、理念、習慣等不同，以及利益衝突等因素而互相對立、排斥；即使同一個族群，也有親疏之別，乃至有宗親、同鄉等組織而互不團結。因此，唯有透過佛教信仰，人人有「同體共生」的「地球人」思想，才能相互尊重包容，彼此才能和平相處。

大師舉例，西方極樂世界裡「諸上善人，聚會一處」，可以說是種族大融和的典範；西方極樂世界之所以能融和各種不同的種族，就是因為有包容性。由此亦可說明，世界上的族群之間，只要懂得尊重包容、同體共生，就能和諧無爭，共創人間淨土。

大師的「地球人」思想，不啻是化「濁世」為「淨土」的一帖良藥。以下是當天的座談紀實。

一、世界上一些多族群的國家，幾乎都有種族歧視跟種族紛爭的問題，例如美國與南非都有白人與黑人的對立；在台灣不僅有客家人、福佬人、原住民，尤其本省人與外省人更經常受到政客的挑撥而視如水火。種族紛爭不但造成國家動盪不安，甚至引發戰爭，請問大師，如何才能消弭族群的歧視，繼而促進族群的融和呢？

答：世界上為什麼會有戰爭？過去共產黨在某些國家地區引起思想上的戰爭，這是肇因於主義不同所引發。有時候國與國之間，為了經濟發展，侵犯到對方的利益，或是彼此爭奪土地，甚至宗教信仰不同，都會引起戰爭。

族群之間，由於民族性格、風俗習慣、文化不同，也容易引起戰爭。過去美國有所謂「南北戰爭」，就是白人與黑人的戰爭。現在美國科技如此發達，今後如果有人能研究基因改良，透過改造基因，讓想要變成白人的黑人，或變成黑人的白人等，都能如願，相信戰爭必然會減少許多。

美國向來有「移民天堂」之稱，來自世界各種族的移民之多，堪稱是個種族的

只要懂得尊重包容，就能共創人間淨土。

大冶洪爐。由於美國移民人種很多，因此儘管美國是個重視人權的國家，講究自由、民主，反對宗教歧視、種族歧視等；事實上，在美國的各個種族之地位，仍有很明顯的差別待遇。所以現在美國很忌諱提到種族問題、宗教問題，擺明這些問題不可談論，只要大家不去觸碰這些敏感的問題，彼此相互尊重包容就好。只是種族之間如果不能平等對待，只要有某些族群受到歧視，彼此就很難相安無事。

談到種族平等，過去印度社會階級森嚴，有婆羅門、剎帝利、吠舍、首陀羅等四姓階級；但是釋迦牟尼佛提倡種族平等，所謂「四河入海，同一鹹味；

四姓出家，皆名為釋。」只要你進到佛教裡來，每一個人的人格都是同等尊嚴；就如江河溪流的水，流到大海裡面，都是同一鹹味。大海不揀細流，因為它有包容性，所以能成其大；在世界上的各種宗教當中，佛教的包容性比較大，舉一個證明來說，西方極樂世界的阿彌陀佛，接引世界上所有不同的種族到西方極樂世界，讓「諸上善人，聚會一處」，所以淨土就是種族的大熔爐。

佛教鼓勵信徒們，不只是家庭是我的、村莊是我的、社會國家是我的，甚至應該把整個地球、虛空，都看成是我的。就如一個人的眼睛、鼻子、耳朵、嘴巴等五官，雖然功用不同，因為是自己的，就會同樣的愛護它們；甚至自己的手上長了一個瘡，潰爛流膿，也不會把手剁了，反而會好好的為它洗滌、敷藥、包紮，因為這是我的手。

是「我」的，所以我會好好愛護它。然而世界不是「我」一個人的，世界上還有很多和我們不同的人；也因為有很多不同的人，世界才因此更加多采多姿。就如奧運場上，比賽的國家隊伍，彼此服裝不同、項目不同、姿態不同，才引人入勝。

人與人之間，儘管有著不一樣的思想、興趣、信仰，乃至有地域的不同、性別的差異、年齡的懸殊等種種差別因緣，但是彼此卻息息相關。因為世間上沒有獨立的東西，一切都是因緣所成；人要靠許多關係才能存在，所以要有因緣觀，要把別人看成和自己是一體的，即使對方不好，也要能容許他、稱讚他，甚至愛護他、感化他。

包容是促進人類和平的良方，世界上最美好的事，就是尊重包容，大家和平相處。在一個家庭裡，夫妻當然要互容互諒、互敬互愛，之所以結婚就是因為我愛你、你愛我；在社會上，我們要想獲得別人的愛，自己先要愛別人，所謂「愛人者人恆愛之」，能夠愛人如己，包容異己的存在，大家才能和平共存。

世間是眾緣和合所成，所以一個人光愛自己是不夠的，要愛別人才能合群、才能發展、才能存在。一個人的心量有多大，事業就有多大；心量愈大，能包容的東西就愈多。例如，能愛一家人，就可以做家長；能愛一縣的人，就能做縣長；能愛一個國家，就能做國家的領袖。所以佛教說「心包太虛」、「心如虛空」，虛空能包容所有的東西，如果我們的心也如虛空，能夠包容宇宙萬有，還有什麼不能包容的呢？因此每一個人都應該包容全世界，人人做個「同體共生」的「地球人」；唯有世界一家親，人類才有幸福可言。

所以，族群之間如何才能消弭紛歧，繼而促進族群融和？我想「佛性平等」，

大家應該互相尊重包容、同體共生，這是非常重要的。

二、曾經讀過大師寫的〈沒有台灣人〉這一篇文章，大師說現在是個「地球村」的時代，並自許自己是「地球人」。大師這種思想理念是從何啟發而來？可否請您再做一些說明。

答：幾年前，我到巴西主持國際佛光會理事會議，承蒙一位聖保羅州聯邦警察總監派了一隊警察人員為我開道，並且二十四小時在我的住處巡邏、護衛，前後達十天之久。因為有這一段因緣，彼此建立了深厚的友誼，所以當活動結束後，他又特地陪同夫人到如來寺來拜訪我，跟我談論佛法。

巴西如來之子雙手合十，感謝十方大眾愛護。

一見面，他們神情感動的告訴我：「佛法這麼好，為什麼佛教這麼遲才傳到巴西來？」我一聽此言，很自然就讚美說：「巴西人很淳樸、很善良，也很有佛性。」他聽我如此一說，隨即回答了一句很有見地的話。他說：「巴西沒有本地人，凡是住在巴西的，都是所謂的『巴西人』！」

乍聽此言，我一下愣住了。他看我一臉訝異，馬上補充說明：「全巴西有一億六千萬人口，大部分都是外國移民，所以實際上並沒有真正的巴西人。全世界的人，誰到巴西來，誰就是巴西人；正因為沒有巴西本地人，所以大家都是巴西人。」

聽了他這一番充滿哲理與智慧的高論後，我忽然有所感，我想到自己年輕時離開大陸，在台灣住了將近一甲子的歲月，當我一九八九年再度回到久別的故鄉時，鄉人稱我為「台灣來的和尚」，而我在台灣住了四、五十年，台灣的本地人稱我是「外省人」、「大陸和尚」，甚至走遍世界各國，也沒有人承認我是美國人或澳洲人……後來我就自許做個「地球人」，我認為只要地球沒有捨棄我，我就做個同體共生的地球人！

所謂「地球人」，我平時雲遊在世界各地弘法，看到歐洲的英國人、法國人、德國人等，他們現在建立了歐洲共同市場，都說「我們是歐洲人」。美國加拿大的人，都說自己是美洲人，智利、巴西、秘魯、巴拉圭，都說他們是南美洲人，如果再擴大一點，不就是地球人了嗎？

現在世界各國都有很多的移民，在美國有所謂的「移民政策」，你剛來的時候先做居民，再過一段時間，等你習慣當地生活了，才讓你成為公民。多年前我到美國，聽到一些移民到美國的人，由於文化不同，常常口出不友善的語言，例如開口閉口就說「死美國」。既然是「死美國」，你為什麼要來美國呢？你享受美國的高速公路、醫療等資源、福利，卻又說不喜歡美國。後來我成立國際佛光會，會員們參加美國國慶日的遊行，我都叫他們拿著旗子高喊：「我們是美國人。」

所謂「既來之，則安之」，你來到美國，就應該把美國當自己的家。我在南京棲霞寺出家，那裡的山頂上有一尊石雕的佛像，高踞在峰頂上，有一位遊客好奇，就問一位老法師：「那一尊佛叫什麼佛啊？」老法師回答：「那是飛來佛。」客人再問：「既然飛來了，為什麼不飛去呢？」老法師說：「既來之則安之！」

過去有一些年輕人想在佛光山出家，我就問他們：「佛光山是誰的？」多數人都指我，說：「佛光山是您的，是您開山建設的！」佛光山是我的，你常住在這裡，能安心嗎？所以最好的答案應該說「是我的」，我要在這裡安單，這裡就是我的家，如果覺得這個家是我的，我就會愛它。

世界上凡是與我們有關係的，我們都會對他多一分關心、多一分愛護。佛經中常說「眾生是我心裡的眾生，世界是我心中的世界」；甚至說「心包太虛」，虛空都在我的心中，還有什麼不是我的呢？

台灣過去曾提倡「去中國化」，有一天在睡覺的時候，半夜醒來想到要「去中國化」，我嚇了一跳，如果「去中國化」以後，那我就沒有祖先了！因為我的祖先都是中國人。「去中國化」以後，中國的語言就不能講了，中國式的生活，衣食住行我就不能享有了。想到這裡就覺得好可怕，「去中國化」以後，我怎麼生活呢？

台灣不應該「去中國化」，反而要國際化、世界化，四海之內皆兄弟，就能成其大了！所謂「一沙一石」裡面都可以包容三千大千世界，我的心裡何必只有一個台灣呢？我們不但要包容中國、包容美國，甚至包容全世界，讓每一個人都成為國際人、世界人、地球人；唯有大家都是一家人，才會和平、才能幸福。

因此，我覺得世界上的人都不應該自我設限，不要畫地為牢，大家應該想到我們都是「地球人」。因為隨著交通、資訊的發達，所謂「天涯若比鄰」，這個世界即將成為「地球村」，居住在地球村的人，當然都是「地球人」了！所以希望今後人人都有「同體共生」的思想，人人都能發願做個「地球人」。

三、大師，您曾經說過世間上的問題，都是人為所造成，唯有靠人自我覺醒才能徹底解決。針對族群問題，可否請大師提供一些意見，讓人們有個自覺與反省的方向？

答：講到族群問題，族群的形成，先從家族開始；在一個家庭裡，有父母、兒女、兄弟、姊妹，叔伯、妯娌等長輩、晚輩、男女、老少成員，這就是一個小族群。

從家族慢慢展衍開來就是親族，在中國叫做宗族。同宗、同族的親人就是一族；從一個親族慢慢發展到一個地區，或是文化、習慣、語言都相同，也就自成一個種族。

不同的種族之間，往往因為思想、理念、習慣等不同，尤其當利益發生衝突時，時常造成對立、仇視的情結。例如在台灣，族群意識經常被一些政客操弄，挑起族群仇恨，造成本省人、外省人的裂痕，讓台灣社會受到很大的傷害。

不同的種族固然容易引生紛爭，即使同一個種族，也有親疏之別。多年前，馬來西亞的華人領袖時常找我去講演。馬來西亞是一個多元民族的國家，有二千二百萬人口，華人占總人口的百分之三十左右。但是華人沒有凝聚力，不夠團結，華人喜歡組成宗親會，諸如王氏宗親會、張氏宗親會、李氏宗親會……乃至成立同鄉

族群的形成，先從家族開始，而後開展成親族，再到種族。

會，廣東同鄉會、福建同鄉會、潮州同鄉會；宗親會或同鄉會多了，大家就分別你姓王、我姓張，你是廣東人、我是福建人，因為彼此互組小團體，所以不容易團結。所幸華人之中以信仰佛教居多，後來許多華人的領袖就找我去講演，希望以佛教的信仰來團結華人。

族群之間的問題，在我認為，一個族群本來就應該像一家人一樣，只是在我一生的歲月裡，我感覺愈是親近的人，愈會排斥。我二十多歲時初到台灣，那時台灣人就認定我是外省人，不是本省人；我是一個出家人，很多的佛教人士也不是很喜歡我，反而是不同的宗教人士，或是在家信徒對我比較友好；我是一個男眾比丘，但是男眾比丘也不喜歡我，反而女眾比丘尼對我比較和善。愈是靠近的人，有的時候排斥力愈強，所以就算是父母、兄弟、姊妹一家人，如果大家沒有包容心、不能相互和諧、友愛，這一個家庭也不會幸福。

因此，要想消弭種族之間的紛歧，促進族群之間的融和，唯有大家效法「常不輕菩薩」的「我不敢輕視汝等，汝等皆當作佛」。佛教主張「人人皆有佛性」，因此常不輕菩薩把一切眾生都當成未來佛，儘管你罵他、打他，他都是恭敬的表示：「我不敢輕視你們，因為你們將來都會成佛。」這就是對人的尊重，也是慈悲的表現。

能有「立場互換」的同理心，比較容易生起慈悲心。

佛教講「慈悲」，有時候我們也想要待人慈悲，但是慈悲心不容易生起。如何才能長養慈悲心？如果我們能有「立場互換」的同理心，凡事設身處地為人著想，就比較容易生起慈悲心。

最近網路上流傳一則故事，很有意義。有一位家庭主婦，家人都上班去了，他把家裡打掃過後，到外面丟垃圾。看到四個老人瑟縮在寒風中，看起來又冷又餓的樣子，一時心生悲憫，就親切的上前招呼：「四位老先生，請到我家裡去喝杯茶、取取暖好嗎？」四個老人看看這位家庭主婦，問道：「你們家裡有沒有男人啊？」太太說：「我先生、孩子都上班、上學去了，家裡沒有男人。」老人說：「你家裡沒有男人，我們不方便去。」

中午時分，先生、兒女都回家了，他把這件事告訴先生，先生一聽，也生起慈悲心，就說：「太太，你再出去找找看，如果老人家還在，就把他們請進來吃頓飯吧！」太太到外面一看，還好，四位老人家還在，就對他們說：「我的先生、孩子都回來了，我先生邀請你們到我家裡去。」四個老人當中的一個說：「我們四個人，一個叫財富，一個叫成功，一個叫平安，一個叫愛，我們四個人當中，只能一個人代表進去，現在你要我們哪一個人到你家裡去呢？」太太說：「讓我回去問一下我先生，再來請你們。」

太太如此一說，先生直接就回答：「財富最好了，請財富進來吧！」太太隨即表示不同的意見，說：「我們請平安進來好嗎？」兒子在旁邊加入意見，說：「成功啦！請成功進來好了！」小女兒也

人人都要發願做同體共生的地球人

表示看法，他說：「愛最好了，還是請愛進來比較好！」最後先生就以小女兒的意見說：「把愛請進來吧！」

太太出去就對四個老人家說：「我先生說請愛做代表，現在就邀請愛到我家裡來。」那個叫愛的老人站起來，跟著太太朝家裡走，但是後面的三個老人同時也站起來跟著一起走。這位太太覺得奇怪，就問：「咦？你們不是說只能一個人進去嗎？怎麼現在你們三個人也都一起跟進來呢？」後面的三個老人就說：「我們三個人有一個習慣，只要愛走到哪裡，我們就會跟著到哪裡。」

人人都希望擁有財富、成功、平安，但是人間更重要的是要有愛，一個家庭裡，夫妻、父母、兒女、親戚、朋友都要相愛，有了愛心，則財富、平安、成功也會跟著一起來。愛的昇華就是慈悲，慈悲就是佛法，有佛法就有辦法。但是一般人的愛，都是有緣、有相的慈悲，尤其有親疏、愛憎、人我的分別，故而有比較、計較，繼而有人我紛爭。因此，唯有以「國際宏觀」來打破人我的界線，唯有人人發願做個「同體共生」的「地球人」，大家互相包容、尊重，彼此才能共榮、共有，人間才能充滿歡喜與祥和。

四、世界上有一些國家，因為種族不同而一分為二，例如北美十三洲殖民地對抗大英帝國的革命成功而獨立。但是也有某些國家並非緣於種族問題而分裂，例如東西德、南北韓以及大陸與台灣。現在東西德已經統一了，目前海峽兩岸的問題，有人主張和平統一，有人希望台灣獨立，請問大師對這件事的看法如何？

答：在台灣，有一對青年男女經過自由戀愛，彼此論及婚嫁，但是男方的母親不同意，年輕人執意要結婚，媽媽於是生氣的說：「如果你們結婚，從此就不要再踏進這個家，不要再回來了。」年輕人果真從此十年沒有回家。

十年過去了，年輕的夫婦已經為人父母，也想要孝順長輩，就託人告訴母親：「我們很想回去看媽媽，請媽媽不要拒絕我們回家。」但是母親還是很堅持，不肯原諒他們，也不許他們進家門一步。有一位朋友就對這個媽媽說：「不要這樣嘛！你看柏林圍牆都倒了，東、西德兩國人民都來往了，你何必再那麼執著呢？」

東西德的統一，西德人民要為東德分攤貧窮的擔子，付出不少金錢代價，這種心量是了不起的。南、北韓過去也是打得你死我活，現在也慢慢開始來往了。人與人沒有天生的仇恨，一切都是人為製造的。現在世界上有很多聯盟，如歐洲人參加歐盟，去年我到歐洲，在每一個國家之間來來去去，都不需要簽證，甚至你把護照給海關看，他們也都不要看。後來還是我主動跟他們說：「請你蓋個印章讓我做紀念，表示我來過這個國家。」

過去台灣在兩蔣時代，就曾經有過「和平統一」的想法；美國對台灣也是希望和平安定，維持現狀。不要說海峽兩岸應該要統一，就是聯合國也希望全世界的國家都能聯合一起，團結合作。所謂「兄弟同心，力能斷金」，所以人類應該要團結合作，團結就是力量。

有一則趣談，五個手指頭吵架，互爭老大。大姆指說：「我頂好、我第一，我是老大。」食指不服氣，他說：「民以食為天，做菜嘗鹹、嘗淡，都要我食指來試吃。再說，只要我食指一指，你就要到這邊、到那邊，全都聽憑我的指揮，所以我才是最重要的。」中指也說：「五個手指頭，我最長、最中間，當然是我最大，應該讓我來領導大家。」無名指也不服氣，說：「人們結婚，金戒指、鑽石戒指都戴在我身上，只有我最珠光寶氣，我才是最尊貴的。」

大家都在發表意見，互爭第一，只有小姆指不開口，大家就說：「咦！小姆指你怎麼不講話呢？」小姆指說：「我最小、排行最後，我哪裡能跟你們比呢？不過雖然我不能跟你們比大，但是見到長輩、聖賢、佛祖，合掌時是我最靠近他們。」

小姆指雖然很渺小，不過心存尊敬，就和聖人很靠近。因此談到兩岸的問題，我的理念是不希望搞分裂，也不主張獨立。這個世間沒有獨立的東西，以佛教的真理來看，一切都是關係的存在，都是你靠我、我靠你，離開了關係，世界上任何東西都不能存在，這個關係就是「因緣」。

例如，今天我們依靠西來大學的禮堂才能聚會；有了桌子，茶杯才能放在上面；靠著衣服，我們就不畏懼寒冷；甚至我們要依賴士農工商，供給我們的衣食住行，我們才能生存，假如沒有世間的眾緣成就，我如何能存活呢？所以人類應該彼此如兄如弟，應該如同五個手指頭一樣，不要分裂，要團結起來，成為一個拳頭才有力量。

既然世間一切都是依靠因緣而存在，有因緣就能和諧，有因緣就能合作；相反的，排斥別人就是拒絕因緣，就會減少自己的力量。有一個丈夫老是搞婚外情，太太難以容忍，鬧著要離婚。後來先生發誓不會再犯，就將小姆指砍下以示決心。他原以為小姆指沒有用，砍下來不要緊，有一次耳朵癢了，很自然就想用小姆指掏耳朵，但是忽然發現小姆指沒有了，不能掏耳朵了。

世上一切都是關係的存在，人們必須團結合作，才能諸事圓滿。

世間上即使是廢物都能利用，無論什麼東西都是「天生我才必有用」，所以不要做離心分子，離開人群、離開團體、離開了力量核心，就不容易存在。我站在信仰佛教的立場，普願天下的大家，不但是人類，一切眾生都應該相互尊重，相互友愛。尤其政治上沒有永久的敵人，彼此應該要交流、互相來往。我很歡喜見到大陸領導人出國訪問的消息，因為「他山之石可以攻錯」，看一看外面的世界，回去也可以做為建國的參考。我們台灣的政治領導人，也不要只做一個島國領袖。儘管現在世界上的科技發達、文明進步，但這些都遠不及人與人之間的交流、往來容易獲取和平。所謂「見面三分情」，中國人有很多問題、困難，都可以在飯桌上解決，何必說「你不准到我這裡來，我不准到你那裡去」？互相訪問、互相了解、互相促進友誼關係，和諧就不為難了。

因此，對於兩岸的未來，我一貫的主張是「和平統一」。但是「統一」並不是你統我、我統你，也不是你大我小、我有你無；統一的先決條件必須建立在「平等」與「尊重」之上，因為「平等」才能互相尊重包容，才能「同中存異，異中求同」，才能「平等共尊，和平共榮」；如果不能平等，就無法和平。

有人說台灣人是番薯，因為台灣地形像一個番薯；大陸人就叫芋仔，現在芋仔和番薯都聯婚，已經融和成為一家親了，何必要再製造分裂呢？長久以來，我愛台灣，也愛中國，更愛世界；我沒有大陸的意識，也沒有台獨的觀念；我的心中只有佛教的「慈悲為懷，和平第一」。尤其中國五千年來戰亂連年，人民不但需要佛法給予精神上的撫慰，更殷切盼望長治久安的世界和平早日實現，因此我確信未來海峽兩岸能夠和平統一，才是十三億人民的福祉。

五、世界上為何有那麼多不同種族的人，他們的長相、膚色、高矮、胖瘦，甚至他們的智商、生長的環境都不一樣，這是否也是造成有些族群受到不平等待遇的原因？請問大師，從佛教的觀點來看，這種先天的條件不一樣，是什麼原因造成的呢？

答：同樣是人，為什麼有的人很富有，有的人很貧窮？有的人天賦異稟，有的人資質魯鈍？有的人外型挺拔俊秀，有的人醜陋聾殘？影響每個人的命運、決定每個人長相、膚色、高矮、胖瘦，甚至智商高低的最大力量，就是「業力」。

所謂業，是我們行為的結果，包括口中所說、心裡所想、身體所做的種種造作，通稱為身口意三業。有一句話說：「善惡到頭終有報，只爭來早與來遲。」業可分為

十一個宗教團體代表在台北國父紀念館舉行「愛與和平音樂祈福大會」2005.01.02

善業、惡業，我們自己造了善業或者惡業，時機成熟了，一定要隨著這些業力去受報，業力控制我們的命運，絲毫不爽。

業除了有善業、惡業之外，還有許多種類。影響個人的稱為「別業」，影響眾人的稱為「共業」。譬如生長在台灣的人有共同出生於此地的共業；同為娑婆的眾生，必有相同的共業，但是有的人住亞洲，有的人住美洲、歐洲、非洲，甚至膚色有黃、白、褐、黑等等，那是因為別業的不同而產生的種種差別。

生命都是群居體，一個民族的形成，是因為血緣、地理、語言、文字、風俗、習慣、膚色、宗教信仰等各種因素下，「物以類聚」成為族群。相對的，不同的種族之間，由於先天、後天條件不同，光看外形，就不能平等，所以要從本心、本性上看。如黑人說：「我們的皮膚是黑的，但我們的心是白的。」

我對世間一直保有一種觀念，就是大家應該「同中存異，異中求同」，不管是什麼種族的人，也不管白皮膚、黑皮膚或是黃色膚種的人，大家應該像兄弟姊妹，雖然彼此會有許多不同的想法，在「同」裡面我們應該准許有「不同」的存在；在不同當中，大家同樣都是人類，都應該講仁愛，求取和諧為共同的目標。

總之，世界上有各種不同的民族，乃至每個人有智愚、高矮、胖瘦等不同，在很多的不同裡面，唯有從人格、佛性上看，大家有著「同體共生」的認知，才能平等；能夠從人格的尊嚴上一視同仁，才能化解種族歧視，減少族群紛爭，世界才有和平的一天。

六、世界上有很多弱小民族、邊疆民族，他們不僅希望獲得平等的對待，更重要的是，他們的苦難應該如何協助解決呢？請大師開示。

答：如前所說，在這個世界上，由於地理、氣候，尤其語言、文化的發展，自然而然會形成許多不同的種族。在中國大大小小的民族共有五十多個。除了漢滿蒙回藏五大族以外，有許多邊疆地區的少數民族，乃至世界上其他地方也有很多弱小民族。

對於一些少數民族等弱勢族群，世界上的強權不但不應該欺負他們，甚至如佛教講：「有病的眾生更需要愛護。」我們對於有病的人，應該對他們多一點關懷；同樣的，對於邊疆地區的一些弱小、貧窮民族，也應該多給他們一些照顧。

一個國家，能夠愛護弱小，才是偉大。例如，大陸明訂《少數民族權益保障條例》，規定對於發展少數民族經濟、文化、教育、科技事業所需要的資金，各級人民政府及其有關主管部門應當根據財力予以安排。乃至少數民族公民對侵害自己合法權益的行為，有權向有關國家機關提出申訴或者控告，有關國家機關必須及時依法處理。另外，美國的政策則是保障工作機會，把很多工程都留給少數民族來做。

其實不僅對弱勢族群應該發揮人類之愛，我認為國際之間尤其應該發揮「大事小、強護弱、有助無、富濟貧」的慈悲精神，彼此互助、關懷，例如過去美國對台灣濟助麵粉、黃豆等；現在台灣也成立「農耕隊」，到中東等地區協助他們發展農業，這都是很好的國際交流。

國際之間，能夠發揮人道關懷，用慈悲才能攝受人心。在佛陀涅槃後的一、二百年之間，印度有一個阿育王，他用武力征服了很多弱小國家、民族。後來阿育王去巡視那些被征服的國家，雖然街道兩旁站滿歡迎的人群，可是阿育王從人們的眼裡，看到的都是怨恨的眼神。阿育王忽然有所感，他認為：「我雖然征服了他們的國家土地，但是沒有征服他們的心！」

後來阿育王信仰佛教，他用佛教的慈悲、仁愛去幫助弱小民族。多年後，阿育王再度前往巡視，舉國人民心悅誠服，紛紛扶老攜幼來歡迎他。這時阿育王領悟到：「用武力征服他國，不是真正的勝利；唯有用法，用慈悲來待人，才能收服人心，所以法的勝利才是真正的勝利。」

佛經裡面也說：「以諍止諍，諍不能止。」就如同用油去潑火，火會更旺；如果用愛，就如同以水熄火，比較有用。佛教所謂「冤親平

南非南華寺與國際佛光會舉辦各項慈善救濟活動，開辦教育訓練課程，幫助當地青年擁有一技之長。

等」，耶穌教也說「愛你的仇敵」，如果我們只以一般世間法來想，並不容易做到，也不容易懂得；唯有把我們的心慢慢和佛與聖人的理念相應，才能懂得其中的道理。

西元二〇〇一年的九一一事件後，美國為了懲罰阿富汗而發動戰爭，我從新聞報導裡看到，當布希總統要去訪問阿富汗時，阿富汗全國人民都反對。其實美國當世界的警察，也花了許多錢，假如能將這些花費在戰爭中的錢，撥一點去各地辦教育、救濟苦難，我想更容易贏得他們的尊重。我比較主張大國侍奉小國，好比富有的人要幫助貧窮的人。我們在一個大國家、大都會裡的人，對於邊疆地區的人民，乃至一些文化不發達的地方，要多給予一分愛心，例如幫助他們建學校、圖書館等，給予他們多一些受教育的機會，充實他們在社會上立足的力量，讓他們能夠自力救濟、自力更生，幫助他們成長，這才是究竟解決之道。而這一切都要從「有心」開始，只要有心，就會有辦法。

七、舉世各國都有原住民，例如美國的印地安人、澳洲的土著、紐西蘭的毛利人、台灣的高山族等。每一種原住民都有他們特有的文化，請問大師，我們如何幫助他們保持特有文化，而又能跟隨時代的進步發展呢？

答：文化是人類文明發展的結果，也是促進人類文明發展的動力。現在舉世各國都有原住民，而每一種原住民都有他們特有的文化，我們對於少數原住民文化，要尊重它、保護它，但不能侵略它。

過去我雲遊在世界各地弘法，記得有一次在美國康乃爾大學講演，該校一位約翰麥克雷教授在敘談時說道：「你來美國弘法可以，但是不能開口閉口都是中華文化，好像是故意為征服美國文化而來的。」當時我聽了心中就有一個覺悟：我應該要尊重別人的文化，我們來到這裡只是為了奉獻、供養，如同佛教徒以香花供養諸佛菩薩一樣。由這個事例可以看出，即使大如美國，也是害怕被人征服。

文化不容被侵略，但是文化是可以交流的。現在舉世各國都在吸收他國文化，所謂「有容乃大」，世界上任何一個國家要想雍容華貴，就要有「泰山不辭土壤，大海不揀細流」的胸襟，包容愈多種文化，國家就愈是偉大。

多年來我遊走世界，一直在倡導「本土化」，就是尊重當地文化，也就是要讓佛教依各地的文化思想、地理環境、風俗民情之不同，發展出各自的特色。我所推動的「本土化」不是「去」，而是「給」，所以我在五大洲建寺，就是希望透過佛教，給當地人帶來更充實的精神生活。例如，建設西來寺的時候，就是覺得美國科技發達，宗教也多，假如能夠再增加一種佛教給人民選擇，不是更美好？所以我的本土化是奉獻的、是友好的、是增加的，不是排斥的，不是否決的。

世界上好多地方都有原住民，都有少數民族，因為他們是少數，我們更應該要優待他們。我自己從小就歡喜不同的民族，尤其喜歡看到少數民族，我曾收集許多錄影帶、DVD，都是介紹少數民族的生活。過去因為少有機會到中國大陸看雲南、貴州、新疆、蒙古等少數民族，我曾經特別遠到緬甸少數民族的地區去看他們，哪裡有十六個民族，我覺得他們都好美麗。台灣的少數民族就是原住民，過去稱為高山族。近年來國際佛光會一直積極對原住民提供資助，例如捐贈書籍，甚至為他們興建圖書館，提供他們多一些受教育的機會，希望幫助他們有能力在社會上與人公平競爭，在能夠保有自己文化特色的同時，進而發揚光大，讓世界的文化更加多元並且多采多姿。

總之，文化沒有國界，文化是民心自然發展的結果，不是用武力強迫加諸就可以要什麼文化就有什麼文化。因此，人類可以和人類相互為敵，但不能跟文化敵對。中國過去講漢滿蒙回藏「五族共和」，即便是元朝的蒙裔發動戰爭占領中國，也不敢蒙化中國；即使清朝滿人統治中國、台灣，也不敢滿化中國，因為中國之大，中華文化之豐，不是一時就能取代的。

既然文化是自然形成，當然也要任其自然發展，不可以用自己的文化去侵略別人的文化；能夠尊重各地的文化特色，這就是文明的象徵。

八、世界上有些民族生性懶散，有的民族則充滿優越感，總認為自己是最優秀的人種，例如德國的日耳曼民族、英國的英吉利紳士、美國的美利堅合眾國、法國的法蘭西斯主義、日本的大和民族、中國的大中華等。請問大師，您覺得這些真的是世界上最優秀的民族嗎？為什麼呢？

答：多年前我到非洲弘法，當地的佛教人士招待我到野生動物園參觀。動物園中有一種牙籤樹，他們告訴我：「不要以為獅子、老虎很兇猛，可以吃掉斑馬、綿羊、長頸鹿等動物，只要牠們被牙籤樹刺到，皮膚就發炎、潰爛。」說明即使再兇猛的獅子、老虎，也有天敵，也會死亡。

世界上，強權、優秀都不是絕對的，中國有句話說：「打死會拳的，淹死會水的。」會打拳的反而被人打死，因為強中自有強中手；不會打拳的人，別人也不會來找打。會游泳的人因為要下水，就有可能會被淹死；不會游泳的人他不下水，反

佛光山印度沙彌學園，小組分享心得。

而平安。所謂「人外有人，天外有天」，聰明反被聰明誤，優秀養成了傲慢，也不是福氣。

其實，世界上哪一個國家好，哪一個國家不好？哪一個民族優秀，哪一個民族不優秀？所謂貧富貴賤，都沒有什麼標準。過去大英帝國到處爭戰，在世界各國建立許多殖民地，因此有「日不落國」之稱。但是現在英國跟美國比起來，遠遠差了一大截。不過，美國也不能因此自以為很富有、很強大，這個世間是無常的，例如過去最貧窮的一些沙漠地區的國家，後來在沙漠下面發現石油，一夕之間成為大富翁，我們怎麼能看輕他們呢？

世界上貧富貴賤都隨著時間在變化，

因為眾生的業力，也就是大家的思想、語言、心理、行為種種的不一樣，就感召不同的結果。過去中華民族、大和民族、蒙古民族、雅利安民族，都曾經有過輝煌的時代，尤其中華民族過去一直以「五千年文化」而自豪，也曾自認是世界上最優秀的民族，但現在已逐漸落伍，未來要注重教育，培養傑出人才，才能提升種族形象。

總之，世間上所有的法界眾生，都由於業力的關係而有種種的分別、種種的不同。希望今後的人類，大家能多接受教育，知書達禮，都能有「普世平等」的思想，都有「人我一如」的想法，如此世界才容易達致和諧統一。

九、談到民族的優越感，世界上也有一些國家，因為自覺民族不夠優秀，因此透過移民、異國通婚、優生保健等政策，希望進行種族的改良。請問大師，種族可以改良嗎？乃至種族之間真的有辦法和諧相處嗎？

答：種族當然可以改良，就像現在的農業，很多水果經過接枝、基因改良等方法，不但種類愈來愈多，而且果實大、果肉多、水份足、甜度高，可以說是農業改良的一大成就。

阿彌陀佛把各種種族的人都接引到他的淨土，極樂世界就是一個移民的世界。

一般人也都聽說過，異國聯姻所生的兒女比較聰明。過去日本人長得比較矮小，後來他們把一批批的女孩子送到中國東北，一旦懷孕後再送回日本，慢慢的，他們的種族改良了，所以現在的日本人普遍都長得比較高大。

除了異國通婚、優生保健等方法以外，美國是一個多元種族的國家，是族群人種的大冶洪爐；因為美國歡迎他國移民，把世界上最優秀的人才都集中到美國裡，因此國勢強盛。只是現在有些國家因為領土太小，不容許移民，汶萊就是一例。

在佛教裡，西方極樂世界就是一個移民的世界，族群最多，阿彌陀佛把世界上各種種族的人都接引到他的淨土，讓諸上善人聚會一處，是一個種族融和的典範，但是並非人人都能移民，必須有條件的人才能得生其國。

其實，世界上很多國家的人民都來自外國移民，或是多元種族融和後所產生的後代，也就是一般所稱的「混血兒」。例如巴西就是一個混血的民族，早期巴西的原住民印地安人和葡萄牙人混血，之後加入黑人血統，接著義大利、德國、波蘭、南斯拉夫、阿拉伯和日本相繼來此和當地人通婚。巴西不但是一個多元種族的國家，也是一個幾乎沒有人種歧視的國家。另外，目前澳洲中部的阿不雷訓地方，據說有很多人的姓氏都是華姓，他們都是中國人與當地土著通婚的後代。

現代社會開放，國際往來頻繁，尤其各國的留學生很多，造就了不少異國鴛鴦。但是也有很多父母並不同意異國通婚，其實如果能放大眼光，以寬宏的胸量接納，異國通婚也沒有什麼不好。

不過，認真說起來，世界上的種族問題並不是政治、經濟，甚至也不是宗教所能解決的。現代科技發達，雖然能夠改變基因，但也不究竟。最好的方法就是人類互相尊重包容，容許不同的存在。我雖然是一個出家人，但是幾十年來的出家歲月中，我看到天主教的神父、修女，甚至看到伊斯蘭教的穆斯林，我對他們都很友好，也很尊重。在台灣有一位來自美國的丁松筠神父，他跟我說：「假如你生在美國，你可能就是美國一個很好的神父。」我說：「假如你生在中國，你可能就是一個中國的和尚。」由於我們出生的地點不同，讓我們的信仰不同，其實我們的心都是一樣的。

在黑人的教科書裡，第一課就說：「黑是最美麗的顏色。」即使膚色不同、語言不同、宗教不同，從小都應該訓練喜愛不同的東西。例如，二十年前，中國大陸穿的衣服都是同一個顏色，顯得很單調；現在他們的衣服顏色很多，感覺就很活潑，很好看。我們對於跟自己不同的人，如果不喜歡他、討厭他，就表示自己渺小。高山之所以崇高，因為上面長著各種樹木花草，還有各種飛禽走獸棲息在裡面；海洋裡，也因為有各種魚蝦悠游其中，所以才造就海底世界的美麗。

常有人問：「世界能否和平？」自古至今，任何時代都有災難，儘管今日的世界籠罩著各種苦難，但是人只要能保持一顆善良的心，只要內心祥和，世界自能和平。

至於種族之間是否真有辦法和諧相處？我想，教育的普及、政府的政策、資訊的發達、男女的通婚、留學生的交換、文化的交流、技術的援助等，都是減少種族間摩擦的有效方法。另外，「尊重與包容」、「同體與共生」，更是促進種族和諧的不二法門。

南非天龍隊於台中惠中寺演出

一〇、中國幅員遼闊，大小民族共有五十多個，其中最大的有漢、滿、蒙、回、藏，因此過去曾倡導「五族共和」，然而五族之外還有很多少數民族，請問大師，現在中國政府對這些邊疆的少數民族，是否曾經給予他們什麼樣的幫助與照顧呢？

答：根據中國國務院新聞辦公室的資料顯示，在中國經中央政府確認的民族有五十六個，即漢、蒙古、回、藏、維吾爾、苗、彝、壯、布依、朝鮮、滿、侗、瑤、白、土家、哈尼、哈薩克、傣、黎、傈、佤、畬、高山、拉祜、水、東鄉、納西、

美麗廣西——少數民族服飾展演

景頗、柯爾克孜、土、達斡爾、佬、羌、布朗、撒拉、毛南、仡佬、錫伯、阿昌、普米、塔吉克、怒、烏孜別克、俄羅斯、鄂溫克、德昂、保安、裕固、京、塔塔爾、獨龍、鄂倫春、赫哲、門巴、珞巴、基諾等民族，乃至台灣的原住民也有十多個，像阿美族、布農族、魯凱族、排灣族等等。由於漢族以外的民族，人口顯然比漢族少很多，因此習慣上被稱為「少數民族」。

為了照顧這些少數民族，大陸當局除了成立「國家民族事務委員會」、「國家宗教事務局」等單位專職負責以外，憲法更是明文規定，國家保障各少數民族的合法權利和利益，對各民族要一律平等，禁止對任何民族歧視和壓迫。而台灣政府內閣裡也有「原住民委員會」給予少數民族照顧。

有關大陸對少數民族的保障條例，包括：

一、全國人民代表大會由省、自治區、直轄市和軍隊選出的代表組成，各少數民族都應當有適當名額的代表。

二、國家根據各少數民族的特點和需要，幫助各少數民族地區加速經濟和文化的發展。

三、各民族都有使用和發展自己的語言文字的自由。

四、各民族公民都有用本民族語言文字進行訴訟的權利。人民法院和人民檢察院對於不通曉當地通用的語言文字的訴訟參與人，應當為他們翻譯。

五、各級國家機關保障少數民族參與管理國家事務的權利，在制定涉及少數民族的重要政策、決定以及處理涉及少數民族的重要問題時，應當聽取少數民族代表人士的意見。

六、各級人民政府應當制定規劃並採取措施，有計畫地選拔，培養和使用少數民族幹部。

七、各級人民政府有關主管部門應當在每年財政預算安排的專項資金中安排一定的數額，扶持少數民族經濟發展資金。

八、少數民族公民依法享有平等的受教育機會。

九、少數民族公民依法享有平等就業和選擇職業的權利。

十、少數民族公民有保持或者改革自己風俗習慣的自由，任何組織和個人不得干涉。

我一向對邊疆少數民族頗具好感，甚至一直有個夢想，希望能和少數民族生活在一起。現在全世界各個國家對少數民族的照顧都做得很好，少數民族也都獲得應有的尊重、禮遇和優待。少數民族不可輕，因為一個民族，不管大小，都有他的文化、語言、習慣，如同人間的百花齊放，我們要看到他們的美麗，不可予以輕視。

一一、中國五千年的歷史裡，經常處於戰亂之中，其中大部分以民族之間的內戰居多，例如「五胡亂華」，乃至元朝與清朝更分別由所謂的少數民族統治多數的「大漢民族」。從歷史的殷鑑可知，一個國家如果內部不和，容易招致外侮，甚而引發國際戰爭，這實非人類之幸。因此請問大師，今後各國之間如何讓種族相互融和，繼而共創世界和平呢？

答：剛才講到，光是一個中國大陸，大大小小民族就有五十六個之多，再加上其他各國的各種民族，世界上的民族之多，可想而知。

促進種族和諧，這是鞏固國本的大事。每一個人生下來以後，屬於哪一個種族，並不是個人意願所能決定的；但是如何打破種族、地域的藩籬、觀念，共同促進世界各民族的和平相處，卻是每一個人責無旁貸的使命。

種族之間所以會產生紛歧，有的是地理環境使然，有的是語言風俗習慣差異，有的是人種膚色的不同，致使大家排除異己。就算是在同文同種的種族裡，也會有階級貴賤之分；不同種族裡更是劃分了種種的不同，於是產生種種不能相聚融和的情結。

要消除種族隔閡，首先應該發揚慈悲的精神。慈悲是佛法的根本，《大乘義章》引《涅槃經》云：「慈息貪欲，悲止瞋恚。」佛教提倡的慈悲，不但要以同體的慈悲來解救眾生，更要用無緣的慈悲為廣大眾生救苦救難；不僅要消極的不做惡事，更要積極的行善；不只要一時口號的慈悲，還要永久務實的慈悲；不唯以圖利求償而行慈悲，更要無相無償而行慈悲。所謂「慈」能與樂，「悲」能拔苦，當一個人內心充滿了慈悲心，則見他人痛苦時，即能以悲心拔除其苦厄；當見別人不歡喜時，即能以慈心施予安樂；如果人人都能以慈悲心相待，則一切眾生皆得福樂。

慈悲即是：見他人痛苦時，拔除其苦厄；見別人不歡喜時，施予其安樂。

因此，只要地球上的人與人之間、種族與種族之間，都能本著慈悲心，彼此互相尊重、相互幫助，大家都能做個慈悲的地球人，都能走出國界，自然沒有種族的歧視。

一二、讀過佛教史的人都知道，釋迦牟尼佛當初是為了打破社會階級不平等而出家，他主張「四姓出家，同一釋種」，佛陀這種寬廣的胸襟，應該可以給今日製造種族問題的人一些教育，可否請大師把佛教的這種平等思想做一些說明與介紹？

答：過去很多人以為，學佛的人是逃避現實，是消極厭世，其實這是大大誤解了學佛的本義。佛陀當初所以出家修道，一方面當然是為了解救自己生死苦惱的問題，但另一方面更是為了救濟被壓迫的人民。

在佛陀住世的當時印度社會裡，有婆羅門、剎帝利、吠舍、首陀羅等四種姓的嚴格劃分。第一階級的婆羅門，就是古印度的宗教徒，他們為了維持自身的權利，以及鞏固在社會上的崇高地位，利用一卷《摩奴法典》，把印度社會分成四個階級，自己列在第一，他們的權威、橫暴，其他階級的種族都要無條件的信奉和接受。

第二個階級是剎帝利，也就是一些王公貴族，他們和婆羅門同樣受到尊敬。第三階級是吠舍，就是一般的農工商階級，他們受婆羅門和剎帝利權勢所壓迫，連受普通教育的資格都沒有。第四階級是首陀羅，他們是被征服者，被公認是為了被役使、被奴隸而生到這個世間上來的。

在這種種姓制度下，形成嚴重的種族歧視，彼此既不可相互通婚，也不可享受同等權利，而且貴賤懸殊很大。佛教教主釋迦牟尼佛就是出生在這樣一個階級懸殊的社會裡，他自己雖是剎帝利的王族，但他並不想用剎帝利的權威去統治人民，壓迫人民。相反的，他用慈悲平等的真理，毅然的向階級森嚴的社會宣戰，向不平等的種族歧視展開革命。

佛陀革命的對象，一是階級森嚴的印度社會，二是沒有究竟真理的神權宗教，三是生死循環不已的自私小我。在世間上，一般的革命家雖然標榜著為民的口號，但人民並不因此而得到幸福，因為他們革命是源於瞋恨敵人，所以使用的革命手段都很殘忍。唯有佛陀的革命，完全是由於慈悲心腸的激發，他的革命是用慈悲覆護一切，感化一切，他不用暴力，行的是不流血的革命，這才是真正的革命。

一般的革命家，大都是由下而上的，因為有感於自身的不自由，不安樂，因而聯想到別人的不自由、不安樂，所以就起來推翻不合理的勢力。唯有佛教的教主佛陀，他的革命是由上而下的，他本是貴為王子之尊，過著優裕的生活，照理說他用不著革命，但是他看到很多遭受壓迫的民眾，為了公理與正義，他不能不擺脫王子的虛榮，用「一切眾生平等」的真理來為那些被壓迫的可憐人們打抱不平。

一般的革命者，都是向外革命而沒有向內革命，說明白一點，就是向別人革命而沒有向自己革命。唯有佛教的教主佛陀，他知道每個人都有一個自私的小我，都有生死之源的煩惱無明，為了求得真正自由自在的解脫，不得不向五欲、榮華富貴革命，捨離一切的愛染，過平實的生活，這才是究竟的革命。

大家應該一同為人類幸福而努力

佛教對「應用管理」的看法

時間：二〇〇五年十月五日
　　　晚間七時三十分至九時
地點：美國西來大學遠距教學教室
記錄：滿觀法師　英文翻譯：妙光法師
對象：西來大學學生及加拿大滿地可、溫哥華、
　　　美國紐約、聖路易、奧斯汀、休士頓、
　　　舊金山、佛立門、聖地牙哥、台灣人間大學等，
　　　十個地區之數百名學生，透過網際網路同步上課。

「管理學」是近幾十年來興起的熱門學問，可以說任何事都能和它沾上邊，如企業管理、財務管理、檔案管理、倉庫管理、人事管理、情緒管理等等。其實只要生活在團體裡，小至家庭、公司，大至學校、國家，都脫離不了管理。

早期管理者把人（被管理者）視為生產工具，管理的目的只是為了提高工作效率，提升生產質量；進而能了解、關心人的經濟需求，以加薪、獎金作為工作動力；到後來更體認和尊重人的社會需求、心理需求，以及如何在整體發展中，又能兼顧個人的創造力和獨特性。

於是，這些年來，許多領導人和管理學專家，紛紛投注員工的潛能開發，重視員工的道德觀念、忠誠度、穩定性、抗壓性和群我關係等。在這方面，無疑的，宗教提供了豐富的資源。

佛教自釋迦牟尼佛創教以來，就有一套獨特的管理學，佛陀所建立的僧團，也有健全的組織和完整的制度。佛門的管理，以自我發心、自我約束、自我覺察為原則，管理的目的，則是為了使僧團能和合發展，俾令正法得以久住。除了僧團的管理，佛陀也對世俗社會提供許多管理法，例如他曾指導頻婆娑羅王、波斯匿王、阿闍世王等君王治國的方法，教授善生童子、玉耶女等居家之道，也告訴世人如何管理金錢……可以說具「世間解」的佛陀，本身就是一個高明、一流的管理專家！

二〇〇五年十月，星雲大師在美國西來大學遠距教學時，學生提問了許多有關管理的問題，像如何當個讓屬下心悅誠服的領導人？如何管理自己的身心和情緒？如何運用管理學，讓人際關係更和諧？如何有效管理時間和空間？另外，佛光山在全世界，有近兩百個道場和各種事業單位，他們也好奇：大師是如何領導這麼龐大的團體？其他如經典的管理理念、傳統寺院的管理、因果的管理等等，都是大家關注的問題。所謂「理以事顯，事以理成」，大師理事圓融，無礙說法，為學員上了一堂精采又精闢的課程。以下是當天的座談紀實。

一、「管理學」是現代最時髦的一門學科，包括人事管理、財務管理、企業管理、倉庫管理、檔案管理，乃至學校管理、醫院管理、飯店管理等。首先可否請大師針對「管理」的定義與要領，為我們做一些說明？

答：「管理學」是因應時代進步而產生的一門學問，顧名思義，指的就是有計畫、有組織、有系統、有目標的運作方式。國際企管學者哥夏爾曾說：「優秀企業與不良企業的差別，其產業本身的因素只占百分之六至百分之十，其他差別全在於管理。」一個企業團體，有良好的管理，必然發展迅速，興隆長久；一個國家有良好的管理，必然民富國強，安和樂利；一個家庭有良好的管理，必然父慈子孝，幸福美滿，而一個人如果懂得自我管理，也必定能身心健康，生活平順。

管理是一種藝術，有其靈活巧妙之處。一位大將軍在戰場上，他的一個口號、一個命令，可以讓成千上萬的士兵不顧生死的衝鋒陷陣，但是，戰場上的管理大將回到家裡，可能連一個太太也管不了。

曾經有位女士告訴我，他的小女兒因為學芭蕾舞，有機會到世界各國表演。他看到美國教練在教導時，都採取鼓勵的方式，學生跳得不好，也說：「很好！我們再來一次。」沒有責備，而是一次一次的讚美和鼓勵。相反的，上海的教練就不一樣，嘴裡說的總是：「你這麼醜，站到前面幹什麼！」「跳得不好，往後面站！」

每個人資質不一，各有妙用，只要善於帶領，敗卒殘兵也能成為驍將勇士，最重要的是，要能看出他們的優點長處，給予適當的鼓勵；看出他們犯錯的癥結，給予確切的輔導。尤其，不能傷害他們的尊嚴，要讓他的人生得到正面的成長。像盤珪禪師以慈悲愛心，感動惡習不改的慣竊；仙崖禪師以不說破的方式，教導頑皮搗蛋的沙彌，都可看出歷代高僧大德「管理」十方叢林，接引各類僧眾的善巧智慧。

大約是三十多年前開始，西方諸多管理大師的學說、理論，在全球掀起風潮，市面上出現許多管理書刊，也常有各種管理學講座、管理人員培訓班等等。最近幾年，管理學又有和中國傳統文化結合的趨勢，不少東西方學者發現儒、釋、道諸家學說中，蘊含微妙的管理哲學，於是，出現了如「古代帝王學」、「從三國演義看管理」、「企業禪」、「莊子與經營管理」、「心經與現代管理」等論題與書籍。不論是向西方取經，或是探索東方的智慧，這種種理論、方法，只能作為借鏡和參考，如何因時、因地、因人而靈活運用，才是最重要的！

有些人從事管理，善以謀略在人我之間製造矛盾，然而一旦被人拆穿，就不易為屬下所尊重；有些人從事管理，喜用計策先試探別人的忠誠，但是一旦被人識破，就不能為對方所信服。所謂「疑人不用，用人不疑」，最好的管理方式，是以己心來測度他情，以授權來代替干涉。

我覺得管理不是命令、不是指示、不是權威；管理要懂得尊重、包容、平等、立場互換，要讓人心甘情願，給人信心，讓人歡喜跟隨，這才是最高明的人事管理。而且，管理者不能總是高高在上的發號施令，要常常深入群眾，和大眾建立「生死與共」的觀念及感情，才能發揮團隊的最大力量。

古今中外，善於管理的良臣名將，都是因為擁有這種體貼、承擔的美德，所以能夠克敵致勝。像戰國時的吳起將軍，不但平時噓寒問暖，與兵士同甘共苦，同榻而眠，同桌而食，還親自為患「疽」的士卒吸吮膿血，所以官兵們都肯為他赴湯蹈火，即使戰死沙場也在所不辭；李廣帶兵，在飢乏之際，發現泉水，不待士卒盡飲，必不近水；不待士卒盡餐，必不嘗食，所以大家都樂於為他效勞賣命，出生入死。

總之，說到「管理」，其實就是在考驗自己心中有多少慈悲與智慧。管理的妙訣，首先須將自己的一顆心先管理好，除了讓自己的心中有時間的觀念，有空間的層次，有數字的統計，有做事的原則，能合乎時代與道德。更重要的是，讓自己心裡有別人的存在，有大眾的利益，能夠將自己的心管理得慈悲柔和，將自己的心管理得人我一如，以真心誠意來待人，以謙虛平等來帶人，才算修滿「管理學」的學分。

二、針對剛才大師所說，不管任何管理，都離不開人，所以管理學最重要的是「人」的管理。請問大師，如何把人管理好？

答：世間上，物品的管理或事情的管理都比較容易，因為物品既不會表達意見，也不會和我們對立抗爭，怎麼安排，它就如何發揮功用；事情的處理，也有一定的原則，如果能將事情的輕重緩急拿捏妥當，把事情的好壞得失權衡清楚，管理起來也不覺為難。

管理學中最難管理的是「人」，因為人性是自私的，人有很多的煩惱，很多的意見，尤其面對不同的思想、習慣、看法、學歷、資歷，不同的地域、籍貫、年齡……在這麼多的差異之中，要將他們統攝管理，是非常困難的。

有一段民間的繞口令說：「有一個城隍廟，東邊坐了一個管判官，西邊坐了一個潘判官，西邊的潘判官要管東邊的管判官，東邊的管判官要管西邊的潘判官，究竟是要東邊的管判官來管西邊的潘判官，還是西邊的潘判官來管東邊的管判官。」你看，連判官也彼此不服氣，互相看不起。可見有了管理對方的想法，就有了分別對立，反而更難管理呢！

被譽為「現代管理學之父」的管理大師彼得．杜拉克（已於二〇〇五年十一月辭世），他曾為「人的管理」重新定義，認為在新時代，以資訊為導向的企業組織裡，主管和有專業能力的員工之間，已不似傳統的上下關係；主管不再是「管理」

人，組織則如同交響樂團，身為指揮的，只是「帶領」各有所長的團員，演奏出完美的樂曲。我覺得這樣的團體頗類似我們僧團，僧團中的成員彼此之間是同參法友，有著弘法利生的共同目標，平時大家也是自治自律，有事時則團結合作，集體創作。

如何把人管好？我常說：「有佛法就有辦法。」什麼是佛法？慈悲、智慧、權巧方便、六度、四攝等等，都是人事管理時，可以運用的妙法。另外，要把管理學好，自己必須具備「以眾為我」的菩薩精神，例如要能為人著想，能給人利益，肯幫助別人，讓每個人「皆大歡喜」，就是管理學的最高境界。除此，在人事管理上，最好不要用否定的態度，不要一味的說「這個不可以、那個不可以」；過分講究規矩，往往難於管理和成事。所謂「訂法要嚴，執法要寬」，真正擅長管理的人不強迫要求，卻在「無為而治」中，讓屬下「心甘情願」的奉行，也從寬容、尊重裡，得到進步成長和發揮的空間。

曾經有位泰國工廠的老闆告訴我，他的六百名員工，每天上班前會有半小時的打坐、誦經。他的用意是希望從思惟法義、從打坐沉澱中，培養他們的慈悲、熱忱和因果觀念。長期下來，他發現對工廠的管理和營運，助益不少！

在台灣，也有不少企業團體成立佛學社、禪修班等，希望藉由佛法的淨化，讓員工情緒穩定，配合度高，進而營造和諧的工作氣氛，和提升工作效率。如電信局很早就成立「學佛會」，台塑有「福慧社」、「中道社」的佛學社團；長庚、榮總、台大等各大醫院都設立佛堂，固定舉行念佛共修；中鋼、中油、中船等公司常舉辦佛學講座；高雄煉油廠有「光照念佛會」、「禪坐研究班」，常與佛光會聯合舉辦各類講座和活動。還有，巨東建設集團不但認同我「發揚人間佛教，建設人間淨土」的理念，更以「六波羅蜜」作為企業經營的大目標。

二〇〇九年國際佛光會舉辦「全國教師生命教育禪修研習營」

佛教一向重視人的管理，《禪林寶訓》言：「善住持者，以眾人心為心，未嘗私其心；以眾人耳目為耳目，未嘗私其耳目，遂能通眾人之志，盡眾人之情。」我認為人事管理，必須注意幾點原則，如：要顧全大局、要明白分工、要知道協調、要用心策劃、要全力推動、要向上報告、要知道承擔、要追查成果。此外，主管與屬下之間，必須能上下坦誠交流，彼此融和尊重，工作上主動勤奮，能自我釐訂計畫，平時處事多溝通協調。

再者，身為現代領導人、管理者，應該具備幾個條件：

- 笑在臉上，讚在口上，怪在心裡，氣在肚裡。
- 寬以待人，嚴以律己，功歸大眾，過自承擔。
- 不計得失，不可畏縮，不能頹喪，不會頑執。
- 顧全大局，倡導人和，上下交流，意見一致。
- 發心服務，遵守諾言，居安思危，知己知彼。
- 注意調和，照顧大眾，善用機會，把握人生。
- 處事幽默，聆聽報告，細心研究，雙手合十。

做一個領導人，如何用人也是一門學問。身為主管最容易犯的毛病，就是對屬下只有批評，沒有指教，所以對於人才，要能吸收、包容和培養。另一方面，身為主管或高級領導幹部，也要隨時自我檢討，並與屬下溝通，才能做到「將相和」，讓團體健全鞏固地發展。

在管理時，我們常會跟對方說：「你都不聽我的話！」「你都不接受我的意見！」其實，想一想，我們又何嘗聽自己的話？往往自己承諾的事情卻做不到，所以與其說管人難，有時候管自己更困難。我們在管理別人之前，先要管好自己，所謂「身教重於言教，口說不如身行」，不言而教，即是最好的管理。

三、懂得管理學，甚至善於管理別人，並不必然就懂得管理自己。有的人可以管理數家公司，可以統領數千員工，但不見得能管理好自己的「心」。請問大師，如何做好「心」的管理？

答：前面說「人難管，自己更難管」，其實比人、比自己更難管的，就是我們這顆「心」！如《五苦章句經》所云：「心取地獄，心取餓鬼，心取畜牲，心取天人。」每天早上醒來，我們的心就這裡、那裡的到處走來走去，忽而歡天喜地，忽而痛哭流涕，在十法界裡流轉不停。

《華嚴經》說：「心如工畫師，能畫諸世間。」當我們的心希聖求賢，自然浮現聖賢的面貌；心如兇神惡煞，便表現出如魔鬼羅剎一般的猙獰模樣。在佛經裡，有許多對心的譬喻，像心如猿猴難控制、心如電光剎那間、心如野鹿逐聲色、心如盜賊劫功德……此外，佛陀也說我們的身體好比一個村莊，村莊裡面住了六個盜賊，他們的首領就是「心」。心是身體這個村莊的主人，所以我們要想治理身體，先要治心；把心管理好，身體就能聽我們的話。俗話說：「上梁不正下梁歪。」心之不正，何能作為眼耳鼻舌身的領導呢？何能讓眼耳鼻舌身成為善良之輩呢？當一個人連自己的身心都無法管好，又怎能管理他人呢？

「心」是萬物之本，沒有把根本管理好，只管理枝末，人生當然不會圓滿。能把自己的心管好，心正則一切皆正，心淨則一切皆淨，心善則一切皆善，這才是最重要的管理學。因此，佛陀設教，就是倡導「心」的管理，所謂：「佛說一切法，為治一切心；若無一切心，何用一切法？」人都有自私心，如果沒有把自私的心管理好，怎麼有「天下為公」的觀念呢？人都有疑嫉心，如果沒有把疑嫉心管理好，怎麼能以誠信待人呢？此外，諸如成見、執著、愚痴、諂曲、慳吝、我慢等，都是心中的鬼怪，如果不好好管理，讓心中藏汙納垢、百病叢生，又怎能調和人際，服務大眾，擔負起濟世的重任呢？

如此看來，我們每一個人都很可憐，也很偉大。因為每個人都離不開「心」而生活，這顆心給我們製造很多的妄想、煩惱，讓我們不得安寧。因此，儒家提出「非禮勿視、非禮勿聽、非禮勿言、非禮勿動」來規範我們的心。

佛教更有許多對治法門，如「五停心觀」就是五個治心的方法：貪心重的人，可以用「不淨觀」來對治，觀想身體是個不清淨的臭皮囊，貪求就會少一點；瞋心重，喜歡發脾氣、罵人、怪人、冤枉人的，用「慈悲觀」來對治；對世間的道理，常常顛倒妄想，不能明白來龍去脈，凡事一知半解，愚痴無明的，用「緣起觀」來對治；自覺業障深重，又執著、計較，有諸多煩惱者，可用「念佛觀」對治；平常容易散亂、妄想，心意不能集中，精神容易恍惚的人，可以採取「數息觀」，數自己的呼吸，一進一出，從一數到十，再從十數到一，如此心意集中，就容易專注，不會散亂，煩惱妄想也會慢慢的像水一樣平靜下來，心一平靜，自然就容易看清自己、認識自己；能如此，則任外面的世界如何紛亂，自己的心都能如如不動了。

《佛遺教經》說，只要我們「制心一處」，就能「無事不辦」。修學「心的管理」這門學科，不能完全依靠別人，必得依靠自己，把自己的真心、慧心、慈心、信心、定心、忠心等，呈現出來，並且以這些善心、好心，來管理自己、管理環境、管理事物、管理團體。平日我們參禪念佛、早晚反省、喜捨行善、克己利他，都是為了把心管好，也是為了修滿「心的管理」這門學科的學分呀！

四、管理學其實就是一門領導學，請問大師，身為一個領導者，如何才能讓屬下心悅誠服的接受領導？

答：近代管理學從崛起到現在，將近九十年。由其發展過程，可看出一些趨向，如從「物性」管理，進展到「人性」管理；早先將被管理者視為生產工具，只求工作效率，增加產能，後來漸漸重視被管理者的心理因素、人際關係等人性問題。以及從「個體」到「整體」，建立員工的團隊認同觀念，創造企業形象，關注社會公益等，都是因應時代而自然演變的管理趨勢。

我想唯有「人性化」，能關懷屬下的需要，能尊重、提攜屬下，並為他們解決問題的管理者，才能讓屬下心悅誠服的接受領導。另外，「給人信心、給人歡喜、給人希望、給人方便」這十六個字，不只是佛光人的工作信條，也是領導者必須謹記在心的。能「給」，代表心中有無盡的能源寶藏；肯「給」，才是一種寬宏無私的度量。不過，許多主管喜歡部屬言聽計從，畢恭畢敬，甚至以磨人為樂，藉此展現自己的權威。其實，領導者能融入大眾，「以身作則」是非常重要的。

四十年前，我初創佛教學院，即使像「出坡」這麼一件例行的事情，我都親自說明意義，並且身先表率，挑磚擔水。到現在，想要為我做事情的徒眾何止萬千，但我不僅未曾以命令的口吻叫人做事，還經常主動地為徒眾解決問題。聽到某個徒眾在北部事情忙碌，我便為他主持南部的會議；知道哪個徒眾正在主持會報，一時

東方佛教學院開工興建，大師帶領佛學院學生出坡。1967.06.18

無法結束，我就為他代課教書。我覺得能和屬下培養出「同甘共苦」的情誼，不只可以發揮團隊精神，更能讓屬下心甘情願的跟隨。

有的人是天生的領袖人物，有的人則是後天培育而成。美國的華倫．班尼斯（Warren Bannis），曾經擔任甘迺迪、雷根等四任總統的顧問，他出版了二十幾本有關領導的書。班尼斯認為領導方式很多，每個人都各有不同的領導風格，但是優秀的領導者，必須具備四種特質或能力，即㈠注意力管理：給部屬明確的目標或願景，以凝聚共同的心力。㈡意義管理：讓部屬認同願景之意義。㈢信任管理：言行一致，誠懇正直，能讓部屬信賴。㈣自我管理：明白自己的優缺點，並且能虛心改進，堅固所長。班尼斯還認為只要領導者願意努力和自省，就能擁有這四種管理能力，成為一流的領導者。

除了這些條件，在統理大眾上，我覺得「知人、育人、用人、留人」，也是身為領導者要具備的識能。知人首重了解各人長短，育人要懂得教導部屬，用人要公平合理，留人要使之有前途。在這方面，《徂徠訓》裡，也有很好的意見，如：不能一開始就想了解每個人的優點，必須等用人之後，優點才會自然呈現；用人時，只須取其優點，不要過分在乎他的缺點；不可只任用投其所好的人；不要計較小過，而應重視對方的工作表現；用之則無疑，務必給予充分權限；在上位者，不可與在下者爭功；人才者，必有乖癖，因為有「器用」，自然不能捨癖；只要能善用人，必定可獲得適事、應時的人才。

明朝劉伯溫的《郁離子》裡記載這麼一則故事：有位趙國百姓因為家中老鼠為患，到中山國討了一隻貓回來。這隻貓很會捉老鼠，卻也愛咬小雞。一段時間之後，這戶人家不再有鼠患，但是小雞也被咬死不少。有人勸他將貓趕走，他回答：「我們家最大的禍害在老鼠，不在沒有雞。老鼠偷吃糧食，咬壞衣服，穿通牆壁，毀損家具，可說禍害無窮！沒有雞，頂多不吃雞肉；趕走貓，老鼠再來就不得了！」所謂「金無足赤，人無完人」，管理者不能只是盯著屬下的缺點，能捨其短，用其所長，才是最重要的！

漢代政治家賈誼也說：「大人物都不拘細節，所以能成就大事業。」因此，大原則不放鬆，小細節不計較，用人之道在各得其位而已矣！身為主管者要能授權，要有寬闊的度量，讓屬下發揮所長，在「提拔後學」的原則下給予機會，但也不能一直留在身邊，不讓其離開。另外，領導者本身不能太忙，太忙容易顧此失彼，而無法作長遠性、全面性的整體規劃。

關於用人之道，我提供幾點原則：取人之直，疏其諂曲；取人之樸，疏其奢侈；取人之寬，疏其狹隘；取人之敏，疏其懶惰；取人之辨，疏其迷糊；取人之信，疏其虔偶。人有所長，必有所短，懂得用人之道，優秀的人才就會甘於為其所用。

如何當個稱職的主管？在《佛光菜根譚》裡，我將主管分成四等：「一等主管：關懷員工，尊重專業；二等主管：信任授權，人性管理；三等主管：官僚作風，氣勢凌人；劣等主管：疑心猜忌，不通人情。」身為領導者，能有知人之明，且能推心置腹的信賴、尊重，凡事多體恤、多包容，部屬就會因為受到賞識、重用，而心悅誠服，甚至萌生「士為知己者死」的忠誠呢！

五、目前佛光山的寺院道場遍布五大洲，每日所從事的弘法事業又多，卻都能井然有序的進行，請問大師平時如何管理佛光山的人和事？

答：過去也常有人問我，說我門下徒眾一千多人，寺院近兩百所，又有各種文教事業單位，如此龐大的團體，不知我是如何管理？其實，我並沒有什麼特殊的管理技巧，我只是為佛光山建立各種制度，以制度來管理，以組織來領導而已。例如在開山之初，我即根據六和敬、戒律和叢林清規，著手為佛光山訂定各項組織章程，建立各種制度，以及「集體創作、制度領導、非佛不作、唯法所依」的運作準則。

在人事管理上，有幾個基本方針，如：「徒眾不私有」，佛光山所有的徒眾，沒有一個是個人的徒弟，所有的弟子都是佛教的、公家的，只有以第一代、第二代、第三代為序。因為不私收徒弟，徒眾之間就不會為了徒弟而產生紛爭。「金錢不私蓄」，佛光山所有徒眾除了常住發放的「單銀」之外，涓滴歸常住所有，個人不私置財產。徒眾沒有金錢，並不代表他們的生活沒有保障，反而他們的衣、食、住、行、疾病、留學、遊學、參訪，甚至剃度以後，回家探望父母的禮品，常住都會為他準備。在佛光山健全的制度下，大眾享有最完善的福利。

還有「人事要調動」，秉持「滾石不生苔，流水才是活水」的原則，佛光山的人事有輪值調動。每一座別院、分院、布教所、事業單位，都不是個人所有。或許今年在這裡做住持，明年可能調派到另一個寺院去。調職有許多好處，可以多方學習，多方結緣，增加不同的經驗。以及「序級有制度」，佛光山依每一位徒眾在道業、事業、學業上的努力而評核序級，由清淨士、學士、修士到開士，逐級升等。

因為有這些健全的體制，所以佛光山能夠和諧順利的發展。此外，佛光山依徒眾的性向、能力，分別訓練，再依個人專長擔任各項職務，如：住持、當家、知客、文教、策劃、法務、典座等等，總希望每個人都能各盡所長，為佛教奉獻心力，也為自己的生命留下光輝。

在寺院管理方面，佛光山的各個殿堂，像大雄寶殿、大悲殿、會議室、客堂、教室……都是全日開放，以便讓大眾隨時都能進去瞻仰、使用。在物品管理方面，我不喜歡建倉庫，我覺得物品是給大家用的，最好能物盡其用，東西一旦堆在倉庫裡，往往一放多年，等到要用時已經發霉生銹，豈不可惜！我管理金錢，也不喜歡

佛光山提倡集體創作、同體共生。

放在祕密的地方，三、四十年前，在壽山寺的時候，我常將金錢放在固定的地方，讓學生、徒眾各取所需；我認為這才是公平之道。我管理人，倡導法治、人治，甚至無為而治，我覺得最好的管理，是自己內心的管理；心治則身治，身治則一切皆治。

有鑑於「人和為貴」，所以我一向主張「集體創作」，我覺得最上乘的管理方式，應該是讓大家自動自發，肯定彼此所扮演的角色，互相合作，共同奮發突破。我也大力提倡「同體共生」的精神，我覺得最高明的管理原則，應該是讓整個團體能夠產生共識，而上下一條心。不過，在「以和為貴」的前提下，我亦提倡「和而不同」的運作模式。

《資治通鑑》裡，任延對東漢光武帝劉秀說：「上下雷同，非陛下之福。」一個團體如果形成只有一個聲音的「一言堂」，將會缺乏活力，不再進步成長。因此，雖然我一手創建佛光山，但我都以召開會議來代替下達命令；儘管我是多少人的師父、師公，但我寧願大家商討研究，也不願斷然否決別人的意見。當然，其中也曾遇到很多不必要的困擾，例如有些議案必須趕緊實行，因為主事者的保守、延誤時機，可能日後得付出多倍的努力及代價，但是為了尊重他人的看法，也只有孤注一擲。四十年來，為了斡旋各個單位的意見，為了調和各個主管不同的看法，總有開不完的會議，但想到能給人多少利益，給人多少方便，給人多少學習，一切的辛苦也是值得的。

總之，佛光山那麼多人相處在一起，之所以能和諧無諍，一個最大的妙訣就是相互尊重，再者就是大家有共識。佛光山不是一個痴聚的團體，大家有相同的理想、方向與願景，而且百分之九十九的僧眾，都畢業於佛光山叢林學院，所以在思想、理念上，大體一致，大家以弘揚「人間佛教」為目標，從弘法利生中，看到自己的未來和希望，所以能安住身心，共創一個六和敬的僧團，這就是佛光山最好的管理之道。

六、從剛才大師談如何管理佛光山的人事，可以看出大師很有現代管理學的理念與長才，不知大師這些理念是否有受到佛教經典的啟發，能否舉一些實例說明？

答：四十多年前我到日本訪問時，見到許多工商企業團體，為了培養員工良好的思想理念及生活習慣，在正式工作之前，會將他們送到寺院，接受佛教的「管理」課程；以此作為「職前訓練」。當時日本寺院負責行政的出家法師，也無不以佛門對人事、對工作的管理方式傾囊相授。那時我就認為佛教在社會管理方面，應該可以提出一些貢獻。

佛教的三藏十二部經典，有關管理的方法，可以說俯拾皆是。如《阿彌陀經》就是阿彌陀佛的管理學，阿彌陀佛是善於營造管理的建築師。他所建造的極樂世界是七重欄楯，七重羅網，七重行樹，七寶樓閣，有七寶池和八功德水，街道皆以金銀琉璃鋪成，花草樹木香潔微妙，重重疊疊的景觀，非常莊嚴美麗。更重要的是，極樂淨土沒有空氣、水源、毒氣、核能等各種汙染，沒有吵雜的噪音；氣候清爽宜人，沒有生態失衡的問題，也沒有水火風災及地震、海嘯之害，是一個莊嚴安樂的清淨國土。

而且，在西方極樂世界裡，交通管理順暢，沒有交通事故；人事管理健全，沒有男女糾紛；經濟管理完善，沒有經濟占有；治安管理良好，沒有惡人陷害。也沒有政治的迫害，衣食的擾人，老病的掛礙，種族的界限，怨家的敵對。極樂世界的居民注重品德，相互尊重，他們在道業上，已達不退轉的阿鞞跋致境界，因此沒有暴力傷害，更沒有貪贓枉法，人人友愛合群，互敬互重，是個有德賢者共同居住的佛國。

阿彌陀佛將極樂世界的居民，全都「管理」成「諸上善人聚會一處」。不論在自然環境、建築規劃，或社會、人際的管理上，可以說阿彌陀佛就是最高明的管理專家，因為他能夠給人安全、給人安樂、給人安心、給人安適。

一卷《普門品》，是觀世音菩薩最好的「管理學」。觀世音菩薩具足大慈悲、大智慧、大神通、大無畏、大力量，尋聲救苦，以千手千眼救苦救難，如：風災、水患、火難等，菩薩無不伸以援手，主動幫忙他人解決困難，救脫困境，讓眾生得以無憂無懼。另外，觀世音菩薩能觀世間音聲而隨緣度化，圓滿眾生所願。貪欲者，他以布施喜捨來幫助；瞋恨者，他以慈悲來教化；愚痴者，他用智慧來引導；疑嫉者，他賜信心來攝受；求生兒子的人，助其生下福德智慧之男；求生女兒的人，助其獲得端正有相之女。

觀世音菩薩善於隨類應化，觀機說法，如果是軍人，觀世音就為他說軍人法；對工商人士，就講工商管理法；對童男或童女，也會給予童男童女的教育。這種「應以何身得度者，即現何身而為說法」的隨機應現，即是「同事攝」的體現。

觀世音菩薩隨機應現，即是「同事攝」的體現。

除此，《普門品》裡還有一個重要的管理，就是「一心稱名」。在人間，不論是上司與部屬，父母與子女，老師與學生，或是朋友同儕之間，若想獲得對方的尊重與愛護，達到人際關係的圓融，首先應該學習愛語布施。人與人之間唯有至誠讚歎，「口中有你，心意誠敬」，雙方才能心意相通，圓滿融和。

再如《華嚴經．普賢行願品》的「十大願」，也是非常好的管理學。此十大願是菩薩為了度眾生，精進勇猛，長期不斷修行的願力，應用於世間的人事管理，更是微妙高超。我以現代語言來詮釋：禮敬諸佛，是人格的尊重；稱讚如來，是語言的讚美；廣修供養，是心意的布施；懺悔業障，是行為的改進；隨喜功德，是善事的資助；請轉法輪，是真理的傳播；請佛住世，是聖賢的護持；常隨佛學，是智者的追隨；恆順眾生，是民意的重視；普皆回向，是功德的圓滿。身為主管的在身、口、意上，若能依此十點待人處事，相信定能成為讓部屬真心愛戴的領導者。

佛陀是最早的管理專家，他講說的教理意涵，可以說無一不是管理法。例如以「橫遍十方，豎窮三際」來形容每個人法身、自性的永恆，無始無終，無窮無際；用之於管理，不也是要做到縱的上下連繫，橫的各方關照，才能圓滿周全嗎？其他如「四無量心」、「四攝」、「六度」、「八正道」等等，也都是自覺覺他，自利利他的管理法門。

七、原來佛教經典裡，有那麼多的管理法寶！我們從大師的傳記知道，大師從小就在大陸接受完整的叢林教育，可否請大師再談談傳統佛教寺院道場的管理學？

答：佛教寺院的管理，從佛陀成立僧團時，即已有健全的系統。佛陀認為眾生皆有佛性，提倡人我平等制度，他常說：「我亦僧數。」也說：「我不攝受眾，我以法攝眾。」佛陀不以領導者自居，而是以真理來攝受統理僧團大眾。因此，凡是進入僧團的每一成員，都必須捨棄過去的階級、財富、名譽、地位，僅有內在修證境界的差別，而無外在身分階級的劃分，以人格尊重、長幼有序、互敬互愛，作為僧團建立的基礎。

佛陀住世時，以其制定的戒律及所說的教法為領導中心，僧團生活採取托缽行乞，和合共住的形式。在共住規約上，僧侶除個人使用的衣缽等物外，其他物品、用具、床具，乃至房舍、園林等，均屬僧團共有，不得據為私有。對僧團器物的維護，則有工作上的分配；於每一住處僧團中，推選一位有德長老，領導僧侶的生活作息，及擔任平時的教誡。

在日常生活上，僧侶以戒律和「六和敬」，作為共住的法則。「六和敬」是：

㈠見和同解，在思想上，建立共識，是思想的統一。
㈡戒和同修，在法制上，人人平等，是法制的平等。
㈢利和同均，在經濟上，均衡分配，是經濟的均衡。
㈣意和同悅，在精神上，志同道合，是心意的開展。
㈤口和無諍，在言語上，和諧無諍，是語言的親切。
㈥身和同住，在行為上，不侵犯人，是相處的和樂。

在身口意、見解、利益各方面，有這些共識和依循的準則，所以能維持清淨和諧的僧團。

佛陀也會於每月八日、十四或十五日與僧眾共集一處，布薩說戒，期使散布於各處的僧侶能定期集會。若有違犯戒律者，即於此時對其所犯的情事，加以審議、判決、處置。這些都是佛陀為了讓僧團和合久住，所訂定淨化身心的管理制度。

佛教傳入中國之後，除了延續佛陀的教法，在僧團管理上又有進一步的發展。古今叢林接納十方參學的衲子，因此，住持亦須經由十方大德共同推舉。同時，寺院重要綱領政策，或領導大眾，維繫綱紀的職務，也多是經由僧眾議決、選舉投票

佛光山重視民主管理，重要政策或領導大眾的職務，多經由僧眾議決、選舉投票產生。

而產生。這種「選賢與能」，重視大眾意見的民主管理，加強了寺院行政的公信力。

叢林事務統分四十八單，在兩序的人事組織下，職務有文有武，有內務、有外務，有執綱紀、有執眾勞，有任教育、有任幕僚。如《緇門警訓》說：「叢林之設，要之本為眾僧，是以開示眾僧，故有長老；表儀眾僧，故有首座；荷負眾僧，故有監院……為眾僧出納，故有庫頭；為眾僧主典翰墨，故有書狀；為眾僧守護聖教，故有藏主；為眾僧迎待檀越，故有知客……」各單職務由常住依職事發心、能力、德行、才學的不同而派任，大眾皆是基於服務的立場，各司其職，分工合作，彼此互尊互重，使寺務正常運轉。

叢林寺院的一切淨財、物品來自十方，因此概歸常住所有，由常住為大眾儲蓄道糧、維護寺產、規劃福利，使僧眾得以安心辦道，這種「公有公用」的管理法，也就是六和敬中「利和同均」的經濟理念，可以結合個人的力量，為團體創造更大的利益。

僧團除了以戒律為規範外，並制定一套完整的生活規範，使大眾生活有一定的制度可循。例如東晉道安大師為其領導的僧團，制定有三項僧尼軌範：

㈠行香、定座、上經、上講之法。

㈡常日六時行道、飲食唱時法。

㈢布薩、差使悔過法。

而中國禪宗叢林，由於注重勞動生產的農禪生活，則施行「普請法」，就是集體出坡作務，無論上下，一律平等，均須參與生產勞動；這種平等普請之法，有助於凝聚大眾的向心力。

從唐代百丈懷海禪師制定的《百丈清規》、《禪苑清規》，或其他日用清規，以及戒律儀制中的「布薩舉過」、「僧事僧決」、「滅諍法」等，都能看出佛教叢林公開、公平、公正的管理特質。

佛教很重視群我的關係，叢林寺院管理的原則，從啟發心靈及服務大眾著眼，而且主張自動自發、自我約束。二千多年來，佛教以佛、法、僧三寶作為信仰的依歸，以經、律、論三藏為管理的法則，令僧眾有明確的方向目標，和最佳的修行指南。其實，這個管理方法亦可用之於國家、社會、各行各業，乃至個人的身心管理呢！

八、情緒化是立身處世的障礙，用情緒做事不容易成功立業，所以現在社會很流行「EQ管理」，也就是情緒管理。請問大師，如何才能把自己的情緒管理好？

答：一個人想把自己管理好，必須管理的事情實在太多了，例如：自己的思想、心念、威儀、語言等等的管理，尤其自己的情緒更要管理好！情緒管理不好，會為我們帶來許多無謂的災殃，所以，現代人很重視「EQ」情緒的管理。

有的人情緒變化很大，如天氣般「晴時多雲偶陣雨」，讓人捉摸不定。我曾將人分成四種：「一是很能幹，沒有脾氣；二是很能幹，但脾氣很大；三是不能幹，也沒有脾氣；四是不能幹，但脾氣很大。」

一個人無論多能幹，絕不能情緒用事，用情緒做事不容易讓人信任，當然也就不容易成功立業。過分情緒化是性格上的缺陷，是心智不成熟的表現；情緒化的人大都是非不分、事理不明。歷代暴虐無道的帝王將領，大都是不能管理自己的情緒，結果導致國破家亡，身敗名裂。

美國加州大學心理學教授艾克曼，是一位情緒解析專家。他認為我們的臉部表情，是情緒的直接窗口。為了偵測情緒，他用電流刺激臉部肌肉，研究肌肉運動與情緒的對應關係，結果發現我們臉部肌肉，有大約七千種不同的組合方式；意思是我們每個人可變化出七千張不同的臉孔，有著七千種不同的情緒。艾克曼以科學方式提出基本情緒有十大類：憤怒、恐懼、悲傷、嫌惡、輕視、驚訝、愉悅、尷尬、罪惡、羞慚；而每一項都代表一大類相關的情緒。

這些基本情緒和佛教的分類頗為相似，早在二千多年前，佛教即已建構了一套成熟的心理學知識體系。佛陀說眾生有「八萬四千煩惱」，唯識學也將人的心理反應，分析成五十一種，其中屬於負面情緒的，就有貪、瞋、痴、慢、疑、惡見六種「根本煩惱」，以及隨根本煩惱而生起二十種大、中、小「隨煩惱」，如忿怒、嫉妒、驕慢、慳吝、諂曲、昏沉、散亂、懈怠、無慚、無愧……這些情緒表現在外的，便是粗暴、蠻橫、乖張、無理、喜怒無常的言行。

當一個人長期處在陰晴不定、激動憂懼的心理狀態中，久而久之，會影響生理變化，造成不易治癒的疾病。例如：消化性潰瘍、精神疾病等。醫學研究報告中提到：「當一個人不快樂、發怒或緊張受壓力時，腦內會分泌具有毒性的『去甲腎上腺素』。」具有毒性的激素，不只傷害自己的身體，更會妨礙人際之間的相處，讓自己陷入憂鬱、躁鬱、自閉的困境裡。

情緒之害如此大，我們要如何做好情緒管理呢？佛陀說了八萬四千法門，就是為對治我們八萬四千個煩惱。除了前面提到的「五停心觀」，可用來對治貪瞋痴等根本煩惱，在情緒管理上，還有幾個方法，如藉由禪坐可以調身、調息、調心，置心於一處，不散亂昏沉，在行住坐臥間，就能將粗獷的身心調柔，將浮躁的情緒穩定；從禮佛拜懺中，可以消除我慢、我執，減輕身體的業障，洗淨內心的塵垢；念佛持咒，也可以止息妄想，拋開煩惱，而使心志清醒，保持心情的平靜。

再如以喜捨對治貪心、以慈悲對治憤恨、以明理對治愚痴、以樂觀對治沮喪、以知足對治嫉妒、以信心對治猜疑、以真心對治虛妄、以謙卑對治驕慢、以感動對治不滿、以發心對治懶惰、以反省對治不平、以慚愧對治蠻橫、以包容對治狹隘，都是很好的情緒管理妙方。

現在有一些年輕人常說：「我的壓力太重了！」父母師長教訓，是壓力；課業太多，是壓力；工作負荷重，是壓力；賺錢養家，是壓力……這些承受不了壓力，不堪一擊的人，被稱為「草莓族」。其實從古到今，歷代的人物，不管聖賢或普通人，哪一個不需要經過這許多壓力來成長呢？就是青菜蘿蔔，也要經過風雨日晒的孕育，才能成熟；山谷巖壁隙縫間的小草，也是突破艱難的環境，才能綻放成長。

念佛持咒，可以止息妄想。

我童年時，也都是在老師打、罵、冤枉的教育中，慢慢成長。回顧我的一生，正如陳誠先生所言：「為做事，必須忍耐；為求全，必須委屈。」在忍耐、委屈中，不也成就了許多佛教事業嗎？

有人做過試驗，把黃豆、綠豆擺到水盆子裡，上面沒有壓力，長出來的豆芽，都是瘦瘦的。相反的，如果上面覆蓋一層棉花或紙網，施以一些壓力，長出來的豆芽，不但肥胖，而且甜美、營養。

另外，日本人歡喜吃生魚片，當日本本土的生魚不夠吃的時候，就從蘇聯進口。但是，將活魚從蘇聯運送到日本，因為路程遙遠，常常到了日本，魚已經死去一半以上。後來有人想了一個辦法，在魚箱裡放進幾隻螃蟹，螃蟹會咬魚，是魚的天敵，只要螃蟹稍微動一下，這些魚就緊張的動起來；牠們時時承受這些螃蟹的攻擊壓力，反而增強生命的動力。結果後來運送到日本的魚，有百分之八、九十存活，可見經由壓力更能生存。

有壓力才會激發潛力，有壓力才會成長，才有前途，好比籃球，打它一下，它就跳得很高。我們要培養樂觀、開朗的心態，凡事隨來隨遣，如果儘是把事情擺在心裡，會像水溝阻塞不通般的發臭；唯有懂得疏通排解和調適，生活才會過得歡喜自在。

在《雜阿含經》卷十七裡記載，有一次佛陀問弟子，凡夫和聖賢，對於苦、樂的感受有何不同？佛陀告訴他們，凡夫身體受苦，憂惱狂亂，連帶內心也跟著痛苦；賢聖之人身體受苦時，不會憂愁煩惱，所以只有身受，沒有心受。二者的差別即在於凡夫為五欲所染著，而產生貪瞋痴三毒，聖賢則無。

因此，我們平時要憑著正念、正勤、正道來做人處事；透過般若觀照，培養自己的耐心、虛心、誠心、赤子心、清淨心、慈悲心、寬恕心、歡喜心、平等心、忍辱心、慚愧心、感恩心……就不會產生各種負面情緒。唯有把情緒管理好，我們才能找回心靈的主宰，也才能做自己的主人。

九、每個人一生的歲月有限，如何運用有限的時間，讓生命發揮更大的意義，做到如大師的「人生三百歲」，這就需要時間管理的智慧。請問大師，您平時是如何管理自己的時間與空間呢？

答：我們在世間上生活，與我們最有關係的，第一個就是「時間」。我們這一生的壽命，分分秒秒在減少，可以說每天都在跟時間賽跑。再來就是「空間」的問題，從小我們就知道要爭取一個座位、一個床鋪，長大進入社會，要爭土地、爭房屋、爭車位。為了爭取空間，有時候還和人吵架、打架，甚至世界上國與國之間，也常為了領土空間而戰爭。

常聽到有人說：「我時間不夠用！」讀書的人時間不夠用，要趕夜車；上班的人時間不夠用，要加班。很多人到了中年、老年，更是苦惱自己「歲月無多、去日不遠」。

記得我二十歲從佛教學院畢業，將自己奉獻給社會大眾之後，一生就沒有放過年假，也沒有暑假、寒假，甚至星期假日還比別人更忙碌。從早到晚沒有休息，不但在殿堂、教室裡講說弘法，在走路、下課的空檔，甚至在汽車、火車、飛機上，我都精進地辦公、閱稿。幾乎每一天都在分秒必爭、精打細算中度過。如果以一天能做五個人的工作來計算，到了八十歲，就有六十年的壽命在工作，六十乘以五，不就是三百歲嗎？這就是我主張的「人生三百歲」；這三百歲不是等待來的，也不是投機取巧來的，是我自己辛勤努力創造出來的。

唐伯虎有一首打油詩，寫道：「人生七十古稀，我年七十為奇，前十年幼小，後十年衰老，中間只有五十年，一半又在夜裡過了，算來只有二十五年在世，受盡多少奔波煩惱。」除了夜晚睡覺，人的一生，即使能活到百歲高齡，為了生活上的需要，也不得不將時間分割成零碎片斷，如果將每天吃飯、走路、上廁所、洗澡的時間全部扣除，還剩下多少時間呢？真正能夠發揮智慧，奉獻社會的時間，又有多少呢？

所以我學會善用零碎的時間，在等車子、等客人、等上課、等開會、等吃飯時，訂計畫、想辦法，或思考文章的內容鋪排、佛學上難懂的名相，或回憶讀過的名著佳作等，如此，不但培養我集中意志的習慣，也增進我從「聞、思、修」進入三摩地的能力。

由於我懂得利用「零碎時間」，所以，無論是坐火車、坐汽車、坐飛機、坐輪船，無論要花費多少時間，路程多麼曲折輾轉，我不但從未感到時間難捱，反而覺得是席不暇暖的弘法生涯中最大的享受。我常說：「公路、天空是我的床鋪，汽車、飛機是我的餐廳，一本書和膝蓋是我的書桌，一隻筆是我所有的動力。」過去幾十年，我南來北往，乃至國內外來回，一點都不覺得浪費時間；局限的空間裡，正是我思考、寫作、用功的最好時光！

另外，我經常在客人要來的前一刻，站在門口迎接，讓對方驚喜不已，有人問

偉大的寺院、雕刻、藝術及文學作品等，都以其光輝照耀千古世間。

我是不是有神通？其實這是因為我從小就訓練自己要有時間觀念，五分鐘、十分鐘，有多久？甲地到乙地需要多少時辰？做一件事情要花費多少時間？我的心中都了了分明，當然一切事物也就能「管理」得恰到好處。

一位信徒問趙州禪師：「十二時中如何用心？」趙州禪師回答：「你是被十二時支使得團團轉的人，我是使用十二時恰恰當當的人，你問的是哪一種時間？」

的確，會運用時間的人，他的時間是心靈的時間，因為能夠縱心自由，達古通今，所以他的生命展現了泱泱宇宙的全體大用；不會運用時間的人，他的時間只是鐘錶刻度的時間，由於受到鐘錶指針的支配，一小時不會多，一分鐘不會少，因此他的生命渾渾噩噩而渺小有限。

韶光易逝，歲月荏苒，人生的意義是在有限的時光中，擴大生命的價值。因此，時間的管理，要有正當性、建設性和成就感。我們平時為人處世，說話要說有「三百年」功用的話，做事要做「三百年」長久的事業，如此，人生的歲月雖然老去，但時間卻能帶來成就、歷史與功德，此即所謂的「精神不死」。如佛陀的說法、孔子的傳道、玄奘的西行、馬祖的叢林，以及許多偉大的寺院，偉大的雕刻、藝術、文學作品等，都是以其光輝照耀千古世間；這才是一流的時間管理。

時間之外，也有人感嘆自己在宇宙之間，所擁有的房屋太少、辦公室太小，空間不夠，東西放不下。其實，不只時間要靠自己懂得運用、處理，空間也是一樣，大大小小，總有空間，重要的是自己的心量要大，所謂「心中有事天地小，心中無事一床寬」，只要自己放開心胸，心裡的世界一大，有限的空間就會有意想不到的寬廣。

記得接辦南華大學時，曾將一座大樓的設計方位改變，事後許多人說改得真好，他們問我是不是會看地理風水？其實心有心理，人有人理，情有情理，物有物理，地當然也有地理。過去我在讀佛學院的時候，每次一上殿，我就知道要站到哪個位置，因為我喜歡敲法器，即使沒有開我的牌，也總希望有遞補的機會；每次一到齋堂，我也知道應該往哪裡坐，因為我的食量大，要找一個行堂容易看到的地方，好為我添飯；每次一到教室，我知道該選擇哪個位置，因為過去寺院沒有錢點油燈，只有靠自己選擇光線最好的地方；每次和師長談話，我也知道該往哪裡站，因為我要引起他的注意，好讓我有更多學習的機會。後來舉凡隊伍的排列形式、建築的遠近高低、事情的快慢程序，我都能拿捏得準確，這是因為我能用心將自己的「空間」管理得當的緣故。

「阿彌陀佛」意為無量壽、無量光。無量壽意謂超越了時間，無量光意謂超越了空間，能超越時間與空間的人，才能與真理相契合。古德所言「立德、立功、立言」，就是無量壽、無量光的具體表現。雖然我們生命的時間有限，安身的空間不大，仍應將小我的生命融入宇宙大化之中，造福無量無邊的眾生，讓一己的意志流入整個世間，與虛空萬物同在，那才是生命的真諦。

一〇、現在的社會人際往來頻繁，人際關係處理得好，不僅代表做人成功，對於自創事業或者職場升遷也會獲得較多的助緣與機會。請問大師，如何運用管理學

的原理，讓人際關係更和諧？

答：人際關係是現代人處世上很重要的一環，許多人之所以有憂苦煩惱，都是肇因於人際關係的不和諧。造成人際疏離，溝通障礙，有的是拙於言辭，有的因表達不當，有的則因為自己預設立場，不能接受別人的意見，自然無法溝通，也有的人態度冷漠，令人不願碰觸。但最是讓人難以接受的，是貢高我慢，對於自己的主張，要別人奉若聖旨，完全沒有商榷的餘地。如此之人，人際關係怎會良好？

人生無絕對的好壞。自古以來，愈是禮賢下士的帝王，愈是以賢名流芳；愈是不恥下問的老師，愈能以學問傳世。所以，人際之間，要能做到「老做小」、「小敬老」。有一次，樊遲向孔子請教如何種莊稼。孔子說：「我不如老農。」樊遲又請教如何種菜。孔子說：「我不如老圃。」從這段話中，我們可以看出孔子的謙虛，他不會不懂強裝懂，敢於在學生面前承認自己不如老農、不如老圃。

可見「謙虛」是人際相處的重要祕訣。一個人的學識再好，如果高傲不知謙虛，難受主管的青睞；一個人的容貌再美，如果自負、不知含蓄，難受他人的讚美；一個人的能力再強，如果不懂得忍讓，難得他人的友誼。而且，溝通或管理，都是為了取得彼此的共識，而非強迫對方接受自己的看法，因此要能設身處地的替對方著想；能令別人歡喜接受，才是有效而成功的管理。

另外，人我之間也常有「見不得人好」的劣根性。看到別人比自己漂亮、比自己有學識、比自己有能力，或看到別人升官發財，就嫉妒他、打擊他、障礙他，如此的損人又不利己，人際當然不會和諧。人，一旦有了計較、比較之心，有了人我的利害得失之心，即使親密如家人，恩愛如夫妻，也不能避免互相鬥爭。

「處人不可任己意，要洞悉人之常情；處事不可任己見，要明白事之常理。」管理，其實就是要「幫助你」。就像洗衣服一樣，必須搓揉洗滌才會乾淨。自己無法改正的壞毛病，就需要別人適時的幫助。如何做好管理，有三個原則：

一是用「情」管理：父母管兒女要有愛，老師管學生要能保護他，長官管部下也要給予關心。人心是肉做的，用愛、用情來管理，才能贏得人心；沒有愛心，對方不服氣，就難以管理了。

二是用「理」管理：有時太重情愛的管理，無法折服對方，這時就必須講究「理」了。家庭有倫理，則長幼有序、尊卑有別、上慈下愛，職場有倫理，則上下和諧，做事有條理、計畫，被管理的人，也會心甘情願地服從。

三是用「法」管理：如果道理行不通，只得仰仗於「法」了。所以國家訂有法律，甚至軍有軍法、商有商法、教育有教育法；只有法才能公平、平等的把人、事都管理好。

領導人在實行中，要把握前面所言「橫遍十方，豎窮三際」的佛門管理學，在待人處事，要做到在時間上「豎窮三際」，在空間上「橫遍十方」，懂得溝通、協調、合作的做事態度，才能圓滿人際關係，也才是真正會管理的人。

再者，人之所以會有紛爭、不平，往往是因為「你、我」的關係不協調。不懂得如何善待「你」，也不知如何修持「我」，甚至還強立分別你和我，因此產生「爺爺打孫子，自己打自己」，以表示「你打我兒子，我也要打你兒子」的愚痴行為。與人相處，要把「你」當作「我」，你我一體，你我不二，如果能常常將心比心，互換立場，互相尊重，互相幫助，自然能化戾氣為祥和。

此外，和人相處共事，看到別人有一點長處，要生起恭敬心，當自己不如、自己不能、自己不知、自己做不到，更要心存恭敬，歡喜讚歎。有些人因為「卑慢」，而處處自我防衛，甚至擺起架子，凡事都拒絕，凡事說「NO」。會拒絕人情，拒絕因緣，主要是由於能力、慈悲、道德不夠，一個人如果經常拒絕一些因緣、機會，久而久之就會失去一切。一個有能力的人，一個會辦事的人，凡事都「OK」；即使拒絕，也會提供取代的方案。

西方心理學家馬斯洛將人的需求，分為五個層次。每個人在滿足生理、安全、社交三種需求之後，會進一步希望「被尊重」與「自我實現」。感受到自己被尊重、有尊嚴的人，就會更積極向上，努力學習，以期發揮自己的潛能與才華。所以，在管理學上，非常重視人的教育。教育，要有方法。在人事的交往上，不論親子、朋友，乃至主管與部屬之間，如果能以責人之心責己，就會減少自己的過失；以恕己之心恕人，必能增進人間的喜悅。

《菜根譚》說：「念頭寬厚的，如春風煦育，萬物遭之而生；念頭忌剋的，如朔雪陰凝，萬物遭之而死。」因此，平時與人為善，從善如流，如有摩擦，要能以你大我小、你對我錯、你有我無、你樂我苦來要求自己；如此「嚴以律己，寬以待人」，才能贏得別人的尊敬，也才是一個善於教誨的人。

松下電器公司的創始人松下幸之助曾說，當創業初期，員工只有一百人時，他總是身先示眾，坐在他們面前，走在他們面前；員工增加至千人時，他採取分層負責的管理方式；員工上萬人之後，他只是站在他們後面，心存感激；員工超過五萬、十萬人時，他僅是心存感激還不夠，必須雙手合掌，以拜佛的虔誠之心來帶領他們、感謝他們為公司效命。松下幸之助明白事業是靠人來創造和完成的，所以，他非常珍惜和重視人才，他讓員工們知道松下公司是「製造人的地位，也製造電器用品」。在一個有尊嚴的環境裡，人人得以發揮所長，歡喜奉獻；我想他應是一位成功的企業家與管理專家。

有禪心的人，必能贏得別人的尊敬，任運自在。

有道是想「多管人」，必須先「少管人」；想「多辦成事」，必須先「少管點事」。我覺得最高的管理境界，就是沒有管理，所謂「沒有管理的管理」，並非取消管理，而是能放手、能分權，使管理進入更高層次與境界。如我提倡的「三好運動」——做好事、說好話、存好心，如果大家都說好話，則時時耳根清淨；大家都做好事，你幫我，我助你，則彼此相親相愛；大家都存好心，則處處都有春風、有和平。如此，人人有秩序，有良善的道德，自然可以進入「無為而治」的管理了。

一一、有句話說「英雄只怕病來磨」，人在身體狀況良好時或許還有方法掌握自己的情緒，一旦病痛來時，身體與心理的雙重煎熬，實在令人意志消沉。對於身體自古多少帝王煉丹冶金、派人尋求不老之藥；現代更充斥著健康食品、營養補給品、生機飲食等等，為了這六尺之軀衍生出許多名堂。大師您年屆八十，多少經歷過身體所帶來的問題，對於身體的管理，有什麼好的建議嗎？

答：在這個新時代，有的人好吃美食，吃出病來；有的人遊手好閒，閒出病來；有的人資訊太多，多出病來；有的人工作壓力太重，壓出病來；有的人是非太多，氣出病來。許多人看我終日忙碌，卻能從容應付，不見疲態，紛紛問我保健之

大師與台北榮民總醫院新陳代謝科主任蔡世澤

道，其實四大五蘊假合之身，孰能無病？老病過程，誰能免除？只不過我從不刻意趨逸避苦，我覺得養生之道無他，疾病本身就是一帖良藥。

回顧自己這一生的「病歷」，以香港腳與口腔破皮而言，人皆畏之，然而兩者不僅長久與我為伍，而且時時交相為患。多年來，我非但不以為苦，反而深感慶幸，因為我認為這是身體排除瘴氣的徵兆。十七歲時，罹患瘧疾，忽冷忽熱，全身無力，心想應是回天乏術了。家師志開上人，派人送來半碗鹹菜，令我感動不已，當下發願盡形壽將身心奉獻給佛教。沒多久，居然不藥而癒。

二十八歲那年，我患了惡性風濕，

兩膝關節劇烈疼痛，醫師診斷必須鋸斷雙腿，以免殃及五臟六腑。當時我一點也不驚惶恐懼，反而覺得行動不便，正好可以掩關閱藏，專心寫作，一樣可以盡棉薄之力，弘法利生。只是由於法務繁忙，開刀時間一拖再拖，或許因為能夠將生死置之度外，後來竟然痊癒了。一九九一年八月二十日清晨，我在浴室滑跤，將腿骨跌斷，雖說真正嘗到「寸步難行」的苦頭，但是躺在醫院的病床上，既不用會客開示，也沒有一大堆的計畫公文讓我傷腦筋，感覺真是舒服極了。

尤其我的糖尿病已經跟著我四十多年了，這些年又導致視力模糊，多次接受雷射治療，也動過心臟手術，醫生一再叮嚀我要多休息，但是在勉強能識物、能行走的情況下，我依然四處弘法。我學會了「與病為友」，我不討厭它，跟它好好相處，自覺也有無窮的妙趣。

一生經歷大大小小的病痛，但我從不以為意，不曾因死之將至，而煩憂懊惱，也未曾因生之復得，而慶幸歡喜。我認為不管是天賦異稟也好，是諸佛護佑也罷，人生的意義，不在於世壽的長短，色身的強弱，而在於利用有限的生命，為眾生謀取福利，為世間留下貢獻。

佛教講「因緣」，世間一切都是因緣所生法，所以我們的身體有生、老、病、死，如同器世間的成、住、壞、空，季節的春、夏、秋、冬一般。對於身體的管理，應該是「當閒，要讓它閒；當忙，要讓它忙；當老，要讓它老；當病，要讓它病」。我們要求「長生不老」、「永遠沒病」，是不可能的，就像要求「東西不壞」，也是不可能，因此不必太過介意自己的身體，即使病了，有時還能「久病成良醫」呢！

所以有病不要緊，只要我們能正視疾病，對症下藥，就能迅速恢復健康，最怕的是逃避現實，諱疾忌醫，如此，則縱使華陀再世，佛祖降臨，也難有治好之時。佛陀是大醫王，佛教經典中，有許多有關身體保健、醫療方面的記載，如：《佛醫經》、《醫喻經》、《療痔病經》、《治禪病祕要法》、《除一切疾病陀羅尼經》、《金光明最勝王經》、《四分律》、《十誦律》、《摩訶僧祇律》等，都有談及醫藥的問題。佛陀不僅治療眾生身體和心理的疾病，更能「識病」、「知病因」。

中醫將病因分為內傷七情（喜、怒、憂、思、悲、恐、驚）與外感六淫（寒、暑、燥、熱、濕、風）。七情是五臟之主，「喜和恐太過激烈，傷心；怒則傷肝；憂則傷肺；思則傷脾；驚悲則傷腎」。中醫從內外因來談疾病產生的原因，與佛經闡述有頗多相似之處。例如《佛醫經》中說，人得病有十種因緣：「一者、久坐不臥；二者、食無貸（飲食無度）；三者、憂愁；四者、疲極；五者、淫佚；六者、瞋恚；七者、忍大便；八者、忍小便；九者、制上風（呼吸）；十者、制下風。」《摩訶止觀》亦指出造成疾病的原因有六種，即四大不調、飲食不節、坐禪不調、鬼神得便、魔神所擾、惡業所起。前三種因素引起的病，只要改善飲食，不受病菌感染，即可治癒；後三者則與患者自身的業力相關，必須藉由拜佛禮懺修福，才能減輕病苦。

身體有病，要找醫生治療；心靈生病，除了靠善知識勸告提醒之外，最重要的還是要靠自己來醫治。我曾仿效石頭希遷禪師的「心藥方」，開了一帖藥方：

慈悲心腸一條，真心本性一片，惜福一點，感恩三分，言行實在，守德空間一塊，慚愧果一個，勤勞節儉十分，因緣果報全用，方便不拘多少，結緣多多益善，信願行通通用上。

此藥用「包容鍋」來炒，用「寬心爐」來燉，不要焦，不要燥，去火性三分（脾氣不要大，要柔和一點），於整體盆中研碎（同心協力），三思為本，鼓勵作藥丸，每日進三服，不限時，用關愛湯服下，果能如此，百病全消。切忌言清行濁、損人利己、暗中箭、肚中毒、笑裡刀、兩舌語、平地起風波。以上七件速須戒之，而以不妒不疑、不放縱、自我約束、心性有道來對治。

除此，維持正常的生活作息，早睡早起，養成運動的習慣，多動腦筋，讓自己有活力、有動力；飲食上少肉多菜、少鹽多淡、少食多嚼、少細多粗，也是生活保健之道。

人生的種種病痛，大都是對外來事物牽掛太多，以致心不能靜、氣不能和、度不能宏、口不能默、瞋不能制、苦不能耐、貧不能安、死不能忘、恨不能釋、矜不能持、驚恐不能免、爭競不能遏、辯論不能息、憂思不能解、妄想不能除，種種都是因未淡未空所致。若能以般若空慧觀照，不執著有病、無病，健康、不健康，一切隨順因緣，隨順自然，相信就能生活歡喜，身心皆自在了。

一二、大師常常提到，佛教最高管理學是因果，我們想知道為什麼因果會成為最高的管理學？請大師開示。

答：我們常聽到一句話：「法律之前，人人平等」，事實上，法律仍有漏洞，有時還會受到人情左右，未必能做到絕對的公平。世間真正的公平是「因果」，無論達官貴人或販夫走卒，無一能在「善有善報，惡有惡報」的因果定律下，獲得寬貸或殊遇。唯有在因果之前，人人平等，因果業報如影隨形，誰也逃不了；因果才是人間最公平的仲裁者，才是最高明的管理學。

過去經常有人問我：「佛光山的財務如何管理？佛光山的錢怎麼個用法？佛光山又是如何記帳？」記得在一九九一年興建如來殿時，我特地在四樓大會堂的外牆，把佛光山功德主的姓名，全部鐫刻在高溫燒成的藝術陶壁上。當時我就說：「功德芳名牆就是佛光山的帳簿，而替佛光山管帳的則是『因果』。」

信徒捐給佛光山的錢財，如果指定用來出版書籍的，不會被挪用來購買香燭；指定用來買水果供佛的，不會被挪用購買日用品；指定用來作為僧眾道糧的，不會被挪用作為建築款項；指定用來添置車輛的，不會被挪用裁製僧服僧鞋。佛光山的大眾，對於信徒的每一分錢都能俯仰無愧，不會錯置「因果」。

因果，最簡單的解釋，就是「種什麼因，得什麼果」，這是宇宙萬有生滅變化的普遍法則。佛教的因果觀源自「緣起性空」的道理，旨在闡明宇宙間萬事萬物都是仗「因」託「緣」，才有「果」的生起，而此「果」又成為「因」，待「緣」聚集又生他「果」，如是輾轉相攝，乃成森羅萬象。因此，宇宙間從自然界到眾生界，從天體到微塵，沒有一個現象能脫離得了因果的關係。

如來殿功德芳名牆

因果，不僅僅是一門理論學問，日常生活中的衣食住行，乃至人我相處、信仰、道德、健康、經濟等，都各有其因果關係。譬如肚子餓了，吃飯就能解飢，吃飯是因，腹飽就是果；一個人勤勉不懈的工作，因此賺了很多錢，努力是因，賺錢就是果。凡事有因有緣才有結果，有的人不明白因緣果報的道理，發生困難，遭遇挫折，不去檢討原因，只在果報上計較，於是怨天尤人，忿恨不平。

所謂「菩薩畏因，眾生畏果」，一般凡人只能認識「果」，不能認識「因」。殊不知「以果推因」，必定是「因」地不正，才會遭此結「果」。例如有的人責怪父母不慈的「結果」，卻不知父母不慈是緣於兒女頑劣的「原因」；有的人責怪兒女不孝的「結果」，但不知道「因為」父母失德，才會造成兒女的不孝。所以，凡事不去「推果尋因」，怎能知道事情的真相？怎能有公平、公正的管理呢？

此外，也有人對因果認識錯誤，而對信仰產生不正當的要求，比如吃素為求身體健康，拜佛為求佛祖保佑他升官發財，這都是錯亂因果的謬見。其實，「種瓜得瓜，種豆得豆」，信仰有信仰的因果，道德有道德的因果，健康有健康的因果，財富有財富的因果。因此，若要身體健康，必須調心行善，多作運動，注意保健，心安自然體泰；若要財源廣進，必須多結善緣，勤苦耐勞，信守承諾，有智慧能力，自助而後天助。吃素、拜佛，是信仰、道德上的因果，如果以信仰的因，妄求健康、財富上的果，那就錯亂了因果，不能正確的認識因果。

一些不解佛法的人，一聽到因果，便斥為迷信。因果觀並不是宿命論，宿命論認為：一切得失成敗，由命運之神掌握，努力是沒有用的。而因果的觀念則認為：所有的果報，不管善惡，都是自己造作出來的。《三世因果經》言：「有食有穿為何因？前世茶飯施貧人；無食無穿為何因？前世不捨半分文；高樓大廈為何因？前世施米上庵門；福祿具足為何因？前世造寺建涼亭；相貌端嚴為何因？前世鮮花供佛前。」所以，有人一出生就住在繁華的都市裡，享受文明的生活，有人終其一生，都在荒山野地、窮鄉僻壤營生，日月窮勞，這不是命運不公平，而是因緣果報不同。

明太祖朱元璋，有一次微服出巡，來到鄉下，正是又熱又渴時，一位農夫盛情的奉上一杯茶水，明太祖如飲瓊漿，回京後，馬上差人到農夫家，封了一個官銜給他。一位落第秀才得知，心中不平，於是在廟前題字道：「十年寒窗苦，不及一杯茶。」數年後，朱元璋再度出巡該地，見到此句，知道原委，於是在旁邊加了兩行字：「他才不如你，你命不如他。」

人世間很多事，乍看是不公平的，如強弱、貴賤、貧富、智愚、美醜……很難有一定的準則；這也是有漏世間的現象之一。〈因果十來偈〉寫道：「端正者忍辱中來，貧窮者慳貪中來；高位者禮拜中來，下賤者驕慢中來；瘖啞者誹謗中來，盲聾者不信中來；長壽者慈悲中來，短命者殺生中來；諸根不具者破戒中來，六根具足者持戒中來。」由此偈語可以知道，人間的貧富貴賤、生命的長壽夭亡、容貌的端正醜陋，都是有因有果，並非憑空碰運氣而來，也不是第三者所能操縱，而是取決於自己行為的結果。

如果一個人懂得「因果」法則，明白行為能決定自己的幸與不幸，就會謹言慎行，行善積德，廣結善緣，而對於過去的不幸，也會不斷的努力改進，使它轉變為幸福；如此的自我管理，不就是最究竟、最上乘的管理法嗎？

懂得因果法則，就會謹言慎行，行善積德，廣結善緣。

國家圖書館出版品預行編目(CIP)資料

人間佛教當代問題探討 : 族群倫理 / 星雲大師著. -- 初版. --
高雄市 : 佛光文化事業有限公司, 2025.01
464面 ; 14.8X21公分. -- (文選叢書 ; 5121)
ISBN 978-957-457-824-5(精裝)

1.CST: 佛教 2.CST: 文集

220.7 113017484

人間佛教當代問題探討——族群倫理

星雲大師 著

總 編 輯／滿觀法師
責任編輯／如道法師
美術編輯／鄭媄嫞
圖片提供／佛光山、天下遠見、文府國小、
豐原慈濟宮、龍陶藝術工作坊等

出 版 者／佛光文化事業有限公司
出版日期／2025年 1月初版一刷
印 刷／中茂分色製版印刷事業股份有限公司
經 銷／紅螞蟻圖書有限公司
(02)2795-3656

流 通 處／佛光山文化發行部
高雄市大樹區興田路149號
(07)656-1921#6664~6666
佛光山文教廣場
高雄市大樹區興田路153號
(07)656-1921#6102
佛陀紀念館四給塔
高雄市大樹區統嶺路1號
(07)656-1921#4140~4141
佛光山海內外別分院

創 辦 人／星雲大師
發 行 人／心培和尚
社 長／滿觀法師

法律顧問／毛英富律師、舒建中律師
登 記 證／行政院新聞局版台省業字第862號

定價／460元
ISBN／978-957-457-824-5(精裝)
書系／文選叢書
書號／5121

劃撥帳號／18889448
戶 名／佛光文化事業有限公司
服務專線／
編輯部(07)656-1921#1163~1168
發行部(07)656-1921#6664~6666

佛光文化悅讀網／
http://www.fgs.com.tw
佛光文化Facebook／
http://www.facebook.com/fgsfgce